"粤派教育"丛书　熊焰　高慎英　于慧　主编

◎ 广东省中小学新一轮"百千万人才培养工程"第二批初中文理科名教师培养项目

找寻"初中名师成长群落"基因之三

唐志文　蒋友梅

版权所有　翻印必究

图书在版编目（CIP）数据

找寻"初中名师成长群落"基因之三/唐志文，蒋友梅主编．—广州：中山大学出版社，2019.12

（"粤派教育"丛书/熊焰，高慎英，于慧主编）

ISBN 978-7-306-06749-4

Ⅰ.①找…　Ⅱ.①唐…②蒋…　Ⅲ.①初中—中学教师—师资培养　Ⅳ.①G635.12

中国版本图书馆 CIP 数据核字（2019）第 239622 号

ZHAOXUN CHUZHONG MINGSHI CHENGZHANG QUNLUO JIYIN ZHI SAN

出版人：	王天琪
策划编辑：	张　蕊
责任编辑：	罗雪梅　姜星宇
封面指导：	李冬梅名教师工作室
封面设计：	林绵华
责任校对：	潘惠虹
责任技编：	何雅涛
出版发行：	中山大学出版社
电　　话：	编辑部 020-84111946，84113349，84111997，84110779
	发行部 020-84111998，84111981，84111160
地　　址：	广州市新港西路 135 号
邮　　编：	510275　　传　真：020-84036565
网　　址：	http://www.zsup.com.cn　E-mail：zdcbs@mail.sysu.edu.cn
印刷者：	虎彩印艺股份有限公司
规　　格：	787mm×1092mm　1/16　18.25 印张　380 千字
版次印次：	2019 年 12 月第 1 版　2019 年 12 月第 1 次印刷
定　　价：	45.00 元

如发现本书因印装质量影响阅读，请与出版社发行部联系调换

总　序

教育与文化总是相伴而行、共荣共生的。与文化相比，教育的内涵和外延要更明晰、具体。可以说，文化是一种内涵非常丰富，外延又极其宽泛的社会现象。人类在长期的社会历史发展过程中，形成了不同的大文化圈，大文化圈中又存在着许多的小文化圈。某个特定文化圈中的文化既保持着所属大文化圈的共同特质，又具有鲜明的民族特色和地域特色，置身其中的人类既创造文化，也深深地受文化的滋养与约束。当代著名作家梁晓声在解读"文化是什么"时，用四句话涵盖文化的内涵品质，文化就是"植根于内心的修养；无需提醒的自我；以约束为前提的自由；为别人着想的善良"。可以说，文化之根浸润教育之根，文化对教育有着巨大的影响和价值引领的作用。

作为省属师范类高校，广东第二师范学院在中小学教师和校长培训领域有着诸多思想理论和实践模式创新。在党和国家高度重视教育问题、多次强调发展教育的重要意义的形势下，基于对广东基础教育的责任感、使命感，广东第二师范学院教师研修学院研究团队最先提出基于岭南文化的"粤派教育"理念，努力为广东教育发声。为了进一步改革创新、奋发进取，坚定粤派教育的文化自信，提炼粤派教育的成功经验，创新素质教育的广东范式，建设南方教育高地，以新的更大作为开创广东基础教育改革发展新局面，教师研修学院于2018年分别在肇庆和广州番禺举办了粤派教育高峰论坛，产生了开创性效应。在这样的背景之下，以挖掘岭南文化之根、探寻滋养教育的动力源泉、从文化视角看教育的现实样态与应有之义为宗旨的"粤派教育"就非常值得从理论和实践两个层面进行深入的分析与探究。

这里，有三个关键词需要澄清，即"文化""化""教育"。"文化"乃是"人文化成"一语的缩写。此语出于《易经·贲卦·象辞》："刚柔交错，天文也；文明以止，人文也。观乎天文，以察时变，观乎人文，以化成天下。"按照《现代汉语词典》（商务印书馆，第6版）的解释，"文化"就是指"人类在社会历史发展过程中所创造的物质财富和精神财富的总和，特指精神财富，如文学、艺术、教育、科学等"。"化""教化"和"化育"三个词的意义大体相同，就是"感化、滋养、养育"。由此看来，教育其实就是一种使人"文"化、在文化浸润中实现文化认同与文化理解的过程。"教育"做动词时的意思就是："按一定要求培养"，"用道理说服人使照着（规则、指示或要求等）做"。

一

关于"岭南文化"有多种理解,我们可以把"岭南"的概念想象成"粤派",两个概念可以互换,岭南文化和粤文化有一点儿差别,粤的范围较岭南小,但精神上是一致的。

岭南文化是在兼容中迅速崛起的,有学者认为,岭南文化主要经历了古代、近代和当代三次大的兼容,也出现了三次发展高峰。[①] 能够称得上岭南文化名片的重要历史人物主要有:唐代的六祖慧能,明代的陈白沙(陈献章)、湛若水(湛甘泉),清末民初的康有为(康南海)、梁启超、孙中山等。

历史上岭南地区被称为"南蛮之地",陈白沙是岭南地区唯一获准从祀于山东曲阜孔庙的文人,故称为"岭南第一人"。陈白沙原名陈献章,出生于新会县(今属江门市新会区)新会村,他开启明儒心学先河,创立了"以道为本,以自然为宗,学贵自得,学贵知疑"的"白沙学说",或称"江门学派"。后经陈献章的衣钵继承人湛若水的完整化、精致化、思辨化的发展,岭南形成了一个异于正统理学的理学新派——陈湛学派。湛若水,字元明,号甘泉(明代时期的新塘镇叫甘泉都),他师承陈白沙,在"以道为本,以自然为宗"的学说上,提出"随处体认天理"的主张,深得陈白沙的赞赏,陈白沙临终前将其讲学场所——钓鱼台,交与湛若水,以示衣钵相传。

湛若水考中进士,被任为翰林院庶吉士,赴京就任,而王阳明正在吏部讲学。当时王阳明34岁,湛若水40岁。湛王二人的相遇,对二人来说,都是人生发展的重要标志事件,相互成就了对方。王阳明遇上湛若水,成为王阳明研究心学的重要转折点,开始归正于圣贤之学。之前王阳明涉猎广泛,兴趣多样,被湛若水称为"五溺":一溺于任侠之习,再溺于骑射之习,三溺于词章之习,四溺于神仙之习,五溺于佛氏之习。

湛若水与王阳明在维护各自学术主张的前提下,又共同推进明代心学的发展与完善。35岁的王阳明遭贬,在贵州龙场悟道,悟出"本心"强大,"心即理",内心强大与意志力是最重要的。五年后,王阳明遇赦,他与湛若水誓约终生共同求学,致力于圣学的倡明。50岁时,湛若水回到增城。57岁时,王阳明在广西平定宁王之乱后,到增城与湛若水相见,为湛若水撰写诗文《甘泉居记》,回浙江余姚途中,不幸去世。湛若水为王阳明撰写墓志铭。

其实,儒学的这种心学传统并非始于陈献章。在唐代,韩愈感慨"道之不传久矣",提出要维护儒学"道统",当儒学面临佛老之学的冲击时,韩愈坚决拒斥。到北宋时期,儒学家不再简单排斥,而是既深入研究佛老学说,又着手重建新儒

---

① 黄明同:《岭南文化的三次大兼容与三个发展高峰》,《学术研究》2000年第9期,第98-101页。

学。南宋时期，形成"陆王心学"和"程朱理学"两大流派。到了明代，陈白沙上承宋儒理学的影响，下开明儒心学之先河，在中国哲学思想史的发展上，具有承前启后的地位和作用。加上湛若水和王阳明对心学体系的系统化和精致化的研究，二人的主张各有侧重，但都致力于彰显和弘扬明儒的心学传统。到了清代，广东南海人康有为同样选择了心学之路。

岭南文化是如何延续、承接中国历史上心学一脉的呢？一个重要的文化源头就要探寻到惠能六祖的《坛经》。六祖惠能，南派禅宗的创立者，广东新兴人，史称"六祖"，中国佛教禅宗、杰出大师。他生于岭南，长于岭南，弘法于岭南，圆寂于岭南。其弟子集其语录编为《六祖大师法宝坛经》，是南禅顿教形成的标志，是唯一一部中国人撰述而被称为"经"的佛教典籍，曾被列入"中国最有代表性的十本哲学著作"之中，而惠能本人被列为"世界十大思想家之一"，与孔子、老子并列为"东方三圣"。

惠能对岭南心学的影响主要体现在方法论上。他的一个信念就是"自我解脱"。这种自我解脱，有时需要借助外缘的启发，如所谓的禅机、机锋，但关键的一步全靠"自修自悟"。自修自悟，如人饮水，冷暖自知，听别人说千万遍不如自己亲身感受来得亲切、深刻。

禅宗思想中国化，首先在于它从生活方式和生产方式上的中国化，禅宗在经济体制上与中国封建社会融洽一致，不劳而食的习惯有所改变，减少了被攻击的口实。其他宗派的寺院经济来源多是靠别人的劳动，与地主和政府有一定的利益矛盾，其发展和生存受到较多限制。在生存竞争中，禅宗的优势更明显：自食其力，可以不受经济来源断绝的威胁，一代一代传下去。修行之人，除了不能结婚生子外，与常人生活没有太多差别。僧人们在日常生活中体悟，在亲身劳作中自修自悟、自我解脱。六祖惠能强调"自度""自悟"的方法论意义为陈献章所吸取。

陈献章融合儒、释、道三教精义，强调"静中养出端倪"，以"宗自然"与"贵自得"为基调，既有庄子"坐忘"的影子，又有佛者"坐禅"的路数，倡导"心在万物上""贵在自得""彻悟自省"。湛若水沿着"宗自然"与"贵自得"的路径，进一步提出"随处体认天理"，鼓励"学贵自得"。

影响岭南文化与教育改革的重要文化之源，就蕴含在强大的心学传统之中。当我们把心学传统与学校教育和人的学习与发展相联系时，就会发现，心学所倡导的"内心强大""意志""自得"和"静悟"等自我修炼和治学方法，对一个人学习、发展非常重要。

由此，岭南文化与粤派教育所强调的第一个纲领，就是想尽一切办法让学生学会"自学"。第一步，要尽可能做到"静"。静能生慧，凝神静气，宁静致远，要安静、沉静、宁静，从身到心。第二步，要努力拓展"能"。丰富知识、提升能力、增长本领、培养多方面兴趣。第三步，要整体感悟，融会贯通，自成体系，

"取之左右逢其源",超越一切具体知识和细节知识。

二

岭南文化的第二个源头就是南洋精神。"闯关东""走西口""下南洋"都是近代中国老百姓外出务工、人口迁徙的重大历史性事件,而"下南洋"是中国近代史上规模最大、路程最远的一次跨国大迁徙,其路途危险程度和谋生的难度远非国内迁徙可比。与"闯关东""走西口"相比,"下南洋"更为壮观,经历时间更长,历史影响更深远。

中国人下南洋的迁徙历史,打造出中华民族伟大的"迁徙精神",这是中国人的现实主义、英雄主义和浪漫主义情怀的集中体现,是支撑着中国人追求美好生活、跨越任何艰难险阻所需的勇气、信心和力量。回首中华民族的发展史,总是和大规模的人口迁徙纠缠在一起。每当成千上万的人们开始打点行囊、准备远离故土的时候,历史就从此翻开新的一页。

下南洋的岭南人用自己的勤奋与努力,改变着岭南人的命运。中国人在近代大规模向海外迁移的同时也将中华文化传播到异域,在侨居地形成以中国为认同取向,以儒家思想为价值体系核心,同地兼容吸收异域文化的华侨文化。在中国文化地图上,华侨文化是岭南文化结构的独特形态,广东"侨文化"特色鲜明,它形成于异国,反哺于祖国,集中体现为敢为人先、爱国爱乡、兼容中西、包容开放的文化特质。

近代岭南文化的兼容性和开放性,带来中国思想文化尤其是岭南文化的又一次大飞跃。康有为融古今中外文化为一体,创立近代中国第一个以变革为主旋律的维新思想体系。孙中山在承传中国传统文化的同时,大量地"撷取"西方文化,从而创立了最具时代精神的"三民主义"学说。康有为、孙中山二人创立的思想学说,不仅是近代岭南文化的丰碑,而且是近代中华文化最高成就的体现,岭南文化正因此而取得主流文化地位。

康有为提出"三世说",即据乱世;升平世(小康社会);太平世(大同社会),构筑出别具特色的大同理论。他在继承中国传统文化的同时,又大胆地吸取东方与西方各国文化之精华,熔古今中外文化于一炉,树起了中国文化向近代转换的丰碑,建造了近代社会变革斗争的强有力的理论武器,其影响远远超出岭南而及于全国乃至世界。康有为、梁启超组成"康梁学派",推崇"心学"和《春秋》,重新发现"三世说"。

康有为的"三世说"对岭南文化与教育改革具有重大的意义与价值。他认为乱世、太平世和升平世不只是时间概念,还是空间概念,这是康有为独特的发现。

如果用康有为的"三世说"来解读学校教育与学生成长,可以这样理解:据乱世需要的是刚性气质;太平世需要的是柔性气质;升平世居于中间状态,需要的是双性气质。相应地,据乱世需要刚性教育,需要强调体育、劳动、道德与法制的教育。太平世强调柔性教育，强化的是智育、美育、德育等，倾向浪漫主义教育学派。也就是说，如果在乱世与升平世阶段，不恰当地实施柔性教育，则很容易从文明走向文弱，例如，宋朝文教政策强调"重文抑武"，历史教训就是发达文化和文明并没有带来国力的增强。升平世要求的是努力奋斗、艰苦创业，同时要有忧患意识。升平世需要的是刚柔相济，倡导"新六艺"教育，即文武双全："智育+体育"；劳逸结合："劳动+美育"；通情达理："德育+情感"。升平世既有据乱世的艰难，又有太平世的追求，要德智体美劳全面发展。教育要同时抓两个方面：一方面，要有文化教育，让学生变得文明，让学生学会游戏，学会享受情感生活，可以称之为柔性教育；另一方面，要有野性教育，要重视体育和劳动，让身体保持一定的野性。通过刚柔相济的教育，让国家保持长期的强盛。

三

如何用岭南文化精神引领教学改革的方向与路径？岭南文化的源头是心学，当我们站在心学立场之上，用岭南文化的风格解读和设计教学改革时，就会发现：处理好知识学习中的情理关系、学思关系和知行关系变得特别重要。在情与理之间，情比较重要；学与思之间，思比较重要；知与行之间，行比较重要。行不仅包括学习行动，还包括参与真实的社会实践活动，更重要的是体验职业生涯规划，用生活志向和职业理想带动学习。

基于心学立场的教学改革的方向与相应路径主要有以下三个方面。

第一，激发自信与自学的兴发教学。注重情感教学，整体探究学习，生涯教育与自学。让学生自信，这是情感，"情"通则"理"达；让学生自学，这是思，以"思"促"学"；生涯教育是行，用"行"兴发出"自学"和"自悟"。由此，粤派教育的典型特征之一就是，想尽一切办法让学生自信；想尽一切办法让学生自学；想尽一切办法让学生自食其力。

第二，动静相宜，劳逸结合。睡眠是最好的静修，《黄帝内经》把足够的睡眠当作头等大事，认为"心藏神""肝藏魂"。白天的意识行为，尤其是"聚精会神"的意识行为一直在耗神、费神，使心神或灵魂处于被驱使的劳役状态，只有进入睡眠之后，"神"才成为主角。"静坐"接近睡眠，是人在无法睡眠时让自己暂时处于类似睡眠的催眠状态。"静"可以让躁动的生活重新归于从容淡定。从这种意义上讲，睡眠比运动和学习更重要。动生阳，静生阴。吃饭运动生阳气，睡觉休闲生阴气。动静相宜、劳逸结合的理想状态就是从容不迫，张弛有度。

第三，勇毅果敢，意志力强大。人是否强大，主要指人的精气神、意志力是否强大，身体强壮、知识丰富、能力高超并不等同于意志力强大。孟子倡导"浩然之气"，讲"天将降大任于斯人也，必先苦其心志，劳其筋骨，饿其体肤，空乏其身……"，陈白沙的"心在万物上"等，都是强调一个人只有内心强大、志向坚定，才能拥有强大的意志力，才能成就最好的自己。

置身于粤派教育中的学校、校长、教师和学生，需秉承岭南文化精神，弘扬心学优秀传统，致力于教育实践改进，深化学校教育研究，凸显粤派教育特色。广东第二师范学院教师研修学院结合广东省与广州市"百千万人才培养工程"名校长、名教师培养项目，提出编写校长和教师培训成果系列丛书，并将其命名为"粤派教育"丛书，一方面期望凝聚广东中小学校长、教师优质资源，深化岭南文化与"粤派教育"的系统化研究，生成"粤派教育"理论内涵与实践范式，让"粤派教育"发出应有的声音；另一方面旨在总结、研讨和探究粤派校长和教师专业成长路径，开启粤派校长和教师的成长密码，探寻培养"一大批新时代好校长、好教师"的路径，"创新体制机制，激活一批校长和教师"。

遵循习近平总书记"讲好中国故事"的指示和要有"文化自信"的启示，教师研修学院在汇编"粤派教育"丛书时力求突出区域文化特点，讲好广东校长和教师成长的故事，要求校长和教师总结提炼自己的教育主张、办学特色或教学风格。同时，组织相关专家就案例写作进行系列化指导、整体讲座、分组评审、分科答辩等，期望校长和教师在写作过程中，探寻自我成长的规律、路径、特点，以此振兴杏坛作为，为其他校长和教师"六下功夫"和夯实专业素养提供范例，也为建设广东教育高地、培养德智体美劳全面发展的社会主义建设者和接班人略尽绵薄之力。"粤派教育"整个丛书大体分几个系列，以校长/名师/骨干教师群；区域/项目/学科/幼儿园等为分类线索。设总序，突出粤派教育和岭南文化特色；设分册序，内容包括项目介绍、与总序的衔接回应、板块导读语、供稿教师姓名罗列（按内容顺序）；等等。

"教师系列"分学段、学科、区域，各分册独立成书，采用教师叙事研究方式，致力于找寻一些规律性的所谓"粤派教育"的优势特色。各分册既保持统一体例，又允许呈现自己的特色。体例主要以学科板块的形式呈现，每个学科板块包含5~8位教师的成果，同时细分为5~8个方面，重点部分如下：

（1）导读语：教师肖像，教师成长要素、学科特色及教师风格归类小结。

（2）名师成长档案：自拟主标题，以"我"的成长历程为蓝本，关注地域风俗文化对自身成长生活、求学、教学的影响，如何在文化认同的过程中处理文化冲突与文化理解。凸显教师成长要素和关键事件：文化浸润、热爱学习、勤于实践、重视研究、善于反思和注重写作。

（3）学科教育观：自拟主标题，由"我的教学风格解读、我的教学主张与他人眼中的我"整合完善而成，可添加真实的教学案例、教学过程材料等补充说明。如助力学生成长、课堂教学改进、师生关系培育等。

（4）育人故事：自拟主标题，以学生喜欢的教育方式为主线，讲述"我"与学生的故事，如激励学生、指导学生个体学习或班级管理智慧等。

附录——教学现场与反思（"我的教学实录"，增加本节课的自我反思）。重点反思三个方面：一是课程（文化，含地域文化）资源开发与教学设计；二是课堂教学对话与教学生成；三是教师教学风格与教学艺术。

"校长系列"根据学段或区域或任务驱动，既保持统一体例，又允许各分册呈现自己的特色。主要通过行动研究、叙事研究、案例研究，致力于在以下几个方面找到一些规律性的所谓"粤派教育"的优势特色：地域文化对校长成长的影响，校长关注、思考、研究的主要问题，校长的办学思想、教育哲学，学校改进实践的关键要素与路径等。以校长专业发展阶段和成果类别为依据，通过"校长学习力——我眼中的名校成长基因""校长思想力——办学思想的探寻与凝练""校长行动力——学校改进与教育实践创新"三大子系列呈现粤派教育和岭南文化特色。

本套"粤派教育"丛书努力做到三个超越：第一，超越教学风格或管理风格，打造粤派教育；第二，超越课堂教学或办学经验，展现教育智慧；第三，超越常规培训成果体例，凸显启发性和可读性。

本套丛书之所以能够成书，得益于各方力量的聚合和支持。首先，感谢广东第二师范学院闫德明教授，本套丛书"教师系列"的体例设计有所选择地采纳了其主编的"我的教学风格"丛书的基本框架，并在此基础上进行了创新。其次，感谢华东师范大学刘良华教授，其对粤派教育的开创性研究成果被充分运用到本套丛书的顶层设计之中。最后，感谢长期以来关心支持教师研修学院培训工作的领导、专家和同事，感谢各位主编和供稿的广大中小学校长和老师的辛勤付出，感谢中山大学出版社的鼎力支持。

"粤派教育"丛书编写组

2019年3月

前　言

百年大计，教育为本，建设教育强国是中华民族伟大复兴的基础工程，要以习近平新时代中国特色社会主义思想为指导，认真贯彻落实习近平总书记的系列重要讲话精神，深刻把握教育对中华民族伟大复兴的决定性意义，优先发展教育事业，加强教师队伍建设。兴国必先强师，新时代需要高素质专业化创新型教师队伍。强化教师培训工作，提升教师培训成效，更好地贯彻落实党和国家关于新时代教师队伍建设精神，助力粤港澳大湾区建设，提升广东教育品质，用"四有好老师""四个引路人""四个相统一"和"四个服务"等标准和要求统领教师培训工作，促进教师专业发展。

2015年10月，广东省启动了中小学新一轮"百千万人才培养工程"（第二批名师培养项目），以打造广东省中小学高层次领军人才队伍为目标，系统设计、高端培养，计划到2020年，培养一批师德高尚，具有先进教育理念和丰富理论知识、扎实教育教学能力和教学管理水平、国际视野和开拓创新能力、较大社会影响力和知名度，处于领军地位和发挥示范作用的名教师、名校长和教育家，为建设教育强省，推进教育现代化，打造南方教育高地提供人才保障。

广东第二师范学院充分发挥自身优势，主动承担了广东省百千万人才培养工程第二批初中名师培养项目的培训任务，在培训过程中，不断创新培训模式，致力于名师培养有效路径的探索。本项目以"成为有独特教学风格的粤派专家型教师"为培训主题，以拓宽教育视野、更新教育理念为引领，促进教师知行合一，鼓励教师理论创新与实践改进，积极开展"教学改革行动研究"，以课题研究和项目驱动为基础，坚持理论研修、课题研究和实践改进相结合，以"学习促反思"、以"写作促成长"，融教师学习、实践改进与反思写作于一体，并提供丰富多样的"名师引领"资源，聘请60位学科导师跟进主题研讨和共同学习，同时为每位教师提供个性化指导。经过为期三年（2015—2018）的培训培养，意在帮助每一位培养对象成为风格建构者、实践创新者和思想传播者，助力教师在省思、改进、凝练和叙说中形成个性化的"粤派教学风格"，彰显"粤派教育"的优势亮点，使其成长为能够发挥示范引领作用，具有较高知名度和影响力的专家型教师。

一方水土养一方人，一地文化陶染一地教育。教育根植于文化，文化又滋养着教育生长。岭南文化有着独特的文化底蕴，所呈现出来的"开放""兼容""务实""自励"的文化精神融合地域优势,让广东教育人的文化背景更为丰富多彩。不论来自天南还是地北,五湖四海的教育工作者扎根于此,融合变通,创造着具有广东文化特色的"粤派教育"。

具有自己独特的教学风格是名师的标识。教学风格是指教师长期在文化的感染下,扎根于教学实践过程中形成的,在一定的教学理念指导下,创造性地运用各种教学方法和技巧,所表现出来的一种个性化的教学风貌和格调。广东名师要形成基于广东文化特色的"粤派教学风格",其形成是一个不断探索与批判的过程,一个不断实践与省思的过程,一个不断凝练与升华的过程。"粤派教学风格"的形成,也是一个且行且思的过程,永远在路上,循环往复、层层递进、螺旋上升。

名师教学风格的生成与凝练,不是孤立的教学技能技巧的提升,而是一个人对成长历程、文化浸泡、教育信念的整体思考,基于教学风格,超越教学风格。将名师成长档案、学科教育观与育人故事融为一体,撰写"粤派名师成长案例",找寻"广东省名师成长群落"基因,是我们的期待与努力的方向。

"粤派名师成长案例"主要包含教师叙说自己的成长历程、表达自己的教学风格和教育主张、教学现场与教学实录、教学反思等。个人成长历程的叙说,其实就是一个自我反思和自我发现的过程。从"名师成长群落"的视角看,名师成长的路径与方式是多种多样的,有的教师是在科研兴教中成长起来的,有的教师是从磨课比赛中历练出来的,有的教师是师从名师发展而来的,有的教师在不断培训中提升、成长,等等;在名师成长路上,有的自幼励志成师,有的阴差阳错"误"入师道,有的幡然顿悟、力求成才……最终都因共同的信念汇聚一堂,通过展现他们的历练、境遇和思想,期盼为后来者指明前行的道路,找寻名师成长群落基因,明晰促进教师队伍建设的关键要素,助力教师专业成长。

成就名师的过程同时也是一个自我修炼、示范带学、扩大影响力的过程。本项目名师培养过程注重教师实践创新能力的发展,通过示范带学、学科研讨、跟岗实践等,把外显的教学知识和教学经验转化为内隐的实践智慧。通过三年的研磨和培育,每一位培养对象都不断提炼和表达自己的粤派教学风格,提交"粤派名师成长案例",其重点为三个部分:名师成长档案——讲述个人成长和教学改革历程的真实故事;学科教育观——剖析能够匹配自己教学风格与教学理念的教学主张和学科教学思考;育人故事——通过立德树人故事的讲述,展示自己的教育情怀与教育信念。为了提升名师培养对象的作品感和成就感,项目组邀请学科名师和理论专家,不断对其"粤派名师成长案例"进行审视与指导,选择具有代表性的案例结集出版。

限于篇幅,本项目案例分3册出版。《找寻"广东省名师成长群落"基因之一》包括语文、英语、美术3科,共17篇;《找寻"广东省名师成长群落"基因之二》包括数学、物理、化学、体育4科,共16篇;《找寻"广东省名师成长群落"基因之三》包括信息技术、生物、政治、音乐4科，共15篇。

　　本丛书是多方协作的成果。本项目首席专家广东第二师范学院熊焰教授、高慎英教授与于慧副教授负责案例的架构设计工作；项目负责人广东第二师范学院唐志文副教授负责案例的修改指导工作；校内外众多学科导师提出了切实中肯的修改指导意见；广东第二师范学院刘碧群、何倩老师在沟通联络、信息整理等方面做了大量工作。各位案例作者非常重视这次出版工作，反复打磨、精心修改，为读者展示了各具特色的粤派名师风采。限于水平，本书难免存在不完善之处，敬请各位同行批评指正。

目 录

◆ 思·悟·行（曾庆国·初中生物）↗1
　导读语↗1
　名师成长档案——学习、反思、行动↗1
　我的学科教育观——"思、悟、行"生物课堂↗7
　他人眼中的我↗12
　我的育人故事——让每颗种子都找到适合生长的土壤↗13
　教学现场与反思↗14

◆ 理性　简约　生活化（梁泉宝·初中生物）↗21
　导读语↗21
　名师成长档案——扎根课堂，享受生物教学的感性与理性↗21
　我的学科教育观——超越课堂，增添生物教育的影响和智慧↗26
　他人眼中的我↗30
　我的育人故事——超越学科，学生健康成长是教育的"根"↗30
　教学现场与反思↗32

◆ 体验　发现　超越（肖小亮·初中生物）↗39
　导读语↗39
　名师成长档案——躬行　成长　感恩↗39
　我的学科教育观——体验发现式的智慧生物学教育↗43
　他人眼中的我↗48
　我的育人故事——塑造个人魅力　助力做中学　传递正能量↗50
　教学现场与反思——践行智慧生物学↗51

◆ 激"情"飞扬,"思"维绽放（谢继生·初中生物）↗58
　导读语↗58
　名师成长档案——韶城文化漫润心灵，寒门学子勤谦成长↗59
　我的学科教育观——激情飞扬，思维绽放↗62
　他人眼中的我↗68
　我的育人故事——精"心"育人，静候花开↗69
　教学现场与反思↗70

◆ 学科技术融合创新，文化主题绽放精彩（黄小勇·初中信息技术）↗75
　导读语——被信息技术耽误的体育老师？↗75
　名师成长档案——融合创新，打造我的信息技术文化主题课堂↗76
　我的学科教育观——融合创新教学模式，打造文化主题信息技术课堂↗80
　他人眼中的我↗83
　我的育人故事——千百倍的耕耘换来桃李香满园↗84
　教学现场与反思——班级大家庭——"添加演示文稿内容"复习课↗85

◆ 人文与激情（梁辉晖·初中信息技术）↗89
　导读语↗89
　名师成长档案——不懈的追求↗90
　我的学科教育观——我翱翔的双翼：激情与人文↗95
　他人眼中的我↗97
　我的育人故事——学生的自信从何来↗99
　教学现场与反思——"让爱心启航"——电子创意编程↗100
　结束语↗112

◆ 思维、理性、和谐（刘凤兰·初中信息技术）↗113
　导读语↗113
　名师成长档案——坚守与创新，师生共成长↗114
　我的学科教育观↗118
　他人眼中的我↗121
　我的育人故事——言传身教，遇见最好的我们↗123
　教学现场与反思——目击惨剧发生——遮罩动画的制作↗124

◆ 自然、自主、自得（伍文庄·初中信息技术）↗132
　　导读语↗132
　　名师成长档案——多元融合，水到渠成↗133
　　我的学科教育观——润物无声，教学相长↗136
　　他人眼中的我——良师益友，快乐庄主↗142
　　我的育人故事——我与一群"熊孩子"斗智斗勇↗143
　　教学现场与反思——自然流畅，浑然天成↗145

◆ 信息有根，技术有魂（周莉萍·初中信息技术）↗154
　　导读语↗154
　　名师成长档案——走过拔节成长的历程↗155
　　我的学科教育观↗158
　　他人眼中的我↗164
　　我的育人故事——两句话的力量↗164
　　教学现场与反思——"我们读书吧——用图表直观表达数据"教学案例↗165

◆ 育粤韵艺术之苗，长智慧快乐之果（伍鸣彪·初中音乐）↗178
　　导读语↗178
　　名师成长档案——做自己喜爱做的事，艺术与智慧共生↗179
　　我的学科教育观↗182
　　他人眼中的我↗186
　　我的育人故事——春风化雨，美丽人生↗187
　　教学现场与反思↗187

◆ 揪喙自新求真知　幸福咖啡香满屋（胡金兰·初中政治）↗194
　　导读语↗194
　　名师成长档案↗194
　　我的学科教育观↗197
　　我的育人故事↗199
　　教学现场与反思↗200

◆ **不懈努力趣味相生，修己惠人善美相行（李红秀·初中政治）** ↗209
　　导读语——一枝独秀不是春，百花齐放春满园↗209
　　名师成长档案——莫嫌海角天涯远，但肯摇鞭有到时↗210
　　我的学科教育观——不懈努力趣味相生，修己惠人善美相行↗212
　　他人眼中的我——善解人意巧育人，美丽优雅领头羊↗215
　　我的育人故事——巧用数学新解，打开学生心扉↗216
　　教学现场与反思——"岂无实践者，兹焉当反思"↗218

◆ **精神引领、文化浸润、知行合一（谢晓春·初中道德与法治）** ↗225
　　导读语↗225
　　名师成长档案——坚持初心，我看到美丽的风景↗226
　　我的学科教育观——给学生一个不一样的课堂↗229
　　他人眼中的我↗232
　　我的育人故事——帮他插上一对隐形的翅膀↗233
　　教学现场与反思↗235
　　结束语↗241

◆ **激趣实现绿色元教育，情怀助推杏坛常善舞（颜镇丰·初中政治）** ↗242
　　导读语↗242
　　名师成长档案↗242
　　我的学科教育观↗245
　　他人眼中的我↗250
　　我的育人故事↗252
　　教学现场与反思——课题："自我保护"（一课时）↗253

◆ **山区执教数十载，丹心一片孺子牛（杨梅馨·初中政治）** ↗259
　　导读语↗259
　　名师成长档案——粤北文化滋养，教学专业成长↗260
　　我的学科教育观——归真愉悦新教学，宽严相济我风格↗263
　　他人眼中的我↗266
　　我的育人故事——无悔深山耕耘，陌上桃李花开↗267
　　教学现场与反思↗270

思·悟·行

● 佛山市华英学校　曾庆国（初中生物）

▶ **导读语** ▶

我是曾庆国，中学生物高级教师，佛山市基础教育系统优秀教师，广东省首批中小学教师研训专家，现担任佛山市华英学校德育处主任，广东教育学会科技教育专业委员会理事。我曾被聘为省教师工作室成员、广东省乡村骨干教师培训班学科导师、广东省中小学省级培训跟岗环节学科导师、高等教育出版社"国培计划"学科指导专家。2015年7月，我被遴选为广东省中小学新一轮"百千万人才培养工程"第二批初中理科名教师培养对象。从教16年来，有50余篇教育教学论文、教学设计、行动研究、课例等获国家、省、市、区级奖励，发表、宣读论文11篇，先后主持4项省、市级科研课题研究，2项课题成果获省、市级奖励。

成绩的取得，源自我"教书育人、立德树人"的教育初心，也是我在"学习、反思、行动"中循环迭代的积累。在教育教学实践过程中，我始终把学生的独立思考、自我领悟、实践创新作为完成教学任务的主线，聚焦学生良好的学科素养，逐渐形成了"思·悟·行"的粤派教学风格。

▶▶ **名师成长档案** ▶

学习、反思、行动

我在佛山南海出生，但由于家庭的原因，我在粤北长大，小学和初中都在粤北乡镇读书。在这个第二故乡，我的学习成绩一直位居前列，是老师们、家长们心目中的优等生。正所谓"一方水土养一方人"，长期在粤北客家地区生活，当地人勤劳、纯朴、热情的民风与品格精神深深地影响着我，特别是我的数学老师曾月初老师那精湛的教学技巧和执着的奉献精神，点燃了我成为一名教师的理想与信念的火焰。因此，初中填报志愿时，我毅然选择了走师范教育的道路，报考了"南海师范"。在南海读书期间，这个经济高度发展的家乡城市让我眼前一亮，南海人的进取、开放、包容的精神激励我不断前行。同时，我认真践行南海师范"学高为师，身正为范"的校训，勤学苦练，克己修身，苦练教学基本功，先后担任校学生会生活部干事、部长，学生会副主席、主席，先后被评为佛山市优秀学生、南粤优秀师范生。越努力，越幸运，因在学业和学生管理工作方面的突出表现，3年后，学校把我推荐到华南师范大学生命科学学院，让我得以踏入广东师范教育的最高学府。4年的大学生活，我坚守自己的初心，继续承担系学生会的工作，积极参加各种社团活动，发掘自己的潜能，提高自己的综合能力。2002年7月，我终于实现了自己的梦想——在佛山市华英学校成为一名光荣的人民教师。

回首7年的师范学习、16年的教学历程，我一直坚信"一分耕耘，一分收获"的人生信念，比别人多一份付出，多一些勤勉，经过多年的累积，便多了一份属于自己的思考和感悟。我的专业成长过程，大致可分为3个阶段：第一阶段（2002—2005年）：崭露头角；第二阶段（2005—2012年）：千锤百炼；第三阶段（2012年至今）：水到渠成。

一、崭露头角：信息技术整合教学的尝试

2002年9月，我怀着满腔的热忱踏上了华英学校的三尺讲坛。华英学校与佛山一中一脉相承，刚独立复办不久，是一所新型初中，很有名气，是佛山市最好的初中之一。当时，因办学条件所限，华英与一中的教师共用一个教师饭堂，借此条件，初为人师的我得以从众多优秀的老教师的言行中汲取营养，迅速成长。"站稳讲台，热爱学生"，这是一中和华英对新教师最朴素的要求，我当时对这句话的理解是：以学生为本，落实教学环节，脚踏实地教学。在科组长宋朝晖等老师的指导下，我认真学习了新课改后的教材及新课程标准，了解本学科、本学段学生相应的知识结构和能力水平，用心备好和上好每一节课。当时，因为是新课改的第一年，很多老师都在尝试用好新教材的方法。市教研员张芸老师也想了解新教材的使用情况，就到华英来听课，刚刚踏上讲坛不到2周的我成了听课的对象，听课的内容刚好是新课改的重点之一：探究实验。为此，我连续2天备课到深夜，研究"光对鼠妇生活的影响"，最后，上了一堂还算出色的公开课。课后，张芸老师充分肯定了我作为一个新老师能够如此快站稳讲台的能力，对我制作的课件赞不绝口（我将牛顿被苹果砸中的故事制作成动画，引入课题）。

言者无意，听者有心，那时候的计算机多媒体技术才刚刚起步，我想这或许可以成为我教学上的突破点。于是，我借着在大学时期掌握的一些多媒体技术，暗暗给自己设定目标：在2年内制作完成新教材的全部课件。由于是新教材，没有任何现成的材料，完全靠自己写教案，设计脚本，做课件。当我将一个个精美的运用

Authorware（当时一种交互性较强的课件制作工具）、Flash 等制作的课件呈现在学生面前，看到他们上课时专注的表情，我的心里特别激动。在我看来，多媒体课件是一种重要的信息化教学资源，它能为课堂教学营造浓厚的氛围，使学生以最佳的状态投入学习；能增强课堂教学的直观性、形象性和生动性，为释疑解难创设巧妙的突破口；能使语言材料变成可感的声音，在朗读中激发学生的情感；能为学生提供创新思维的感性材料和空间，给学生带来无限的遐想。2005 年 6 月，学校举办"课堂教学标志与轻负高质"的教师论坛，我认真设计了一个故事情节，配以一个精美的课件，所执教的"人体的三道防线"一课获得一等奖，得到了很多老师的肯定。但是，也有部分老师认为这种以多媒体课件为主导的课堂，预设太多，课堂的生成不够，容易固化师生思维。果不其然，虽然学生们都非常喜欢上我的课，但在这个学期的期末考试中，我教的班级的成绩在整个年级排名只是中等，与自己的预期有一定的距离。

"好的开始是成功的一半"，在"崭露头角"阶段，我凭借新教师的工作热忱与先进的多媒体课件制作技术，为自己闯出了一条通向名师的道路。然而，成功的另一半路途，需要付出比之前多更多的努力，我仍要上下求索，经历千锤百炼！

二、千锤百炼："思·悟·行"课堂教学的实践与研究

学生的成绩为什么没有与课堂的表现同步？我的课堂教学在哪些方面还有较大的缺陷？带着这两个问题，在 2005 年暑假，我读了《爱弥儿》《给教师的一百条建议》《卡尔威特的教育》等书。在《给教师的一百条建议》一书中，我找到这样一段话："不要让能力和知识关系失调"，"所谓能力和知识之间的关系失调，表现为学生还没有具备作为掌握知识的工具的那些能力，可是教师已经把源源不断的新

知识硬塞给他"。我的课堂教学，是从我的角度去设计、去实施，用课件"把源源不断的新知识硬塞给学生"，学生的表现，不正是"能力和知识关系失调"吗？通过阅读《给教师的一百条建议》，我发现了自己的课堂应该更多地从学生的角度来设计教学，课件只是教学的辅助，辅助教师的教。要让学生真正掌握知识和能力，最主要的是利用课件来辅助学生的学。反思《人体的三道防线》一课，我虽然根据学生的特点把《人体的三道防线》这堂课的教学内容设计成对一场战争的分析，战场就是"华英国"，第一道防线是城墙，对应皮肤等结构；第二道防线是士兵，对应溶菌酶等物质；第三道防线，我将其比喻成特种武器，对应抗体这一特殊的蛋白质，通过故事情节激发了学生的兴趣。但在教学中，学生对溶菌酶、抗原、抗体的概念还是比较模糊的，"为了使学生学会自觉地把概括的东西运用于生活实践，必须让他们独立地搜集大量的事实，思考这些事实，并对它们进行系统整理、对比和分析"。这一节课，如果能再让学生发挥学习的主体作用，通过角色扮演活动，引导学生从自身角度去思考，感受和理解知识，通过联想、类比，让学生在合作讨论中发现规律，突破难点，教学效果应该会更好。

生物学是描述生命现象和生命活动规律的，是真实存在的，课件的模拟是一个有效的补充，但绝不是课堂的主体，课堂的真正主体是学生。于是，我在注重信息技术与学科整合的基础上，尝试构建"思·悟·行"的课堂。课堂的教学，归根到底是学生对学习内容的思考（思）、内化（悟）和实践（行）的过程。如何进一步改变学生学习的方式，让学生从机械的听课、练习、考试中跳出来，真正成为课堂的主体？这需要持续不断的课堂教学实践。

由于第一次校内比赛的出彩表现，我走上了公开课"专业户"之路，不断打磨教学的技能和技巧。2006年区优质课大赛，我获得了第一名；2008年省实验录像课大赛，我获得第一名；2010年获得了市基本功大赛一等奖；2012年我参加省实验课评比大赛，获一等奖。在准备这些课的过程中，一次次磨课，一次次试教，锤炼自己，锤炼课堂，提高了我的教学设计能力和课堂组织能力，使我能更有效地应对课堂的生成性问题。最重要的是，通过研究"思·悟·行"的教学风格，我学会了从学生的角度思考问题，落实了"以生为本"的理念。我的教学成绩也日渐突出，2008年6月禅城区会考，我任教的7个班中，2006级（7）班的生物成绩名列全区第一，在其他6个班中，有5个班名列前茅。不过，我也注意到有一个班的成绩并不是太理想，这个现象促使我再次对教学进行了反思：为什么有些班的教学效果比较好？有些班则不太理想？我的教学还有哪些方面可以提高？

对课堂教学的研究给我带来了成功的体验，也让我感受到教育教学专业理论知识的匮乏和继续学习的必要性。2009年，一个偶然的机会，我在市教育局举行的一次专题活动中聆听了胡继飞教授关于课题研究的讲座，对课题研究有了一定的认识。接着，我在科长宋朝晖老师的鼓励和支持下，申报了市级课题"提高初中生物探究实验有效性的教学模式研究",通过课题研究引领自己的专业成长。我渐渐发现,要解决教学上存在的问题,可根据问题的大小进行校本教研或立项科研课题研究。课题研究为我的课堂教学打开了新的一扇门,开拓了我的视野,磨炼了我的能力,提升了我的专业思想和专业素养,我渐渐了解到一些教育教学的规律,掌握了一些有效教学的方法。2009年开始,我任教的所有班级的生物成绩都名列全区前茅,2010年和2011年连续2年,我的行动研究"学案导学课堂教学模式的行动研究"和"立体探究课堂教学模式的行动研究"都获得了广佛肇行动研究案例评比一等奖;2011年,多媒体课件"绿叶在光下制造有机物"获得全国一等奖;2011年,我被评为佛山市教育系统优秀教师;2012年,我的论文《立体探究教学模式的研究与实践》获全国一等奖。

"不经一番寒彻骨,怎得梅花扑鼻香?"在一次又一次艰辛的实践探索中,"思·悟·行"生本教学理念逐渐形成,其教学成效得到科学的实践验证。这让我回忆起粤北的梅花,越是寒风凛冽,越是挺拔成长,越是花香扑鼻。学生学有所成,而我的课堂教学与教学研究也硕果累累,再多的辛苦都是值得的!

三、水到渠成:在学习、反思、行动中练就风格

"学而不思则罔,思而不学则殆。"一名优秀的教师不仅要站稳讲台,还需要

学思结合，知行合一，做一名"学者型""智慧型"的教师。如果说第一阶段是在懵懵懂懂中走过来的，是一个摸索者，第二阶段是从生疏到熟练，是一个实践者，那第三阶段，通过前两个阶段反复的学习、反思、行动，我想有意识地走回去，重新审视自己的课堂，做一个知行合一者。

从2010年开始，由于工作业绩比较突出，学校渐渐给我安排了更多工作，从班主任到级长，从级长到德育处主任，从一线教师到学校中层管理人员，除了做好自己的教学工作外，还得做好德育的管理工作。由于工作角度和内容的增加，我迫切需要通过阅读、反思来提高自己的能力，因此，我大量阅读了苏霍姆林斯基、李镇西、余文森、刘恩山等名家的教育教学专著。我深感一个优秀教师的成长离不开同事之间的合作，成功的背后必然是团队的心血。因此，我经常与科组的老师和行政团队分享自己的教育教学经验，主动参与科组的教研活动，深挖同事们的优点和创新之处，不断反思总结，改进自己的教育教学方法。

另外，在课题研究方面，我申报了两个国家级子课题和一个省专项课题，实践反思，进一步审视自己的课堂，思考如何抓住教学的根本问题，思考怎样提炼自己的教学特色，做一个有独立思想、有教学主张的生物教师。烦琐的岗位工作（同时担任级长和德育处主任）占据了我很多时间和精力，因此我更加重视每周两节的生物课，更加重视学生的自主学习。苏霍姆林斯基说："掌握知识和获得实际技巧是儿童在教师指导下进行的一种复杂的认识活动。强烈的学习愿望、掌握知识的愿望，是这一活动的重要动因。"只有在课堂上重视学生的主体作用，激发学生主动学习的愿望，才能提高教与学的效率，让学生从中学会学习、学会生活、学会做人，从而达到"教是为了不教"的目的。从这个角度出发，生物课堂的教学就是让学生学会自主学习，即学会独立思考，提高思维能力，改善思维品质，引导自我感悟，促进实践创新。"思·悟·行"课堂突出了教学的本质，重点关注学生的学科核心素养，让学生的思考、自悟、实践成为完成教学任务的主线。

在三个成长阶段里，正如"思·悟·行"的教学风格一样，我坚持学习、反思、行动。我珍惜每一次学习的机会，每次学习都认真做好笔记，从中汲取营养。2013年7月，我受邀前往台湾台南市举行的第四届全球华人探究学习创新应用大会进行论文交流。会上，我认真聆听了来自美国、新加坡、中国台湾等国家和地区的教授们的精彩讲座，了解了探究教学的一些最新理论和方法，对各地的探究教学有了一个初步的了解。2015年5月，我跟随佛山市教育交流团到日本伊丹市参观访问，对日本的基础教育状况有了一定的认识。2015年7月，我有幸成了省"百千万人才培养工程"初中理科名教师培养对象，分别参加了广州、杭州、北京、香港、澳大利亚等地的高端研修，聆听了众多教授们的精彩讲座，深入考察了各地的基础教育，观摩各地的课堂，近距离与一线教师座谈交流，丰富了自己的教育认识，开拓了自己的教育视野。在名师班研修的这段时间，是我成长最为迅速的时间，因为有名师的指点，也有鲜活的奋斗榜样，我才能成为这个优秀的团队中的一员，我需要加倍努力。

教育之路没有尽头，我将继续"心怀感恩，做更好的自己"，追求"思·悟·行"的生物课堂，努力成为"学者型""智慧型"名师。

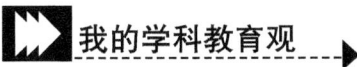

"思·悟·行"生物课堂

一、教学风格解读

我认为，每个学生都如同一颗种子，充满了巨大的潜能，只是类型不同，觉醒的时间也不同，我最大的愿望，是给这些种子适合的环境条件，让它们在最适合的时机茁壮成长。因此，我的课堂就是为学生提供有价值的学习材料，让学生学会自主学习，即学会独立思考，提高思维能力，改善思维品质，引导自我感悟，促进实践创新。我的课堂，学是核心，教是辅助，学习是学生自己的事，教师的角色是让学生主动学习。基于以上认识，结合我校学生的特点，我逐步摸索出了强调学生自主学习的"思·悟·行"课堂教学，其风格概括起来就是："激趣启思、释疑导悟、融情促行。"

（一）激趣启思，在趣味情境中启发理性思维

所谓"激趣启思"，即创设情境，优化教学氛围，激发学生的兴趣，促进学生的学习，启发学生的思考，提高学生的思维能力。"兴趣是最好的老师"，无论是严谨的教学设计，还是丰富的教学语言，如果不能吸引学生参与，即使教学过程设计得再好，也达不到预期的效果。从另一个角度分析，如果仅仅强调内容的趣味性，没有从中启发学生的自主思考，训练学生的理性思维，培养学生的思维品质，学生的参与看似积极，课堂氛围看似热烈，教学效果却比较低下。所以，"启思"的关键就是调动学生的学习积极性，我主要采用3种方法。

1. **故事激趣**

故事的情节生动有趣，有连贯性，富有吸引力，生动的故事令人终生难忘，寓问题于故事之中，不仅吸引学生，而且能在潜移默化中启发学生的思考。如前述的"人体的三道防线"一课，我把教学内容设计成一场战争的分析，战场就是"华英国"，第一道防线是城墙，对应皮肤等结构；第二道防线是士兵，对应溶菌酶等物质；第三道防线是特种武器，对应抗体这一特殊的蛋白质，从而激发了学生的学习兴趣。还有"种子的萌发"中的"国王与王子的故事"；"呼吸道对空气的处理"中的"尘埃历险记"；"两栖动物的生殖和发育"中的"小蝌蚪找妈妈"等，根据学生原有的故事印象，创新故事情节和设计贴合教学内容的问题，从而启发学生思

考，训练学生的理性思维。

2. 实验激趣

实验具有强大的吸引力，如"植物的光合作用和呼吸作用"这两章的教学，把碘液直接滴在光合作用后的叶片上，让学生思考"为什么叶片没有变蓝？"；收集金鱼藻光合作用后的气体做竹签复燃的实验，让学生思考"为什么竹签能够复燃？"；萌发种子呼出的气体能使蜡烛熄灭，使澄清的石灰水变混浊，让学生思考"蜡烛熄灭的原因是什么？澄清的石灰水为什么变混浊？"等，鲜活的实验激发学生强烈的好奇心，从而启发学生思考，产生进一步学习的动力。实验激趣有3个原则，一是实验现象要明显；二是实验器材要简单；三是实验原理要与教学内容相关。

3. 多媒体激趣

信息技术的发展改变了教学内容的呈现方式，也能有效激发学生学习的兴趣。常用的多媒体手段有视频（微课）、动画、图片等，智能终端（如手机、平板等）也有一些教育App能提供较佳的体验。如"消化和吸收"一课，学生有亲身经历，却无法具体了解消化和吸收的情况，这时借助科普视频，便能有效启发学生思考；又如"种子的萌发""开花和结果"等课，播放种子萌发、开花和结果过程的微课或视频会让学生感觉真实、有趣。

因此，"激"和"启"是教师发挥引导作用的精要，"趣"和"思"则是体现学生主体作用的关键，特别是引导学生的独立思考，训练学生的理性思维，我认为是生物学科教学的逻辑起点。

（二）释疑导悟，在科学探究中导悟生命观念

所谓"释疑导悟"，是指通过解决生物课堂教学提出的问题引导学生理解生命现象和生命活动规律，感悟并形成生命观念。从课堂教学内容来看，生命观念基本指向结构与功能观、物质与能量观、进化与适应观、稳态与平衡观四大方面的内容。从课堂教学方法来看，丰富的情境和良好的氛围为学生的科学探究提供了很多建构知识体系和感悟生命观念的契机。这些契机，一般出现在解释疑问的时候，解释完后学生会有"恍然大悟"的表现。"导悟"的关键在于找准学生的最近发展区，要选择恰当的教学资源答疑和追问，以学生的"现有发展区"为起点开展教学活动。我主要采用以下4种方法。

1. 图示法

文字的描述有时比较枯涩，图示法能有效帮助学生理解。如在讲述"细胞为什么不能无限长大"时，我设计了以下的小组讨论题目（见下图），通过图示法引导学生感悟，取得较好的效果。

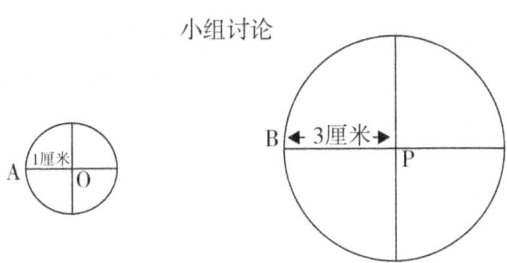

如图所示：细胞膜A要把物质运到细胞核O处，细胞膜B要把物质运到细胞核P处，请问：

（1）假设细胞核O和细胞核P已经饿了三天三夜，非常需要营养物质，在同等条件下，谁更快获得营养物质？

（2）谁的运输效率更高？从中你想到了什么？

2. 比较法

俄国教育家乌申斯基说："比较是一切理解和思维的基础；我们都是通过比较来了解世界的一切。"生物教学经常用到比较法，这种方法可以帮助学生分清相似的两个概念或事物特征，从中获得规律性的知识。如"探究环境污染对生物影响"一课用正常萌发的豆芽与用废旧电池浸出液泡过的豆芽种子做比较，帮助学生理解环境污染的危害；《从种到界》各种动物的比较帮助学生掌握分类单位的等级；还有条件反射与非条件反射的比较、植物呼吸作用和光合作用的比较等等，让学生自己找出两者之间或多个对象间的区别和相似之处，从而引导学生主动学习，建构准确的生物学概念。

3. 追问法

追问这种方法的应用非常广泛，也非常实用，追问运用得当，能帮助学生理解最初的答案，提高思维的准确性和完整性。央视《面对面》栏目的主持人王志，以其鲜明的质疑、尖锐的提问、审视与挑剔的眼神、适度煽情的"追问"，被称为中国最牛的"追问者"。从王志的"追问"文字记录里，我们总结出从以下两个方面入手进行有效追问：一是层次性追问。如在"探究二氧化碳是否是光合作用必需的原料"这一实验里，可设置如下的问题串：要探究二氧化碳是否是光合作用必需的原料，如何设计实验？如何保证二氧化碳是唯一变量？如何吸收装置中的二氧化碳？注意问题梯度，层层推进，激活学生的思维。二是逆向追问，即反问。如在学习病毒时，可以反问："有没有不具备细胞结构的生物？"在讲完"种子萌发的环境条件"后，可以反问："具备这些环境条件后，种子就可以萌发吗？"培养学生的逆向思维，引导学生进一步思考和领悟。

4. 联系生活法

学生的生活经验实际上就是"现有发展区"，教学时，我常会在生活的已知和学习的未知之间建立联系，预设导向目标的学习问题，引导学生解决未知的问题。如在"遗传和变异"的学习中，我经常把学生非常熟悉的明星和明星父母的照片作为"遗传"和"变异"的素材，设计相关的问题引导学生理解知识；还有用"大树底下好乘凉""人要脸，树要皮"等引导学生联系生活，帮助学生理解知识。

因此，教师要积极发挥"导"的作用，课前分析学生在特定情境中质疑问难的能力，课中观察、了解学生对问题的认知状态，特别是联系学生的生活体验，与学生共同探讨"顿悟"或"渐悟"的方法，从而在科学探究中帮助学生领悟生命观念。这也是学生对生物的学习从外在兴趣转变为内在需求的关键，是学生持续学习生物学的动力所在。

（三）融情促行，在情感体验中促进实践创新

所谓"融情促行"，是指教学过程中融入积极的情感体验，从而促进学生实践和创新能力的提高。这里的情感包括两个方面，一个是教师教学过程中的情感，另一个是学生在教学过程中产生的情感。很多老师都强调"学以致用"，但有个前提，要重视学生的情感体验。教育家赞可夫认为："教学中一旦触及学习的情感意志领域，触及学生的精神需要，就能发挥高度有效的作用。"根据马斯洛的需求理论，人在追求自我实现的过程中，将产生出一种所谓的"高峰体验"的情感。学生的学习只有在充分投入了情感后，智能才能充分发挥高效的作用，从而促进其实践创新。如在"光合作用发现史"的学习中，介绍与光合作用相关的诺贝尔奖获得者及其研究成果，从而激发学生参与实践的热情；又如在"细胞通过分裂产生新细胞"一课的学习中，最后可利用再生医学及癌症的研究前景鼓励学生积极参与生物科学研究等。

教师通过自身积极的情感，感染并激励学生积极的情感体验，在"思"和"悟"的基础上，培养其社会责任，促进其落实社会行为，如关注涉及生物学的社会议题，利用生物学的知识对事物做出理性解释和判断，主动向他人宣传健康生活、关爱生命和保护环境等相关知识，结合本地资源开展科学实践，尝试解决现实生活中与生物学相关的问题，真正做到"学以致用"。

课堂以"激趣启思"为起点，其中"释疑导悟""融情促行"两个环节是线性可迭代的，也就是说教师可以根据学生掌握的情况或教学内容的需要对后两个环节进行重复，直至完成教学目标。

二、我的教学主张

教育要注重学生综合素质的培养，注重学生可持续发展素养的培养，为学生的终身发展奠基。因此，我不断学习教育教学理论，开阔自己的视野，从多元智能到建构主义，从合作学习到认知学习，我践行"科学与人文并举"的华英办学理念，追求强调人文价值的科学课堂。

（一）人文价值

人文价值即以尊重人性为本的价值理念，生物课堂教学的人文价值有两层含义，第一，是强调教学过程的人文价值，即强调在教学过程中"以生为本"，体现对学生作为人的价值的尊重。我们应充满温情和爱心来对待我们的学生，发现学生生命的存在价值，重视学生的兴趣和需要，了解每一个学生的每一个特长和闪光点，尊重学生、理解学生、启发学生、关爱学生，使其个性得到自然的发展。具体来说就是构建"思·悟·行"课堂，为学生提供有价值的学习材料，让学生自主学习，自主发展（详见"教学风格"的论述）。第二，是强调教育目的的人文价值。当前，无论是家庭、学校还是社会教育，都存在对青少年进行挫折教育和生命教育的缺失。联合国人类环境会议发表的《人类环境宣言》提出："人类是环境的产物，也是环境的塑造者。如果人类对环境缺乏正确的认识（无知或无德），将会给人类自己和环境带来不可估量的损害。"这些都促使我们从人文价值的角度去关注教育的目的——培养具有正能量的人。初中阶段是形成健全人格、健康心理的关键期，正确的人文价值取向（乐观、积极、向上，充满热情、希望与信念）对学生的健康发展有着深远的影响。这需要我们老师抓住一切可以利用的契机，对学生开展具有人文价值的教育。如在"十月怀胎，一朝分娩"中挖掘生命教育，在"种子萌发"中提炼挫折教育，在"青春期"教学中渗透理想教育，在"爱护植被"中倡导环保教育等，丰富生物教学的人文价值内涵。

（二）科学课堂

科学课堂有两层含义：一方面，生物是一门自然科学，生物的学科教学要注重培养学生的学科素养，使其在教学活动中"习得生物学知识，养成理性思维的习惯，形成积极的科学态度，发展终身学习的能力"；另一方面，科学课堂强调运用科学的教学方法启发学生思考（思）、引导学生领悟生物学家在研究过程中所持有的观点以及解决问题的思路和方法（悟）、促进学生主动实践（行）。无论是教师的教还是学生的学，科学课堂都呈现出这样一种状态：教学氛围和谐，师生关系融洽，学生积极参与，兴趣被充分调动，教学方法科学，环节衔接自然，过程精彩跌宕（详见教学现场和反思）。

现代教育的价值取向是追求人的全面发展，而不仅仅是要求知识的积累和观念的更新。具有人文价值的科学课堂，才能培养出既具有扎实的生物科学知识，又具有健全的人格，既具有全面的生物科学素养，又具有人文精神的完整而幸福的现代人。

▶▶ 他人眼中的我 ▶

一、学生眼中的我

"胃疼吗？胃酸吗？胃涨吗？这说明胃是由哪些组织构成的？"别以为是卖药的广告，其实是在上生物课。喜欢你幽默的语言，喜欢你说的广告语，让我轻松记住知识的同时，细想又觉得很有深意。

——2006届佛山市中考状元，2009年考入北大　潘禹尧

说起来，曾Sir您是带领我探寻生物界奥妙的领路人，每一次课堂上的问题都能激起我们的思考，让我们不仅学到了知识，还学会了如何发现问题和解决问题。

——2009届毕业生　谭锋

二、同行眼中的我

曾老师的课堂教学组织非常出色，简明扼要，逻辑性强，深入浅出，能激发学生的高效参与。他对教材教法的分析比较到位，课堂教学幽默而且简练，深受学生的喜爱。

——佛山市华英学校生物科组长　宋朝晖

曾老师的课堂，已经形成了自己的特色，无论是在课堂上讲故事，还是课堂的设计，整体性都非常强，值得我们学习。

——禅城区生物教研室副主任、生物教研员　董光有

曾老师有较强的教研能力，对课题的研究过程比较规范，研究方法比较科学，研究效果比较显著。他的研究基于实证，得出的结论很有说服力。

——佛山市生物教研员、省"百千万"名师培养对象　张芸

曾老师对课堂的掌控非常到位，教学设计非常清晰，小组合作教学能充分调动学生的积极性，让学生在快乐中学习，教学效果非常好。曾老师的课堂设计理念"让每颗种子都找到适合生长的土壤"让我印象深刻，该理念基于加德纳的多元智能理论、孔子的因材施教，让我感受到做他的学生是一种幸福。

——省"百千万"名师培养项目实践导师、
深圳第二高级中学生物科组长、特级教师　梁光明

我的育人故事

让每颗种子都找到适合生长的土壤

我很喜欢李镇西老师的《爱心和教育》这一本书，里面描述的故事很平实，但却很感人，我用心记住了这些故事，也得出了这样一个结论：爱心使人成长。

一个班级的管理，聚焦在老师眼中的，往往是两类人，一类是成绩优秀、品行端正、听话乖巧的优等生，一类是学习基础薄弱或调皮捣蛋的后进生。反思上一届学生的带班经验，我已经初步明白，尖子生只要给个大方向就能不断向前，后进生的管理需要制度和榜样引领，而引领后进生的关键在于中层生，我最关注的是中层生，虽然这样的一些孩子不太突出。

为了尽快了解每一个学生，我和学生建立了交流热线——交流日记，只要是有想对老师说的话都可以写在学习计划本的留言栏里。那个时候，每晚给学生回复留言是我最大的幸福，因为在那里，你会感到心与心的碰撞，有真诚、有信任、有关爱……通过这种交流，我关注到一个叫惠美的女生的留言："曾Sir，你能否辅导一下我的数学作业？我真的听不懂。"我教的是生物，为什么让我辅导数学呢？后来，我经过了解得知，她上生物课时觉得我讲得生动有趣、通俗易懂，天真的她认为我也能够把数学讲得生动有趣、通俗易懂，从而激发她学数学的兴趣。惠美的成绩勉强算是班里的中等，平时也不多言语，理科学习有困难，她在留言本上的求助是一个积极的信号，而我必须把这种积极性再进一步激发出来。我把这个情况与数学老师进行了交流，然后到惠美家进行了家访，她妈妈热情接待了我，也告知了家里的一些情况，原来惠美生长在单亲家庭，因父母离异而感到自卑，母亲因为工作较忙而无暇顾及孩子的学习，所以孩子的学习基础比较薄弱。

在一些班主任看来，学生只要在班级表现得规规矩矩就是正常的，不需要过多关注，而我却认同"请记住，没有也不可能有抽象的学生"，我信奉这样一个道理：每个学生都如同一颗种子，充满了巨大的潜能，只是类型不同，觉醒的时间也不同。我最大的愿望，是给这些种子适合的环境条件，在最适合的时机茁壮成长。我很庆幸及时了解了惠美家里的情况，家访之后，我认真思考了惠美的现状和教育的措施，与数学老师一起找惠美谈了一次话，尝试解决她学习数学的困难，鼓励她在平时的学习中要把自己的学习困难告诉老师。然后，我把她以及几个情况类似的中层生名单交给了全体科任老师，提醒老师们课上课后多关注这几个学生，还通过结对的方式帮助这些学生解决学习上的问题。经过了一段时间，惠美的成绩虽有进步，但不如另外一些中层生进步明显，我了解到惠美在家的学习还是受到了一些影响，晚饭时间不固定，有时晚上八九点妈妈才回家，完成作业也有一定难度。考虑到备考的紧迫性，经过她妈妈的同意，我和妻子商量，放学后把这孩子接到家里吃晚饭，并辅导其作业……惠美曾多次在解答不出题目时问我："曾Sir，我是不是很笨？"面对这样一个问题，我经常这样鼓励她："休眠的种子无论给它什么条件，也不会发芽；唤醒的种子无论条件多恶劣，也会努力生长。你不是笨，只是还没有找到方法。"就这样，虽然我初三没有做她的班主任，但这种学习方式一直持续到她初中毕业。也许是我们对她的关心起了作用，也许是她的努力得到了回报，惠美中考取得了较好的成绩，后来又在国际高中就读，考上了加拿大滑铁卢大学。当她拿着录取通知书向我报喜时，她的脸上满是愉悦："曾Sir，没想到我真的做到了，你教给我的思考方式、学习方法让我做到了！"我报以一个微笑："种子终于萌发了！"……去年12月，我收到了她在多伦多发给我的圣诞贺卡，上面写着这样一段话："每个人在人生中，都会遇到许多人，而在这些人当中，有一小部分的人会在他们的一生中都起着至关重要的作用。虽然已经过去多年，但有个人我永远不会忘记，感谢您！曾Sir。"

陶行知先生曾经说过："处处是创造之地，时时是创造之时，人人是创造之人。"每个学生都具有无限的潜力，只要给予他们足够的爱心，这种潜能总会被激发出来，这才是教育的本义。

▶ 教学现场与反思 ◀

一、"种子的萌发"第一课时的教学实录

（一）教材和学情分析

"种子的萌发"是人教版七年级上册第三单元第二章第一节的内容，这节教材分3部分：第一部分是种子萌发的条件，通过实验分析掌握种子萌发的外界条件，分析实验中的变量，得出结果和结论，以及从生活实际中讨论种子萌发的自身条件；第二部分主要是种子萌发的过程，并分析种子萌发过程中种子自身发生的变化；第三部分是"测定种子的发芽率"的探究实验。课标的要求是：描述种子萌发的条件和过程。人教版教材编写的主要思路是从实验和生活实际出发，着重培养学生的观察能力，锻炼学生发现问题和分析问题的能力。本实验是教材安排的第三个探究实验，学生对探究实验已经有了一定的了解，难点在于这个实验涉及的不是1个变量，而是3个变量，且种子的萌发过程无法在一节课内完成，教学的重点应放在探究方案的科学设计。七年级的学生思维活跃，喜欢发表自己的见解，并且需要得到老师的尊重与认可，可运用自主探究、合作探究以及小组讨论的方法，让学生感受自主学习的乐趣，成为课堂的主人。因此，我把3个教学内容做一个整合，安排2个课时，第一课时着重解决2个实验探究方案的设计，第二课时则安排实验汇报总结，教学实录为第一课时的内容。

（二）教学重难点

（1）教学重点：学会控制变量，设计3组对照实验。

（2）教学难点：学会利用3组对照实验控制3个变量，明确每一个对照组和实验组。

（三）教学目标

基于课程标准，并围绕培养学生的核心素养，制订如下教学目标：

（1）通过讨论"种子萌发的条件"和"测定种子的发芽率"，描述种子萌发的环境条件和自身条件，概述种子萌发的过程。

（2）通过对"种子萌发的环境条件和自身条件""测定种子发芽率"的分析，引导学生从多角度思考问题，体会生物学的实证特征。通过自主制定和实施探究方案的活动，进一步熟练掌握科学探究的一般过程，学会控制变量，并在活动中培养合作意识，培养严谨的科学态度。

（3）通过本节课的学习与实验结果的分析，联系生活经验，认同"自身努力"和"外部机遇"的重要性，认同"诚信"的重要性，养成爱惜粮食的习惯。

（四）教学过程

1. 教学环节：激趣启思

师：在讲新课之前，先跟大家分享一个故事。冬天快到了，由于国家不够粮食过冬，于是国王买了一大批绿豆种子，让国民种绿豆。但是，国家的粮食大多是进口的，国民对种粮食并不在行。农民们很快就告诉国王，种下去的绿豆种子并没有萌发，请大家帮国王想一想，此时种子没有萌发最主要的原因是什么？

生：天气比较冷。

师：（进一步追问）怎样向国王设计实验来验证你的猜想？

生：可以把一组绿豆种子放进冰箱，另一组绿豆种子放在常温下，保证两组种子其他条件完全相同，观察两组种子的萌发情况。

师：太棒了！这样的两组实验称为？

生：对照实验！

师：很好。我们的实验假设是，温度过低不利于种子的萌发，请问实验组的种子应该怎样处理？

生：放进冰箱，低温处理。

师：那对照组呢？

生：放在常温下。

师：对！你是如何确定实验组和对照组的呢？

生：与假设一致的为实验组，与假设相对的为对照组。

师：非常准确。回到这个故事，请问种子没有萌发的原因还可能是什么？

生：（积极回应）没有浇水、没有营养、没有阳光……

师：同学们提出了很多猜想，你们能够设计实验来验证你们的猜想吗？

生：可以！

师：好！有一个农民伯伯他向我们提出了以下3个问题，让我们来尝试探究一下，请以4人小组为单位讨论："为了保证绿豆种子顺利萌发，从上述问题中能否归纳出绿豆种子的正常萌发应该具备哪些条件？"

（小组讨论：①播种往往是在春天，冬天播种可以吗？为什么？②干旱时，播种前要浇水，不浇水可以吗？为什么？③播种前往往要松土，为什么？）

2. 教学环节：释疑导悟

师：时间到，我请2个小组来展示你们讨论的结果。

生：（踊跃尝试）①冬天播种一般不可以，除非能解决温度的问题。所以种子的正常萌发需要具备适宜的温度。②不浇水种子不会萌发，所以种子的正常萌发需要一定的水分。③播种前往往要松土，是为了使土壤中有充足的空气，所以种子的正常萌发需要充足的空气。

师：太棒了！同学们能够设计实验来验证以上3个假设吗？

生1：可以！第一种情况，把实验组放进冰箱，对照组放在常温下，保证其他的条件相同。

生2：第二种情况，实验组不浇水，对照组正常浇水，保证其他的条件相同。

生3：第三种情况，实验组放在真空环境中，对照组放在正常环境中，保证其他的条件相同。

师：（学生回答时板书，引导）这第三组实验可操作性不高，真空环境如何浇水？有没有更好的方法？

生：可以用过量的水完全浸没种子，使其没有充足的空气。

师：很好！如果要完成这3组实验，一共需要多少组种子？

生：6组。

师：有没有更简便的方案？

生：（沉默）

师：（引导）看看对照组有没有什么共同的特点？（板书时有意识地把对照组放在一起）

生：我发现3个对照组的条件其实是一样的，也就是我们可以只做1组对照。

师：很好！你观察得很仔细，发现了别人没有发现的关键。经过刚才的讨论，我们已经找到了做这个实验的最佳方案，请同学们阅读课本89—91页，预测一下哪只瓶子中的绿豆种子可能最早萌发。这只瓶子为绿豆种子的萌发提供了怎样的条件？请把这只瓶子所提供的条件与其他瓶子所提供的条件做对比。

（学生分析实验方案，分组讨论）

生1：2号瓶子的绿豆种子可能最早萌发，因为这只瓶子为绿豆种子的萌发提供了适宜的温度、一定的水分和充足的空气。

生2：1号与2号对照，不同的变量是水分，其他条件相同。3号与2号对照，不同的变量是温度，其他条件相同。4号与2号对照，不同的变量是空气，其他条件相同。本实验属于对照实验，对照组是2号瓶，设计了3组对照实验。

师：回答得很有条理。因为种子萌发需要较长时间，因此本实验将在课后完成。请同学们以小组为单位自由选择探究条件并设计实验，规划操作步骤，自备实验器材，用手机或平板电脑记录实验过程，然后在课上展示交流。大家可以参考这些同学的自主设计，并尝试创新设计实验装置。在实验开始前，请大家分组完成讨论提纲。

（展示几组之前学生自主设计的实验装置，激发学生的创新意识，然后发下讨论提纲）

讨论提纲

1. 选择什么样的种子比较好？
2. 实验时，需要准备哪些材料用具？
3. 怎样探究不同环境条件对种子萌发的影响？应当将种子分成几组？
4. 怎样设置实验对照组，对照组应提供什么样的温度、水分、光和空气等的条件？对每一个对照组，除了所研究的条件外，其他环境条件是否应当与对照组一样？
5. 每一组应当有多少粒种子？每一组只有一粒种子行吗？
6. 每隔多长时间观察一次？对各组实验是否应当同时观察？

师：（小结）可见，种子萌发的环境条件是？

生：适宜的温度、一定的水分和充足的空气。

师：（反问）满足这些条件，种子一定能够萌发吗？

3. 教学环节：激趣启思

师：我们再来看《国王的选择》这个故事。国王没有儿子，想选一个人来继承王位。他给他国家的每个小孩都发了一颗种子，并告诉他们：谁能培育出最美的花，谁就能获得王位。评选的日期到了，所有的孩子都捧着最美的花来了，只有一个小孩捧来的是一只空花盆。结果国王选择了这个"捧空花盆的孩子"，为什么呢？

生：（踊跃举手）因为种子是煮熟的！因为捧空花盆的孩子有诚信的品质！

师：对！诚信是一种非常可贵的品质，如果从生物学的角度分析，被煮熟的种子实际上是破坏了种子的什么结构？

生：胚。

师：所以种子的萌发不仅需要满足环境条件，还需要满足什么条件？

生：自身条件。

4. 教学环节：释疑导悟

师：那这个故事所提示的自身条件是什么？

生：胚是活的。

师：对！继续看故事的发展：选到了王子，国王非常高兴，于是买了一大批玉米种子，准备等明天的春天再来播种。等到第二年春天，把种子拿出来一看，大伙傻眼了，好多种子都被老鼠咬了，请看下图，怎么办呢？是不是所有被咬的种子都不能种了呢？如果不是的话，以下4种被咬的种子，哪些还可以萌发？哪些不可以萌发呢？请说明理由。

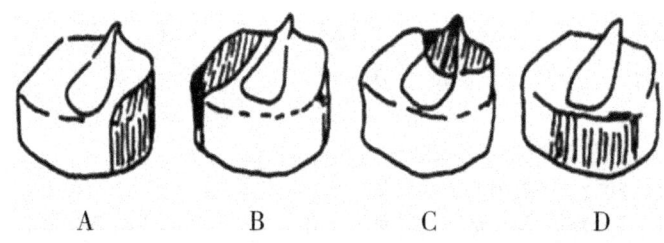

生：ABD还可以萌发，C不可以萌发，因为C的胚不完整。

师：你观察得真仔细，所以我们还可以得出另一个种子萌发的自身条件是什么？

生：胚是完整的。

师：很好！再一年的春天，国王又买来一批玉米种子，为了避免被老鼠吃掉，对这批种子保护得非常好，但这批种子一定都能萌发吗？你来告诉国王还要注意些什么？种子萌发还需要什么自身条件？

生：不一定都能萌发，正在休眠的种子是不能萌发的，度过休眠期的种子才能萌发。

师：那如何确定种子是否度过了休眠期？

生：（沉默）

师：（引导）比如说，农民伯伯买来了一批种子，他希望在播种前知道这批种子有多少已经度过了休眠期，避免粮食收成的时候减产，他应该怎样做？

生：我觉得可以从这批种子中选择部分先进行萌发实验，看看萌发的具体数量，从中大概得出这批种子有多少已经度过了休眠期。

师：你的措施非常有针对性，这是一种科学方法，我们把它称为"抽样检测"。即从检测对象中抽取少量个体作为样本进行检测。大家想一想，抽样检测要注意什么？

生：样本数量不能多也不能少，多了浪费，少了可能不准确。

师：对！还有吗？

生：（沉默）

师：（引导）样本的选择还有什么要注意的，能够故意选择某些大小或位置的吗？

生：不行，我觉得应该是随机取样。

师：对。抽取好样本后我们还要注意用科学的方法来实验，这些都是抽样检测中要注意的。就拿这个例子来说，其实就是测定种子的发芽率。大家说说，测定种子的发芽率这个实验我们要注意些什么？

生：适量的样本，比如说100粒种子。

师：很好！还有吗？

生：尽量避免主观因素的影响，随机取样。

师：都是对的，大家能够学以致用，有成为优秀农民的条件了。

生：（大笑）

师：我们应该给种子提供怎样的环境条件？

生：适宜的温度、一定的水分和充足的空气。

师：太棒了！及时地巩固知识非常重要，下一个问题：怎样计算发芽率？

生：这个很简单，用发芽的种子数除以种子的总数，得出的商再乘100%就是种子的发芽率。

师：看来这么简单的数学知识是难不倒大家的。最后想问问大家：只做一组可以吗？

生：这样数据会不准确，建议做重复实验，求平均值。

5. 教学环节：融情促行

师：太棒了！测定种子的发芽率实验看似简单，但对于农民伯伯来说，却是决定收成的一项非常重要的工作。这个实验同样在课后完成，大家可以想想办法，与"探究种子萌发的环境条件"这个实验整合一下，希望大家以"粒粒皆辛苦"的认知认真完成这2个实验，期待大家在方法上能有所创新！

师：总结以上内容，我们可以得出种子萌发的条件包括什么？

生：环境条件：适宜的温度，一定的水分，充足的空气。还有自身条件：胚是活的、完整的且度过了休眠期。

师：非常好！最后一个问题，种子的萌发条件，是外部条件更重要，还是内部条件更重要？最好能举例说明。问题可能有点难，请大家分组讨论。

（学生积极讨论）

生1：我认为是内部条件更重要，就像学习一样，自己的努力是最重要的。

生2：但是外部条件也很重要啊，没有水，种子的自身条件再好也不能萌发。

学习也一样，如果上课的环境吵吵嚷嚷，再努力的人也听不到老师在讲什么。

生3：从种子的萌发来看，无论是外部条件还是自身条件都缺一不可。从学习来看，自己的努力肯定重要，但也需要良好的外部环境，这就是我们来华英学习的原因。（掌声）

师：大家的分享都非常精彩。从哲学角度看，在事物发展的过程中，外因是变化的条件，内因是变化的依据，外因通过内因起作用。这就好比适宜的温度，合理的水分、充足的营养对种子的萌发影响很大，但一颗品质优良的种子也是非常重要的。老师非常欣喜地看到同学们把种子的萌发与学习联系了起来。以上的分享，请大家在课后的2个实验里认真思考，细细体会，2周后我们进行第二课时的学习，到时再来听听大家的分享。这节课上到这里，下课！

二、教学反思

生物学科的教学特点是帮助学生形成生命观念、训练理性思维、学会科学探究、培养社会责任。

本节课的设计，在内容的处理上，我把教学内容归纳成2条线，一条线是讨论种子萌发的条件，我通过改编4个"国王的故事"，激发学生学习的兴趣，即故事激趣，以此启发学生思考（激趣启思），通过比较分类，训练学生的思维；另一条线是2个探究活动设计方案的教学。其中，让学生运用对照实验法设计并完成对"种子萌发的环境条件"的探究是难点，我把2个内容穿插在种子萌发条件的学习过程中，强调教学设计的整体性和自然性。

在教学形式上，我主要采用启发式教学，通过师生问答推动课堂教学的各个环节，引导学生感悟生命观念（释疑导悟），既强调学生思考的独立性，也采用合作学习突破难点。

在情感目标上，在布置课外实践的任务时，我向学生强调"粒粒皆辛苦"，以提醒学生科学认真的实验态度，也引出了哲学的内因和外因的辩证关系（融情促行），这是生物课堂人文价值的体现。

理性　简约　生活化

●惠州市惠城区教育局　梁泉宝（初中生物）

▶ **导读语**

我叫梁泉宝，中学生物高级教师，在惠州市惠城区教育局负责教师的培训工作，是广东省中小学新一轮"百千万人才培养工程"第二批初中理科名教师培养对象，曾撰写6篇教育教学论文发表于核心期刊上，参与编写实验教材1本，主持的3个课题获省、市级奖。

性格较内向的我，不太喜欢交际，平时话也不多，不善于表达，给人的感觉不是一个有趣的人。但

是上起生物课来，我就好像变成另外一个人。多年来，我常被学生评为"最受学生欢迎的老师"，到了区教育局担任生物学科的教研员后，我经常要组织听课评课，也能得到同行的肯定和认可。现在，由于负责区里的教师培训工作，我时常也要进行一些讲座，从反馈情况来看，评价也较好。在讲课或讲座中，是什么因素吸引着大家呢？我觉得理性、简约、生活化是我教学的特点，也是我多年来追求的教学风格。

▶▶ **名师成长档案**

扎根课堂，享受生物教学的感性与理性

1990年，我考上了惠阳师范专科学校生物系，对于很多人来说，这是很不起眼的。但对于我来说，这已是不错的高考结果了。而且，我还是所就读的那所普通中学考得比较好的学生之一。另一方面，我家境不宽裕，还有弟、妹，父亲是农民，母亲没有固定工作，靠打杂工维持生活，读师范不用交学杂费。1992年，我考取了华南师范大学生物系，成为一名本科插班生。1994年，我大学毕业后，被

分配到惠州市第三中学，先后任生物科、化学科教学组组长，曾任学校团委书记。2005年，我被录用为惠城区教育局生物科教研员。2015年至今，我被提任为教育局师训办和进修学校负责人，负责教师培训工作。

一、初为人师，模仿前师，适应工作新环境

"温故而知新，可以为师矣。"1994年大学毕业后，我被分配到我的母校——惠州市第三中学工作。学校当时安排我上初二7个班的生物课，担任一个班的班主任，工作任务重，让我有点喘不过气来的感觉，如何适应这些工作？我想到的首先是模仿前人，模仿优秀、能干的教师。

在教学上，我在脑海中搜索能记得起来的老师上课的情境，对我影响比较大的是2位高中生物老师。一是苏二飞老师，她既是生物老师又是班主任，特点是对学生要求严格。上课时要求学生"正襟危坐"，专心听课，认真做好笔记，每节课都认真落实好知识点，做到每一个知识点都过关。每一单元也要进行高强度的过关训练，当发现学生单元测试不过关时，她采用严格，甚至严厉的手段，如补测、罚抄试卷、罚搞卫生等，迫使学生认真学习课本知识，确保通过。虽然形式有点粗暴，但考试效果确实是理想的，历届学生的高考成绩经常挂在她嘴边，她的自豪感，我们从中很容易感受得到。此时的我对教学质量的理解就是学生的成绩，成绩好了，过关了，难道不就是教学质量高了吗？因此，在生物课堂教学中，我要求学生齐读课文、划写课文、背诵课文，每节课必须要有不少的测练习题，每单元要进行过关测试。

另一位老师是李耀胜老师，他温文尔雅，教学严谨，教学内容联系生活和生产实际，在高中老师中我最敬重他。他在课堂上经常使用模型、挂图等教具辅助教学，还组织我们到简陋的实验室中用显微镜做观察实验。现在，近30年过去了，他拿着DNA双螺旋结构模型给我们上课、组织我们培养洋葱根尖来观察细胞分裂的场景还深深印在我的脑海中，仿如昨日，后来我报考师范类生物学专业，也是受到他的影响。李老师的这些教学方式，也是我在刚登上讲台时就想着模仿的对象。我组织学生开展生物课外兴趣活动，带学生利用学校操场下面已荒弃的防空洞栽培食用菌；带学生到西湖边去抓昆虫做标本；在学校生物园中组织学生饲养小动物、扦插植物等课外活动，这种生活化的活动，给学生和我自己都带来很大的乐趣，也得到学校的肯定。

作为新手，担任班主任工作让我感到很大的挑战。惠州三中当时是一间地处城乡接合部的学校，学生的成分多元、复杂，学生中存在的问题多，而且初二学生刚好又是"转型期"，叛逆心理明显。他们有自己的想法，觉得自己的想法很好就要去实现，很多时候听不进家长的话，听不进老师的话，是老师眼中"调皮"的学生。此时影响我的还是苏二飞老师，她在当我们班主任时就是以"强势"著称的。我在这一阶段的班级管理中也多采用"直来直去"的办法，对不遵守纪律的学生

进行正面训斥，采用一定的惩罚，还经常请家长到校来一起"镇压"学生。好在学生还算给我面子，班级管理工作没有出现大的乱子，总算平稳地过渡了我毕业后工作的最初一两年。

现在回想起来，刚参加工作时，我为什么会模仿苏二飞和李耀胜老师，而不模仿别的老师呢？为什么是模仿他们的某些方面而不是全部呢？这种选择的本身其实已显示了我个人无意识或者潜意识的风格倾向性，虽然教育教学没有摆脱我所模仿的二位老师教育教学风格的影子，但已经潜藏着我个人教学风格的种子，甚至已在不知不觉间萌生嫩弱的新芽。

二、树立形象，独立思考，增强教学针对性

"学然后知不足，教然后知困。"1996年之后，学校安排我担任高中生物科教学。与初中学生相比，高二的学生更看重教学的内涵，太多强制性的规定反而效果不理想。许多学生因为我照本宣科而对听课毫无兴趣，对我的严格要求也不太当回事，上课讲话的、睡觉的、开小差的、看其他书的都有，就连我自己也信心不足，上课的内容我自己都不满意，怎能激发学生的学习兴趣？怎么办呢？——必须要重塑自己的形象。

首先，大量参考别人的做法。我花了许多时间翻阅教学参考书、专业书、教学杂志，当时自己花钱订阅了《生物学通报》《生物学教学》等教学杂志，其中的《生物学通报》到现在还在订阅。当时已经有教学光盘了，我就花钱购买各种教学光盘，琢磨优秀教师如何上课，同时还在自己学校或附近学校听不同老师的课。当然，最基本的还是将课本和教学参考书研磨得"烂熟"，理清当中知识的逻辑关系。若是有些地方不太清楚，我还找回大学课本进行"回炉"。对于拟定的教学设计，我会换位思考：假如我是学生，教学设计的知识呈现合理吗？其中提到的知识应用有趣吗？能解决实际生活、生产问题吗？经过这样多次的"折腾"，最终的教学设计还是令人满意的。

其次，对教学内容、教学过程进行独立思考。别人的东西与自己的实际情况总是有差异的，要结合自己所在的实际教育教学场景对别人的建议进行改造，才能适合自己的教学。教学是不能照搬别人的，如果能照搬别人的，那么只需要将优秀教师的教学录像大量复制，给不同地方、不同学校的学生播放，高质教育不就可以实现了吗？教学不是那么回事，针对不同的教学对象，结合不同的教学内容和教学环境，在教学过程中采用个性化的教学策略才能获得教学上的成功。

有一次，在学校附近的一条步行街上，园林局的人员在修剪街道两旁的白玉兰树，给白玉兰树剪了个"平头"。在上"生长素的作用"一课时，我将这一例子抛出，让学生思考白玉兰树在接下来的一段时间里会出现什么变化。由于是学生身边的事件，又是对刚学习过的内容的运用，课堂气氛马上热烈起来。同学们七嘴八舌地争着要发表自己的见解，学生发言后，我并不马上给予评价，而是引导其他同学

针对前面同学的发言发表看法。一节课下来，教学目标达成了，下课后学生们还意犹未尽，围着我问这问那。学生的专注、投入让我感受到自己作为课堂教学主导的成就感，也让我感到幸福和满足。这次课给了我启示，要搞好教学，必须要有自己对教学目标、教学过程的独立思考。后来，我将这些教学思考写成教学论文送到市里参评，有几篇还获奖了。同时，我第一次在国家级教学杂志上发表了自己的教学论文《环保意识在生物学教学中的渗透》，虽然是比较粗浅的小经验，但毕竟是经过独立思考而写成的。我感到，教学中要经常反思和总结，写出来并大胆投稿，如果再以教育学、心理学理论以及别人写过的相关文章做参考，结合自己的教学实际写出来的文章将更有深度和品位。付出的努力得到回报，在接下来的几年中，我常被学生评为"最受学生欢迎的老师"，对于这一光荣称号，说实话，我是很受用的。由于在教学中较好地激发了学生的学习兴趣，教学效果也是明显的。那几年，我所承担的公开课、竞赛课或研讨课效果良好，获得了一些奖项，高考、会考和统考成绩也超过市平均分，所带学生在学科竞赛中也有多人获奖。

三、博采众长，为我所用，走向创造性教学

"三人行，必有我师焉。择其善者而从之，其不善者而改之。"2002年，我承担了一节全市的公开课，上课的内容是植物的向光性。我充分准备，栽培好实验植物，上课时联系生活实际，用结构化问题串驱动学生参与思考，训练学生的思维，简约地体验科学家探究的过程。后来在评课时获得了好评，同行们特别对我设计的体验科学家探究的过程，以及设计结构化问题串来驱动学生进行思考给予了充分肯定。

当时，我是借鉴了北京师范大学刘恩山教授在一次教学培训活动中提出的观点，他认为一个学科是一个系统，一节课是一个系统，课堂提问本身也是一个系统，不过是比一节课更小的系统，是一节课程系统的一部分结构，所以，在课堂提问设计中，要注意问题本身的系统性和结构性。问题串教学形式的应用可有效地避免课堂提问的盲目性和随意性，使问题形成有机完整的系统，发挥结构化功能，取得应有的、良好的教学效果。在这节课中，我在引导学生做发现生长素的探究实验的过程中，步步为营、寻根问底，使用问题串——这些问题串逻辑性强，富有结构层次，能有效地激发学生自主学习。通过思考、讨论和回答问题，学生体验到自身如何建构知识，而不只是听教师的或看课本的现成答案，学生发现真理、理解科学的过程就是不断产生疑问、不断解决问题的过程。这既拉近了学生与科学探索的距离，同时又使学生在回答问题的过程中获得成就感，提高了对科学和探索未知的兴趣。

尝到与"大师"接触的甜头后，我又以"顺藤摸瓜"的方式，找寻在生物科教学领域的"大师"，如朱正威、赵占良、陈月艳等，阅读他们的文章、聆听他们的讲座、观摩他们上课。这些大家能在生物学科教学方面全国闻名，肯定有他们的

过人之处，了解他们、学习他们成了我那段时间的一个"关键词"。从中，我觉得自己的学科教学理念、水平有了较大的提升，能与他们同教一门学科，思考相近的教学问题是一种福分。

四、教学凝练，不厌不倦，追求自我的教学风格

"默而识之，学而不厌，诲人不倦。"2005年，惠城区教育局招聘教研员，我抱着尝试的心态报了名，后来被录用为生物科教研员。作为教研员，外出参加学习和培训的机会较多，要经常到学校去听课、评课，组织各种各样的教研活动。2007年秋天，教育局派我到上海参加为期3周的科学教师培训者国家级培训，教育部前副部长韦钰院士亲自为我们上课，授课的还有其他著名学者，培训的主题是科学教育中的"做中学"，学者们深入浅出地为我们解读当前脑科学的发展、前脑概念在科学教育中的运用、发达国家中小学"做中学"现状与趋势等内容。我们还到上海市的学校听课、考察、交流，我感到上海中小学科学教育的确做得很扎实和有效，具有方向引领性，非常值得借鉴与学习，我为此写了一篇短文《〈液体的混合〉课堂实录与启示》，发表于《广东教育》杂志。上海同行在科学教育中的简约、理性和生活化特点引起我强烈的共鸣，这些理念逐渐成为我教育教学的向往和追求。

这一时期，我不仅阅读生物学科教学方面的文章，还将阅读范围延伸到科学教育，甚至基础教育范围，将阅读的"触觉"延伸到国际著名教育专家。我重温了大学教育类的书籍，如《教育心理学》《教育学原理》；到惠州学院图书馆借阅皮连生的《学与教的心理学》、班杜拉的《自我效能：控制的实施》、杜威的《教育与民主》、夸美纽斯的《大教学论》、布鲁姆的《教育目标分类》、苏霍姆林斯基的《给教师的建议》等经典著作。为了能看懂一些著名的英文教育网站，我又重拾起英语书和"百词斩"，增加自己的词汇量，于是逐渐能看懂OECD网站中的PISA文章，能在ATLAST网站中看懂Horizon Research。后来写成了《PISA 2015对生物学科学能力的测评及分析——以PISA 2015公开试题为例》，并在《生物学通报》上发表，《澳大利亚教师专业标准：框架、实施与启示》在《课程教学研究》上发表，都是得益于这一段时期的"修炼"。这些"修炼"的结果是，"简约、理性、生活化"理念深入到我的"骨髓"，成为我教育教学工作的特色和风格。

作为生物科的教研员，虽然不在一线上生物课，但我将"简约、理性和生活化"的理念运用到学科教研活动、讲座和日常工作中。2015年年底，我负责全区中小学的教师培训工作，而"简约、理性、生活化"仍是我的工作特点。这种理念很适合我，它体现、塑造了我的个性形象。

我的学科教育观

超越课堂，增添生物教育的影响和智慧

理性思维是生物学核心素养中的组成部分，是学生在生物学课程中重要的、终身受益的学习成果。学生获取知识的过程不是单纯增加知识，对科学现象的理解要建立在分析证据、推理的理性思维能力之上。所谓"大道至简"，简约的教学内容符合孩子们的思维方式。将复杂的事物简约但又不失本义、不失核心地呈现出来，是事物纷繁复杂、信息浩如烟海的当今时代的"核心素养"和"必备能力"。与工作相比，我觉得生活应该是第一位的，应当在生物学教学中渗透生活化教育，通过联系孩子们的生活实际，将所学知识、能力与生活中的现象、问题联系起来，解决生活实际问题，帮助孩子们形成乐观、向上的生活取向，以积极的态度改进和享受生活。

一、理性、简约、生活化——我所追求的教学风格

"理性"是人类精神生活的一种形式，是一种人类特有的思想活动，不仅包括了概念、判断和推理，而且包括了质疑、反驳和辩护；理性不仅是人类的一种认识能力，而且也是人类的一种存在特性。教学理性在课堂教学中更多地体现为一种科学、主体、质疑、探究的理性精神，因此，"理性"包括了教学内容的理性和教学过程的理性。生物学是一门理科课程，是有关"生命认知"的科学，是以生命世界为研究对象的自然科学，采用自然科学的研究方法，例如数学分析方法、观察实验方法、逻辑推理方法等。因此作为生物科教师，在上课时会很自然地选择实验法、观察法、统计法、调查法、探究法等教学方法，进行理性思考与分析，使用体现科学本质的教学策略，培养学生的科学素养。在生物科教学中为增强教学理性，一是大量阅读经典教育教学论著；二是经常进行教学反思，并撰写教学论文；三是追随学科教学名家的步伐，搜集他们的论文、讲座、授课资料，进行分析和思考；四是与同行合作，通过听课评课、教学研讨等分享经验和思考。

"简约"，在《现代汉语词典》的解释：一是节俭、朴素；二是简略、简化。简约，不是简单的压缩、简略和简化，而是一种更为深广的丰富、提升，在简约的背后是精要、深刻和超越。东北师范大学马云鹏教授指出："教学之本质在于深入浅出，从纷繁复杂的事物中为学生揭示出简单的道理与规则。"我在生物科教学中尽量排除一些形式化的、不必要的东西，使教师和学生在简约的教学过程中获得教学的最优化和效果的最大化。这体现在几个方面：一是教学目标要简明；二是情境创设要简朴；三是教学内容要精简；四是教学设计要简约；五是教学媒体要简易；六是教学语言要简洁。特别是教学内容要精简和教学设计要简约，即是要围绕生物

学核心概念开展教学，使课程内容"少而精"，教学过程不复杂且明快流畅。这既是我们科学教育工作者面对知识爆炸所做出的必然回应，也是我所追求的"简约"教学风格的具体体现。

"生活化"是指教师捕捉生活中的学科知识，挖掘学科知识的生活内涵，在教学中联系生活中的问题，适当做些变形处理，达到学科教学生活化。美国的杜威提出了实用主义的教育思想——教育即生活，强调教育是生活的需要，教育来源于生活，教育是不能离开社会生活背景的，复杂的社会生活背景作为儿童成长、生活的背景，教育不能对其无所作为而应该充分利用，使其为教育服务。这主要体现在，一是引入社会热点问题实现教学目标的生活化；二是用生活化的教学方式讲解概念，实现教学内容的生活化；三是借助多种多样的教学活动实现教学形式的生活化；四是解决实际问题实现教学检测的生活化。

二、"简约、理性、生活化"理念下的教学片段——"生长素的发现"

通过多媒体，分析达尔文3个探究实验的过程。

介绍实验材料金丝雀草的胚芽鞘的结构，提问：这样选材对于研究向光性有何好处？

实验一：

问题串：实验处理、结果、结论？

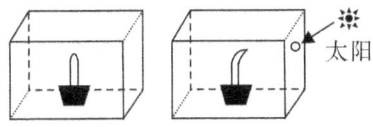

过渡：是不是有了单侧光就能使胚芽鞘向光弯曲生长？为了证明你的猜想，你会怎么做？

实验二：

问题串：实验处理、结果、结论？

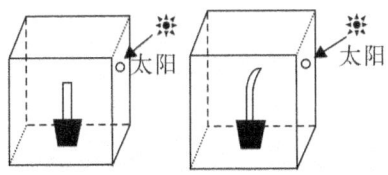

过渡：是不是有了单侧光和胚芽鞘尖端就能使胚芽鞘向光弯曲生长？为了证明你的猜想，你会怎么做？

实验三：

问题串：实验处理、结果、结论？

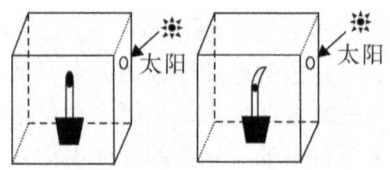

过渡：如果你是达尔文，你会如何解释植物的向光性？（用问题串启发：感受光线位置在哪？弯曲的位置在哪？复习根和芽的结构，理解弯曲的本质）

通过多媒体，分析詹森、拜尔和温特的3个探究实验的过程。

实验四：詹森

问题串：实验处理、结果、结论？

介绍琼脂。

问题串：这一实验严密吗？应如何修正？

过渡：尖端产生的影响能传到下部，那么它为什么能使伸长区两侧生长不均匀？如何证明？

实验五：拜尔

问题串：实验处理、结果、结论？

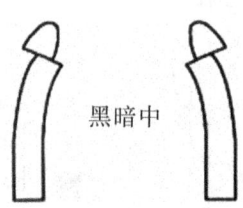

过渡：如果尖端确实通过产生某种物质来影响下部生长，那么这种物质应该可以转移到一种"载体"里面，从而使"载体"具有与尖端同样的效应，如何设计实验证明？

实验六：温特

问题串：实验处理、结果、结论？

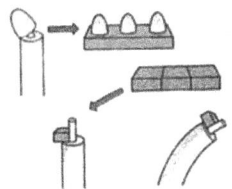

追问：要得出上面的结论，本实验还应如何完善？

三、我的教学主张

（一）教学理性是走向智慧课堂的必由之路

教学理性栖息在生物教学的田野，日常教学生活中的不良积习、偏见、狭窄和愚昧将得到清除，支配教师的功利和习惯将得到摆脱，教师将运用教学生活的智慧方式。对学生而言，教学理性既是"授之以鱼"，更是"授之以渔"。在上述案例中，是什么因素引起胚芽鞘向光弯曲？感受单侧光照的位置在哪里？胚芽鞘弯曲的直接原因是什么？单侧光又是如何发挥作用以至影响胚芽鞘弯曲的？这些问题的答案如果由老师直接告诉学生，或由学生直接在书上找到答案，都没多大意思。而通过提供"材料"、提供"支架"，让学生在掌握事实证据的基础上进行推理，一步一步得出结论，从而理解这一生物现象的本质，学生的兴趣就大了，而这种理性思维的光辉，将照亮学生将来学习、工作与生活道路。

（二）教学简约是创建高效课堂的必由之路

教学简约通过高度概括性的教学设计与实践过程，通过教学简明、情境简朴、内容精简、设计简约、媒体简易、语言简洁6个方面，实现创建高效课堂。在上述案例中，没有长篇的讲解，而是将复杂的教学内容分解为简明的几个实验，以简图的形式、设计结构化问题，驱动学生对实验现象进行推理，得出相应结论，结论之间也有鲜明的逻辑结构关系，既简洁明快，又抓住教学的核心，较好地达成了本节课的教学目标。

（三）教学生活化是实现生命教育的必由之路

生物学科中的生活化教学加深了学生对生命、人的生命、人的个体生命的认识与理解，对个体生命生长与发展生活过程的认识、理解与体验必然会影响生命、陶冶生命，实现生命教育。有一次，我在上完"光合作用的过程"一节内容后，我向八年级的孩子提出问题任务："小明妈妈从水族馆买回来几棵水草，让小明放在水族箱内，说这样水中会有较多的氧气让鱼儿呼吸。爱动脑筋的小明想让这几棵水草释放出更多的氧气。你能想办法让水草释放更多的氧气吗？你可以设计实验来证明你的想法吗？请你用图片或文字来表达自己的实验设计。"这是一种学以致用，让孩子们体会到学习生物学是有意思、有意义的，可以科学地处理生活中的一些问题，甚至更好地"装扮"生活，而这，有利于孩子形成改进生活、热爱生活、享受生活的人生态度。

他人眼中的我

一、同行眼中的我

同行们听课后的点评，让我对自己的教学有更深入的认识：

课堂上，讲的时间不多，但所讲之处落到关键点，思路清晰逻辑性强，学生思维活动量大。

——深圳市第二高级中学特级教师 梁光明

这节课能联系学生的生活实际，将传统与现代的教学技术有机联系在一起，很好地激发了学生的学习兴趣。

——曾是一线生物科老师的惠州市教育局局长 袁清山

简洁、生活气息浓厚，通过系列化问题驱动学生思考和总结，很好地达成本课的教学目标。

——杭州市下城区教育学院特级教师 陈锋

二、学生眼中的我

学生们在课后有感而发，使我对自己教学的认识更全面：

生1：以后遇到事情要多问为什么，在回答这些"为什么"时要用证据说话。

生2：原来生活现象的背后都有科学原因的。

生3：我觉得上生物课有意思。

生4：梁老师，我报考生物类专业的原因与您有关哦！

生5：老师，听了您的课，让我知道，原来生物界有不少的生存哲理。

我的育人故事

超越学科，学生健康成长是教育的"根"

一个老师，无论教的是什么学科，都必须立足于培养"人"，帮助"人"的健康成长，不管社会怎么变革，教育怎么创新，而这始终不会变，以下是我的两则教育小故事。

一、"防空洞里种蘑菇"

1994年，我大学毕业后分配到惠州市第三中学工作，担任初二（4）班的班主任和生物科的教学工作。这所学校是一所位于城乡接合部的学校，周边居民组成复杂，有当地居民、三峡移民、海员的家属，还有许多外来务工人员。这样的居民组成给学校教育带来了一些负面影响。我所带的初二（4）班，学生纪律散漫，随意迟到、缺课的现象严重，甚至有的孩子晚上沉迷网吧、喝酒、打扑克赌钱。

学校操场下有一个废弃的防空洞，铁门一直锁着。我在大学里曾选修过食用菌的栽培，知道这个防空洞是一个理想的栽培地点。我想能否通过带学生参与栽培蘑菇的活动，将他们的注意力吸引过来并加以引导呢？与学校领导汇报申请后，学校同意我们使用防空洞进行教学活动。

我将这一想法在班会课上对学生讲了，希望大家能报名参与这一栽培蘑菇的活动，没有想到只有温晓燕、黄小敏、林立繁和朱晖4个同学有回应，其他的同学则毫无反应。"四人就四人吧，人少可以先做尝试。"接着，我与4个孩子清理防空洞，准备好栽培所用的物料和用具，又一起到市农科所买回平菇的菌种，在一个星期六的早上正式开始了栽培活动。

随着时间的推移，其他的一些孩子见我们做得那么有兴趣，也提出了申请加入。我当然是无限欢迎的，对他们进行了分工，而这又引来了孩子们更多的关注。

一个多月过去了，到了我们采摘平菇的时候了，数量不多，几斤的样子。我与参与栽培的孩子商量，我们不独享，将这些平菇分成10小袋，通过"抓阄"的方式来分配给班里的同学，引起了"轰动"。后来，全班同学无一例外地都想参与这一活动，我又进一步扩大了栽培的"规模"，安排孩子们轮流担任一些工作，到第二次收成时，收获的平菇数量已比第一次大大增加，除了同学分享劳动成果外，我们还将平菇赠送给任科老师，孩子们体会到了劳动的幸福。

说来奇怪，随着这一活动的开展，初二（4）班的班风、学习氛围得到了极大的改变，多次被学校评为"文明班"。我想，真正的教育是要通过活动承载的，教育的生活化让孩子们"做中学"，除了学习到学科知识外，人与人之间关系的处理、规则意识的养成、感恩之心的培育就在这生活化、活动化的过程中达成了。

二、"欣赏与感谢"

2018年年初，我作为广东省初中"百千万"学员到香港参加当地职业训练局组织的一次培训，其间参观考察了香港培侨小学。该校的前校长连文尝给我们做了专题讲座，介绍培侨学校的管理经验，其中提到了在每学期结束时都会组织本校教职工开展"欣赏与感谢"活动。

这一活动简约，操作容易。首先是发给每一位教职员工一张问卷纸，问卷纸上的问题是填空式的，不记名填写。问卷共有6个小问题，前3个问题都是："回顾这一年，我很欣赏_____，因为他/她_____。"后3个问题都是："回顾这一年，我很感谢_____，因为他/她_____。"接着，请大家用十分钟时间，填写完句子后上交，然后请一位教职工当着大家来朗读。

我听了之后，回想起平时进修学校教职工的管理工作。我们学校的教职工大多数是广东人,比较内敛,不太善于对别人的帮助直接表达自己的感谢,同事之间也偶有一些不开心的事。我为何不将这一办法用在学期总结当中,让大家一起诉说自己的"欣赏与感谢"呢?

在2018年年底的教职工总结会议的最后一个环节,我将这一想法付诸实践,我将大家填写好的问卷收齐后,为大家朗读其中的内容,他们说道:

"回顾这一年,我很欣赏陈芬贞,因为她教会了我们打太极拳。"

"回顾这一年,我很欣赏刘久英,因为他除了完成自己工作职责外,还当市政协委员,为大家说话。"

"回顾这一年,我很欣赏张彩平,因为她帮我一起录入学员学时。"

"回顾这一年,我很感谢何书记,因为他与我分享人与人之间的相处之道。"

"回顾这一年,我很感谢张娟,因为她组织我们参加户外拓展活动。"

"回顾这一年,我很感谢后勤部的同事,因为他们尽心尽力为大家做事,没有抱怨。"

"回顾这一年,我很感谢梁校,因为他给学校带来了新的活力,让进修学校有希望。"

会议结束后,同事们对刚才的朗读内容还津津乐道,效果比我想象的还要好。我想,取得好效果的原因,除了容易操作、流程简约之外,更重要的是唤醒了教职工"感恩的心"——赞扬、宣传别人的美好行为,自己的良好行动也会得到别人的关注与肯定。唤醒人们的感恩心,就是唤醒人们的仁爱、友爱之心,就是唤醒人们对美好事物的向往和追求,这是教育的重要内容。

教学现场与反思

一、教学现场——"植物的光合作用"

上课地点、时间及班级:杭州青春中学、2016年5月18日下午、初二(6)班。

内容分析:虽然杭州的生物科内容并在统一的科学课程中,但光合作用不仅在生物学的知识体系中,在整个科学知识体系中都有重要地位;光合作用内容涉及的实验多,这些实验的思路对学生思维训练也是一种良好的载体;光合作用发现史本身对学生来说就是一种很好的情感态度价值观教育的载体。

教学对象及教学条件分析:杭州的教育水平较高,青春中学位于杭州市区,每个班的学生在35人左右,学生的知识基础和思维习惯比较好,教学中应充分利用这有利的条件,应从思维参与的角度进行激发。由于是借班上课,实验操作已安排在另外的时间中进行,本课集中学习光合作用的实验设计及总结归纳光合作用的概念。

教学目标:通过若干个光合作用实验,每一个实验都为光合作用的概念建构增添支架，成为光合作用概念的内涵之一，最终建构完整的光合作用概念。在实验的讨论分析中，培养学生科学理性思考的品质，在光合作用发现史的学习中，领会科学的内涵和方法，认同科学家探索未知的精神。

教学重点：光合作用经典实验的过程与思路、光合作用的概念。

教学难点：光合作用经典实验的设计思路。

教学策略：以光合作用发现史的相关实验为线索，分析其设计思路，重蹈科学家的探索历程，用学生喜欢的形式建构光合作用的概念。

教学过程（实录）

介绍自己，引入本节课教学。

师：我是来自广东惠州的梁老师，杭州与惠州是有联系的，苏轼任杭州太守时在杭州西湖修建苏堤，后来到了惠州西湖也建了苏堤；像杭州一样，惠州也是一座美丽的城市，有山、湖、江、海。诺贝尔奖获得者屠呦呦是浙江人，她说她的成功是受到东晋葛洪在罗浮山提炼丹药的启发，罗浮山就在惠州。惠州是个小城市，但还是有一条航线从惠州飞往杭州，所以惠、杭两地的交通很方便，欢迎同学们来惠州旅游。

师：我在杭州也品尝了杭州的美食，我突发奇想，人和动物从周围的环境中通过食物获得物质和能量，那么植物通过什么方式获得物质和能量呢？

生：光合作用。

师：关于植物的光合作用，同学们肯定不会陌生，你们能告诉我些什么？比如光合作用需要什么条件？需要什么原料？产生什么物质？有何意义？

生：光合作用需要光；需要二氧化碳和水；需要叶绿素；产生了氧气；产生了无机盐。

师：你们是怎么知道光合作用产生无机盐的？

生：我通过看课外书知道的。

师：同学们对光合作用的认识还真不少，人们对光合作用的认识是不断加深和不断积累得到的，直到现在为止，还在不断地研究。这节课我们就一起来学习光合作用几个经典的探究实验，看前人是如何研究光合作用的，以加深对光合作用的认识。下面我们把镜头拉回到1864年，了解当时的德国科学家萨克斯做的实验过程。（在屏幕呈现萨克斯做实验的大致过程）

环节一：萨克斯实验

师：一片绿色的叶片呈现给学生，整片叶看起来一样绿。下来请同学们仔细看实验过程（视频）：

(1) 将叶片置于有酒精的烧杯中，将烧杯放进水浴中加热几分钟；

(2) 用镊子取出叶片并置于清水中漂洗，之后放在玻片上，滴加碘液；

(3) 用清水漂洗叶片，发现叶片中出现了深蓝色和淡黄色2种明显不同的颜色。

师：遇碘变蓝是什么物质的特性？你知道这片叶为什么会呈现出这种变化吗？

生：淀粉，说明光合作用会产生淀粉。

师：呈现实验过程示意图，并组织学生讨论：

(1) 绿叶为什么要先放在暗处几个小时？

(2) 叶片部分两面都用黑纸片严密遮盖，其余部分没有遮盖，此处的变量是什么？

(3) 为什么要水浴加热而不直接加热酒精？

(4) 叶片在酒精中漂洗的作用是什么？

(5) 实验的结果和结论分别是什么？

生：将淀粉运走；变量是光；酒精易燃；去掉绿色，便于观察；遮光部分不变蓝而见光部分变蓝色，说明光合作用需要光并产生了淀粉。

师：光合作用需要光，光合作用产生淀粉（板书）。

师：下面我请同学帮我演示这一实验，在讲台上已准备好各种工具和仪器，天竺葵已经过暗处理，叶片的部分遮光并置于阳光下几个小时。接下来如何用酒精将叶片的绿色去掉，如何操作？

一位举手的学生被请到讲台，为大家演示实验操作过程。

师：（展示天竺葵、银边天竺葵及结果的图片）如果我们用银边天竺葵做这一实验，除了不用黑纸片遮盖外，其他的步骤都相同，结果是原来白色部分不变蓝，而原来绿色部分都变蓝。

(1) 这一结果说明什么？

(2) 此处要控制的变量是什么？

(3) 在绿色植物中，只有叶片才能进行光合作用吗？

生：说明植物的光合作用需要叶绿素；控制的变量是绿色（叶绿素）；植物体绿色的部分都可进行光合作用，但非绿色的部分不能进行光合作用。

师：叶绿素在叶绿体中，因此光合作用需要叶绿体（板书）。

师：通过2个实验，我们可用一些关键词来总结，你觉得用什么关键词合适？

生：阳光、淀粉、绿色（叶绿素、叶绿体）。

师：光合作用除了产生淀粉之外，还会产生其他物质吗？现在让我们把镜头继续往前推移，推到1771年，看英国科学家普利斯特利的实验。

环节二：普利斯特利实验

师：（呈现普利斯特利做实验的图片）请同学们仔细观察，描述普利斯特利所做的事，并进行分析。请同学们思考：

(1) 为什么蜡烛会熄灭，小白鼠会死亡？

(2) 为什么植物和小白鼠继续生存？它们之间有什么关系？

(3) 小白鼠的生存，蜡烛的燃烧需要什么气体？

生：蜡烛熄灭，小白鼠死掉，植物产生了氧气，这是小白鼠的生存、蜡烛的燃烧需要的条件。

师：当时空气的成分还没有弄清楚，不知道空气中含有氧气，因此，普利斯特利得出的结论是植物能够更新空气。

师：现在，我们可用更精细的实验来证明这一结论。刚才，我去学校旁边的花鸟市场买回来了金鱼藻，放在了矿泉水瓶中，加盖后放在阳光下照射，我发现当中的金鱼藻产生了许多小气泡，我们如何检验这些小气泡就是氧气呢？

生：用带火星的小木条放在瓶口检验，如能复燃，则说明此小气泡是氧气。

师：很好。下面我请2位同学来做这一检验。

2位学生被请上讲台去做这一检验，其中一个同学打开瓶盖，另一个同学划火柴，燃烧后吹灭，带火星，置于瓶口，结果火星变得红亮。

师：通过这一实验，可得出什么结论？

生：金鱼藻进行光合作用产生了氧气。

师：光合作用产生氧气（板书）。

师：动物的生长是由于它从环境中获得食物，那么植物的食物来自哪里？

生：从土壤中来，从水中来，从空气中来。

师：到底从何而来，让我们把镜头继续往前推移，到了1648年，当时的比利时科学家海尔蒙特做了一个柳树实验，请同学们翻到课文第111页，阅读资料，并思考以下问题。

环节三：海尔蒙特实验

(1) 海尔蒙特是如何猜想的？理由是什么？

(2) 海尔蒙特是如何进行实验的，实验结果及结论是什么？

(3) 海尔蒙特实验有什么不足之处？

(4) 海尔蒙特的结论虽然不够正确，但我们仍然认为他是一位伟大的、令人尊敬的科学家，为什么？

生：土壤中，因为植物在肥沃的土壤产量高；植物生长的营养来自水；没有考虑到空气的因素；长时间研究、质疑权威、实验探索、数量统计。

柳苗2.3kg　　　5年后　　　柳苗79kg
干土90.8kg　　　　　　　干土90.7kg

师：光合作用需要水（板书）。

师：植物只需要水和土壤中的无机盐就能长大了吗？植物生长除了需要水之外，还需要什么？二氧化碳真的是绿色植物光合作用必需的原料吗？下面我们设计一个验证实验，证明光合作用还需要二氧化碳。请同学们结合以下提示，在学案上画出你的实验设计图，时间3分钟。

环节四：验证植物的光合作用是否需要二氧化碳实验

同桌之间共同讨论，设计一个实验，验证植物的光合作用是否需要二氧化碳。

提示：

(1) 氢氧化钠溶液能够吸收二氧化碳气体。

(2) 此实验改变的因素是什么？

(3) 如何防止植物吸收空气中的二氧化碳？

(4) 此实验需要对照实验吗？如何设置对照实验？

(5) 怎样的实验现象可证明植物光合作用需要二氧化碳？

(6) 描述实验的简约过程。

生：（讨论实验设计及装置图）

师：（用手机将部分学生所画的实验装置图拍照，并通过QQ上传至大屏幕，请作图的同学说明实验过程）

3位学生对自己的作品做分析说明。

师：我搜集了一些实验设计装置，请同学们进行分析。

参考案例：

师：光合作用需要二氧化碳（板书），总体板书设计如下。

师：下表是经典实验及关键词，请同学们借助这些关键词，用你自己喜欢的方法或形式，总结归纳光合作用的概念。提示：文字、反应式、图文并茂都可以。

理性 简约 生活化

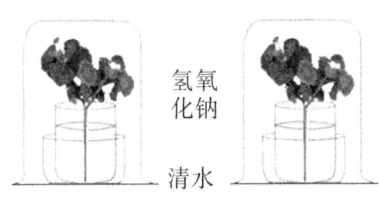

经典实验	关键词
海尔蒙特实验	水
普利斯特利实验	更新空气
萨克斯实验	光、淀粉、绿色
验证植物的光合作用是否需要二氧化碳	二氧化碳

学生思考并归纳。

师：通过卡通图、反应式、文字分别表述光合作用的概念。我们可以用不同的形式对光合作用进行描述，但其核心、内涵是相同的，下面我们一齐朗读光合作用的概念，一边读一边领会。

学生齐声朗读课本中光合作用的概念。

师：请同学们思考并说说植物的光合作用有何意义？

生：无机物变成有机物，光能转变为贮存在有机物中的化学能。

师：目前，杭州正为迎接G20峰会做准备，我觉得植物的光合作用也会有贡献，你觉得呢？（呈现杭州市领导植树图片）

生：改善环境，提供食物，提供能量。

师：科学为生活服务。我们今天加深学习了光合作用，也可为我们的生活做贡献，请看题：（大屏幕呈现）

小明妈妈从水族馆买回来几棵水草，让小明放在水族箱内，说这样水中会有较多的氧气让鱼儿呼吸。爱动脑筋的小明想让这几棵水草释放出更多的氧气。你能想办法让水草释放更多的氧气吗？你可以设计实验来证明你的想法吗？请你用图片或文字来表达自己的实验设计。

师：这是我们的课后作业，请同学们为小明出谋划策，并亲手去尝试做一做。

二、课后教学反思

（一）课程资源开发与教学设计

光合作用不仅在生物学的知识体系中，在整个科学知识体系中都有重要的地位，光合作用经典实验的思路能对学生的思维进行训练，光合作用发现史是学生体验科学精神、科学方法的载体和资源。

这些知识、能力、情感态度和价值观对学生来说是核心的科学素养。教学设计意图是让学生模拟、重走科学家们研究光合作用的历程，在与科学巨匠的对话中体验科学探究过程及其中的艰辛和曲折，同时也是用科学方法研究生物学问题的模拟活动，学生不仅学到知识，还学会了研究方法，体会了科学家们的科学精神和科学态度。

（二）课堂教学对话与生成

一是通过实物、图片、板图、视频、实验等引导和启发学习，联系学生身边的事物，使学生在对直观、具体问题的体验中感知概念；二是启发学生对一定数量的感性材料进行观察、分析，以归纳的方法提炼、概括出光合作用的本质属性，用自己喜欢的方法或形式，如文字、反应式、图文等总结归纳光合作用的概念；三是光合作用的概念形成之后，引导学生利用概念解决生活中的问题和发现概念在解决问题中的作用，这是概念教学的一个重要环节。

（三）教学特点与艺术

一是教学过程简洁，围绕"光合作用"核心概念组织教学过程，在教师的引导下，学生自主进行归纳，形成简明清晰、准确严谨的定义；二是由感性到理性，设置了结构化问题串驱动学生深度思考，在每一个环节中，都根据实验内容设置问题串激发学生思考，如环节一萨克斯实验中，设置了5个结构化问题；三是教学情境生活化，如课后作业中设置了有挑战性的、真实的问题，这个问题是学生生活中真实存在的，也是有挑战性的，学生只有真正理解和掌握本节课所学的知识、方法和技能才能较好地完成。

体验　发现　超越

● 东莞市东莞中学初中部　肖小亮（初中生物）

▶ 导读语 ▶

肖小亮，中学生物高级教师，东莞中学初中部教务处主任，广东省南粤优秀教师，省名教师工作室主持人，市第二、三、四批名师工作室主持人，市初中生物、综合实践双学科带头人，市优秀科技工作者（政府奖），市教育科研先进个人，省生物联赛优秀辅导教师，省十佳科技教师。曾主持课题于 2010 年、2012 年两度获省教育创新成果二等奖，2017 年再获省教育教学成果二等奖，出版专著《小实验　大道理》获省科普创作一等奖，合编《数码显微视界》于 2017 年 8 月出版，发表 100 多篇论文并有多篇获奖。辅导学生参加各级科创大赛、省市综合实践、省初中生物联赛等成绩显著；所带生物组获市先进教研组、省学习型组织先进班组。先后赴美国、澳洲短期进修科学教育，现致力于省"十三五"重点课题馆校合作推动科普与STEAM教育实践研究。十多年的一线实践打磨出别具一格的智慧生物学课堂与课程，形成教学主张——智慧生物学。

▶▶ 名师成长档案 ▶

躬行　成长　感恩

一、生活成长经历

我出身于农村，求学经历丰富，曾读过农村午读班（即私塾，村内的民间幼儿教育机构）、乡村小学、镇办小学、城市中学，后来到广州读大学……体验过不同的教育方式，然而记忆尤其深刻的是无忧无虑的孩童时代：那时的学习是边学边玩，边做边学，游戏教学给我留下很深刻的印象。我在孩童时期虽经历过多次搬迁，但对比现在的孩子总是有做不完的作业、考不完的试，我感觉自己幸福多了。感恩父母克服种种困难，不断给我创造好的教育环境，让我有机会从农村走出来。因此，我也希望给自己的小孩提供良好的教育环境，传承父辈尊师重教的思想，于是后来报考师范专业投身教育事业。因此，我一直坚守在教学第一线，追寻理想的教育，实现教育的理想。

二、专业发展历程：立足于课堂，成长于教研，创新于科技，发展于积累

（一）立足于课堂

从教以来，我师从柴松方（副校长，特级教师，省教育局培养对象）、徐永顺（主任，高级教师）和高原老师（市教研室生物教研员，特级教师），他们非常强调课堂教学，要求我立足于课堂，夯实基本功，奠定教改基础。探讨活用教材和灵活的教法，追求活跃的课堂气氛，积极改进课堂教育教学，以"实验教学"为突破口，在落实教材实验的基础上，不断创新改进实验教学。如创造性地改进"动物绕道取食""探究酒精或烟草浸出液对水蚤心率的影响""观察蚯蚓"等实验，从实验的可操作性、教育意义拓展等多方面进行适度的"减"与"增"，确保课堂教学能短时高效低耗地完成，又能产生较大的教育效益。同时还大力推行教研，探讨探究性学习，实践"做中学"，提倡初中生物教学"活动化""生活化"，侧重自主学习能力的培养，注重培养学生的创新能力。坚守课堂阵地，勤实践、勤反思、勤改进、勤写作……教学能力得到较大的提升。从2003年开始，坚持每年均有教学实践心得形成论文，参加市生物论文评比并连续获市一等奖，从"先学再测再教"到"做中学课堂"，从"基于英特尔未来教育理念的问题导学"到"智慧生物学课堂的建构"，逐步反映出我在课堂教学的成长过程和努力方向。课堂教学从有效到高效再到智慧逐步提升，在大力推进素质教育的同时，确保教学成绩优秀。同时，作为学科教师，重视所带班级的德育工作，常用课前3分钟进行励志教育，引导学生形成积极的人生态度；课堂上注重培养学生良好的道德情操，用生物科学知识引导学生树立正确的唯物主义人生观等，同时结合学科特点对学生进行健康、环境、安全、生命、防艾、防毒等专题教育，在我的言传身教下，学生积极保护环境，热心公益事业。课堂渗透德育，逐步落实"立德树人"的育人目标，为培养"德才兼备"的人才奠定基础。总的来说，课堂教学是德育、智育的最佳途径，杜绝啰唆的说教，侧重"体验·分享·发现·生成"式的生物课堂，我也实现了从早期"应试"到现在"体验"为主的教学观超越。

（二）成长于教研

我自参加工作开始，以身边资源为切入点，以课程开发与课题研究为抓手，以提升学生的自主探究与实验能力为目标进行有计划的实践探索。早期以第二课堂为

阵地，开展小课题研究；然后探索校本活动课程化、普及化……2006 年开始申报市立项课题"初中生物教学整合中医文化教育研究"，借课题研究促专业发展，先后主持了"初中生物'做中学'的实践研究""生物学科校馆合作科普教育实践研究""基于馆校合作平台的生命科学人才培养模式研究""基于 STEAM 理念的生物学教学实证研究"……研究方向逐步向纵深发展。特别是随着研究的深入，涉及的领域越来越新，如英特尔未来教育、STEM/STEAM 教育等新理念，我坚持边学边做，先后参加了英特尔未来教育项目的核心课程、网络课程、主讲教师培训课程、校长领导力课程、省英特尔未来教育核心课程（V10）、PBA 课程、骨干教
师培训课程，体验过面授、混合、远程教育等多种学习模式，积累了丰富的教与学的经验；为突破专业瓶颈，还特地赴美国芝加哥伊利诺伊理工大学（IIT）进修科学教育，这有助于我更新教育观念，进一步理解科学探究与科学本质，以及科学本质的教育。也正由于不停地学习与实践，生成了"生物 DIY 活动""国粹·中医文化""小实验 大道理""基于科学史的生物科学探究方法与实践""智慧生物学"等较具代表性的"做中学"课程。近年共有 40 多篇生物教学论文发表或获奖，其中 20 多篇获省、市一等奖，5 篇发表于全国教育类核心期刊《生物学教学》，其中 1 篇还被中国人民大学书报资料中心《中学政治及其他学科教与学》二次转载。课题研究方面，"中医文化进校园"课题获广东省中小学教育创新成果二等奖；2017 年课题"生物学科校馆合作科普教育模式实践及推广应用研究"获省教育教学成果二等奖。2012 年 3 月，出版个人科普专著《小实验 大道理——基于生物学实验的心理效应探秘与启示》，该书立意高远，富有创新意识，具有较高的学术与科普价值，再次获得省中小学教育创新成果二等奖、省科普创作一等奖。2017 年 8 月，编著《数码显微视界》出版；2019 年年初，出版《馆校合作在路上》……

"独行快，众行远"，我深知只有团队齐心协力做教研才能走得更远。自 2005 年起，就带领生物组全体老师以"建设学习型教研组，促进师生双赢共进"为目标，边学边教，本组教研成绩显著，于 2007 年被评为"市先进教研组"；2009 年又被评为"省学习型组织先进班组"；2015 年被评为省先进科组。2010 年被聘为市学科带头人后，开始引领全市生物教师开展"做中学"研究，特别是 2013 年成立名师工作室后，我带领着全市老师往实验创新教学、馆校合作方向努力，且组建生物科普志愿服务队伍，开设公益实验课、网络研究课等，将生物科学普及工作及公益事业往纵深推进，服务更多人民群众。2017年11月，我幸运地成为广东省名教师工作室主持人。

（三）创新于科技

科技教育是年轻教师专业成长的助推器。2005年作为学校第一位"吃螃蟹"的人，我首次组队辅导学生参加青少年创新大赛，从此与科技教育结下"不解之谊"。尝到辅导出效果的乐趣后，"独乐乐，不如众乐乐"，我又率领我校年轻教师加入科技教育团队，以生物学科为排头兵深入实践，依次创建了生物、综合实践与科技教育的特色品牌，特别是一年一度的校园科技节，得到兄弟学校和多家新闻媒体的高度认可。个人坚持每年在校内开设科技创新教育讲座，坚持每学期开展1~2个大型的生物科技实践活动来推进科普教育，活动意义深远，深受家长好评。如"科技创新项目"，在我的组织和辅导下，学生参加各级青少年科技创新大赛，成绩优异且连续13年获市优秀组织奖，并自2009年开始在校园内各班全面铺开，逐步形成了"生物科技创新教育"的班组及学校科技创新教育特色；特别是2015年开始在校内试行科技创新教育导师制，大大提升辅导的效率与效果。个人辅导学生参加生物课外活动成绩显著：参加科技创新大赛有30多项获奖；指导学生开展综合实践活动20项获奖；个人被评为省十佳科技教师。在课内外的辅导过程发现，"体验"是学生灵感与点子的来源；"发现"是创新的动因，并逐步转化为师生的内驱力。其实，这些年的教研过程，也是我探索教学风格并使之逐渐成形的过程。

（四）发展于积累

专业发展的过程，其实就是边学边做边分享的过程。几年来，深入研究，并在各类教学研讨会上开设了"东莞中学初中部生物教研组成长历程""聚众家之长，拓展科技教育，创造条件求发展""科学探究活动过程的设计与分析""优秀校本课程的生成条件及途径"等60多个专题讲座，分享自己的实践体验，积累经验，沉淀自我。我还有幸于2007年开始承担市新教师培训主讲任务；2009年起又多次被广东教育学院生物系聘为东莞市生物骨干教师培训班的导师；2012年又受华南师范大学生科院邀请为省生物骨干教师，做"实验创新设计"专题培训；2016年被韩山师范学院聘为兼职教授，提前给在读大学生传播一线生物教学需求；2017年受高等教育出版社邀请赴广西送教……省内外的分享激励着我进一步投身于教育实践。特别是2013年工作室成立以来，经过5年的努力，"做中学"生命科学实践教育特色渐现，志愿服务式校馆合作出成效。自工作室挂牌起，我就以建设"做中学"生命科学实践教育为特色目标，在名师工作室支持下，开展生物科普教育实践研究，积极实践"馆校合作'做中学'推STEM教育，志愿服务'正能量'递科学本质"校馆共建项目，号召和带领全市50位教师坚持每周六在科学馆通过科普志愿服务的形式，借共建互动展厅及生物科学实验室的系列项目活动，践行

"做中学"推 STEM 教育，借以传递科学本质，取得了非常好的社会效益。个人的团队领导能力也得到了较大的提升。2015 年暑假开始开设生命科学实验公益课，至今已开 7 期 17 个班，与中小学生一起学习，共同成长，面向不同年龄学生，教学经验得到进一步积累。公益课结束后，应广大家长的要求，又开设了公益课进阶班《生命科学研究》，带领工作室学员一起在馆校合作中不断积累，在积累中发展。策划与筹备以锻炼实验操作技能和创新实验为主旨的东莞市青少年实验技能大赛，从教师培训到校内选拔到现场分组比赛，逐步引领全市师生在实践中提升与发展。

以上是我"立足于课堂，成长于教研，创新于科技，发展于积累"的学习与实践的成长过程。在这个过程中，我一直将师德与德育放在首位，谨记母校华南师范大学的校训，谨记陶行之先生的"学高为师，身正为范"，在教学一线践行"立德树人"的教育理念，将国学文化引进科普教育与专题教育，提出"道"与"德"之教育应并驾齐驱的教育理念，倡导在教育教学中力争"拓展知识视野、增进实验技能、激活科学思维、培养积极人生"（提前 8 年对应实施"生命观念、科学探究、科学思维、社会责任"生物学核心素养），积极践行高效教育并取得显著的成果。

值得一提的是，2015 年年底，东莞市教育局"十三五"规划将"慧教育"提到顶层设计。其中"智慧教育"是指树立新的教育理念，充分运用互联网教育等新技术、新方法，打造智慧校园、智慧课堂，逐步实现智慧教学、智慧学习、智慧评价、智慧管理、智慧服务，促进教育优质、均衡、共享。虽然重点在教育信息化，借助技术提升课堂教育教学水平，但其努力方向及宗旨都是为学生的终身发展服务。特别是"慧教育"还强调：让学生学会做人、学会学习、学会生活、学会健体、学会审美；让老师安教、乐教、善教；让家长树立正确的教育理念、掌握科学的育儿方法、建立和谐的亲子关系。这些设计正好与我所提倡的"智慧生物学"不谋而合，并在"立德树人"这一块进行了强化。

我的学科教育观

体验发现式的智慧生物学教育

教师的专业成长在日常教育教学中起着至关重要的作用。然而，追求专业成长的动力应该在教师自身，即靠内驱力。近几年我也一直在反思：我的专业生长点在哪儿？如何突破专业发展的瓶颈？要形成什么样的教学风格和特色，树立自己的教学品牌，最终形成自己的教学主张？从初中生物学的教学目标来看，是让学生学会健康生活，学会自主探究，学会合作，学会应用生物学知识技能帮助形成社会决策，甚至是解决问题。而这些能力的形成，较佳途径是通过做中学的实践体验，在一系列教与学环节的引领下，自主获得知识、技能与情感的提升。其中，教师的教学风格会明显影响学生的学习的积极性和效果。结合自己一直在尝试构建的"做中学"式"智慧生物学"课堂和课程实践，逐渐能形成"体验、发现、超越"的教学风格和较具特色的"智慧生物学"教学主张。

一、我的教学风格——体验、发现、超越

在17年的教学实践中，逐步形成了一种倍受学生欢迎的课堂教学风格——体验、发现、超越。强调课堂上的过程体验，引导学生在体验中发现与学习不同生物（植物、动物、微生物）的智慧，并通过头脑风暴和创意思维设计，生成有益于人们的显性或隐性成果，最终实现在核心素养方面超越自我这一目标。

"体验"是过程，是我的课堂教学常用方法。爱因斯坦说，教育是提供学生离开学校以后不会忘记的素质。体验式教学，让学生触摸感悟自然（生物），亲历过程，直观教学更易被学生接受。每次上课前，我都花很多时间准备许多生物活体材料、标本模型、类比教具、实验装置等。以至学生每次碰到我都跟我说："老师下节生物课你带什么过来？好期待哦！"其次，人体本身就是非常好的体验教学的"教具"，摸摸耳朵（感受软骨），动动关节（体验运动），细嚼慢咽馒头（体验口腔消化）……每节课总能创造条件找到一些学生喜爱的体验式学习方式，吸引学生的注意力，从喜欢生物课堂到喜欢生物学科，从喜学到乐学，这就成功了一半。

"发现"是核心，是我的课堂教育教学目标与方向。教育的重心在于育人，让学生掌握的不仅仅是知识的识记与解题拿分，更关键的是要发现挖掘和点燃学生的智慧：课堂上观察生命现象时，引导学生用睿智的眼光去发现、挖掘隐藏于背后的深层次的智慧，励志的、哲理的……并进一步思考其应用价值，将知识迁移应用，追求生活化，将生命现象拓广拓深，挖掘其蕴藏的智慧。其实，引导学生发现智慧的过程，就是能力与方法的培养过程，也是体验科学家发现的过程。每次"智"的"发现"都会给学生带来喜悦，逐渐成为生物学课堂的亮点、吸引点和升华点，也逐步内化为我的教学风格之一。"发现"智慧不同于现在提倡的信息化支持下的"智慧课堂"，而是发现和挖掘动植物、微生物这些研究对象的智慧，向科学史（科学家的科学研究过程）借智慧。例如借助科学史渗透科学家的智慧，将实验技能、双重编码技术等潜移默化传递给学生，同时又将整合思维、科学实验设计的严谨性等变成智慧。当然，条件成熟也会将信息化"智慧课堂"进行整合，生成高效果、高效率、高效益的双重智慧课堂。

"超越"是结果，实现师生共同超越是我在课堂教学中师生相处的态度和追求。现代课堂教学关注"生成"，名师也要放下架子和姿态，谦虚地与学生共成长，共超越，更能获得学生的认可。我的生物课堂通过体验突破重难点，接着引导"智慧"的发现，大多都是课堂临时生成的，需要师生共同探讨，甚至在课后的进一步论证。正是低姿态的"共成长，共超越"风格，得到学生的理解与支持，一

起体验,进而发现生物的智慧,实现"构建智慧生物学"的超越。

因此,我一直将自己的角色定位为导学者、助学者、促学者、评学者,更多的是提供支持与激励,用智慧的眼光陪伴孩子们一起去挖掘智慧,以追求师生的共同超越。

二、我的教学主张——构建并践行"做中学"式的"智慧生物学"课堂与课程

工作以来,我一直追求理想的教育教学,不断探索吸引学生的生物学课堂,特别是从学科内容和形式去挖掘,先后尝试了励志生物学、仿生生物学、跨学科生物学、"做中学"生物学……或多或少给学生带来了不少收获。但整合什么样的生物学课程及课堂能引起学生共鸣,能为学生的终身发展做铺垫,这些都是我努力追寻的方向。

生物学以前称博物学,知识覆盖面广,但今时今日传授知识的意义已不大(网络搜索更快,无须过多过细的专业储备),重点是形成学习力,即学习知识与技能的能力,尤其是科学研究及综合判断应用能力。加上"以德树人"的要求,能力与情感目标越来越受重视,但又很难在直接传授中达成,更多是在自主学习与体验过程中形成。我的"做中学"智慧生物学课堂应时代的发展开始萌芽。日常教学上暂称"每课一智",随着量的积累,"智"与"智的发现过程"也逐渐成为学生持续学习的"兴奋剂"、追求不断发展的"催化剂"。这就是我的教学主张雏形:基于"做中学"理念的智慧生物学课堂,借助"国家课程校本化"和"校本课程实施"两个途径,逐步建构智慧生物学,倍受学生欢迎。

(一)国家课程校本化开发与实施——智慧生物学课堂的构建

21世纪是生物科学的世纪,前沿的生命科学更是引领各行业的发展。生物学是研究生命现象和生命活动规律的学科,初中生物作为入门阶段,肩负着培养兴趣,奠定基础等重任,尤其不能用应试教育来扼杀学生的兴趣,而是让更多学生关注和喜欢生物科学。其吸引点、切入点、增长点在哪儿?在"智"与"智的发现过程"。如人教版《生物学》八年级上册"环节动物"这一小节,要求通过观察蚯蚓了解环节动物的特征及与人类的关系,但若仅仅停留在观察与概括层面,吸引力是不够的,笔者的智慧课堂是这样设计与实施的。

1. 课前:自主学习与准备

分小组寻找和养殖蚯蚓,并准备与之相关的资料。这就要求学生必须提前学习,了解蚯蚓的生活环境及生存条件,以便制作简易养殖瓶进行临时养殖,确保课堂上有生物材料可供正常使用。

2. 课堂:体现每课一"智"

(1)观察蚯蚓的生命现象。

引导学生先观察蚯蚓的外部形态,然后用放大镜观察蚯蚓腹部的刚毛;再将蚯蚓分别放到光滑的玻璃板、粗糙的纸板上,观察其运动情况,做好实验记录;也可以尝试用墨水擦拭蚯蚓腹部,然后让其在白纸上蠕动,观察其运动留下的痕迹。思考:为什么会出现线条粗细不等这样的结果?

(2) 发现活动规律。

从身体分节、肌肉与刚毛的配合来理解蚯蚓的运动结构和规律等。

(3) 应用规律。

根据蚯蚓的运动结构(肌肉与刚毛),解释其蠕动特点,甚至可以绘制蚯蚓运动分解图、科普漫画等。

(4) 深层次挖掘现象背后的规律。

通过制作蚯蚓环状体节模型(提前准备一些圆锥状矿泉水瓶盖),来模拟运动,验证其灵活性。

(5) 形成智慧。

从前面的生命现象中挖掘出"生存法则之天时地利"的生活启示,从蚯蚓生活在"阴暗潮湿富含有机质的疏松土壤"得出,环境条件包括光(阴暗)、温度(10℃～30℃)、湿度(潮湿)、空气(土壤疏松,充足),当这些气候要素满足时,即实现了"天时"。再从蚯蚓的运动实验发现,蚯蚓能在粗糙的纸板上运动自如,而在玻璃板上寸步难移(打滑),即蚯蚓适合在粗糙的纸板(环境)运动,这是"地利"。无论是动植物还是人类,其生存都依赖有利的自然与环境条件,天时地利就是其最适宜的生存环境。可以从心理学角度提出全新的蚯蚓效应或法则等,并引申至人生走向成功成材的自然条件和环境条件,如要善于把握机遇,利用有利的时机和环境条件,在最佳环境的状态下付出努力,便可达到事半功倍的效果。

(6) 展示智慧。

提供时间和平台让学生展示自己的发现,可以即兴汇报,侧重点在于发散思维;也可以经过课后深入研究后汇报,安排在课前5分钟集中展示,侧重点在于逻辑思维和科学研究。

(7) 评价奖励。

事先制定评价标准,以鼓励发现、积极汇报为主。因时间有限,课前展示一般是学生事先提交,教师筛选,择优在堂上汇报,其他则通过墙报等形式展示。

3. **课后:进一步自主学习与研究**

以"蚯蚓"为实验材料,进行科普漫画创作或创新实验设计与探究。如根据蚯蚓的运动原理,进行仿生应用,创造性地设计新型运动(交通)工具;研究蚯蚓体壁的清洗液(即黏液,含有多肽)的杀菌作用;甚至可以开展基于蚯蚓主题探究的科学DV比赛,创造机会与平台让学生深入开展科学研究。

(二) 校本课程开发及实施——智慧生物学课程的完善与构建

仅仅在国家课程校本化层面构建智慧生物学还远远不够，还需校本课程进一步补充、提升。首先在拓展性课程方面，主要有以下类型。

1. 入门型："生物 DIY 活动"

从最简单的 DIY 活动开始，如植物标本书签 DIY、插花与保鲜等，通过提供学习支架，支持动手活动，并经主题化统整，成为初一新生的入门课程，倍受学生的欢迎。

2. 成长型："国粹·中医文化"

从基于网络的研究性学习开始，首先，从布置开题任务到方法指导，再到成果展示，让学生初步了解中草药；其次，通过走进中药店买药，到校园、中草药园、野外寻药等一系列不同形式的学习实践，不断强化学生对中草药的认识；再次，通过开放式的拓展学习，自主选题、深入研究中草药的栽培、试验、应用等；最后，通过社区服务"药草大学堂"的形式，向其他同学介绍中草药知识，号召广大青少年认识草药，传承中华传统文化。

3. 发展型："小实验 大道理"

以常见的心理效应实验为切入点和载体，按青少年的认知能力顺序，结合"做中学"理念，依次通过验证性、探究性、创新性实验进行探秘，并挖掘实验中隐含的实验技能、科学思维和心理启示，并应用于生活，是一门集"科学与人文"教育于一体的理想校本课程，其目标是拓展知识视野，增进实验技能，激活科学思维，培养积极人生。

4. 升华型：基于 STEAM 理念的"智慧生物学"

引进"做中学"理念和新技术，试推 STEM 教育，让青少年在科学探究与工程设计中体验科学、技术、工程、数学甚至艺术等学科的融合。现以其中一节"艾滋病毒模型建构及仿生应用"为例，简单谈谈"智慧生物学"的构建。该课以艾滋病毒为题展开，先让学生观察和描述艾滋病毒的形态结构特征（S），并借助学习支架让学生动手建构模型，接着借助数学的欧拉公式解方程来验证该正二十面体模型结构的科学性（M）；然后进一步用萝卜块和牙签搭建立体模型（T），鼓励在动手搭建中产生仿生的点子，如建多面体玻璃温室（E），升华科技服务与生活主题；接着再反转课堂，让学生进行头脑风暴，交流仿生点子，并鼓励在课后将设想转化为成果进行展评。可以说，该课程以学生"动手活动"为主，教师引导为辅，强调"做中学"理念，尝试 STEM 教育，有效实现科学、技术、工程与数学的高效融合。然而，更关键的是"智慧"的发现过程，在学生接受了以上拓展类校本课程并兴趣大增后，又推出了颇具特色的探究类校本课程"基于智慧生物学的科学探究"，并在全校铺开。该课程由学生自主报名，通过讲座培训、自主探究、小组辅导、成果展示等形式，历时 7 周，共 30 个课时，特别是在第七周，会以科技创新大赛展评的形式进行学习成果汇报。整个过程体现为：提出问题、观察和建模、设计方案、展开研究、收集分析数据、运用数学思维方法解决问题、构想科学解释，基于证据作出推理或思辨、获取评价或交流信息等。通过基于"科学家科学实践流程"的设计，再加上 STEM/STEAM 元素的融入，让学生有机会整合多个学科进行全面且高效的训练，不断发现与积累，逐渐生成智慧生物学。

综上所述，基于"做中学"理念的智慧生物学课堂，借助"国家课程校本化"和"校本课程实施"2个途径，逐步建构智慧生物学，让初中生物不再只是题海与应试，不再只有单调说教与死记硬背。理想的智慧生物学课堂与课程的构建，不仅是知识型智慧的叠加，更是能力与情感的发现与升华。期待我的智慧生物学主张能进一步拓宽、拓广、拓深，同时又能浓缩成"授人以渔"的智慧，这才是真正的智慧生物学。因此，我将我的教学主张定义为构建"做中学"式的"智慧生物学"课堂与课程。

对于每课一"智"的智慧生物课堂，我的设想是在各环节教学中体现以下思路：

（1）课前：引导学生留心观察生命现象，发现和提出问题，思考与寻找对策。

（2）课堂：引导观察生命现象（认知）—发现生命活动规律（理解）—应用规律（运用）—深层次挖掘现象与规律（分析）—形成智慧（综合评价）—展示智慧—评价奖励。"智"的发现在初中阶段重点强调仿生思维、类比励志、哲理发现、生活化应用。

（3）课外：延伸并反哺课堂，通过"做中学"进一步完善和发展自己发现的"智"，在体验中发展能力，并再次回归课堂，进行"智"的展示与评价。希望课内外相互补充，相得益彰。也许，这样会加重学生负担，但每课一"智"，不会有太大的冲击，反而每次"智"的发现会给学生带来喜悦，并且可以在学习中积累智慧，让每课一"智"成为亮点、吸引点、升华点。特别是想方法让"智"与"智的发现过程"成为学生追求的"兴奋剂"，成为形成学生终身发展力的"催化剂"。通过国家课程的校本化开发与实施，逐步构建起做中学式的"智慧生物学"课堂与课程，形成个人的教育教学特色。

▶▶ 他人眼中的我 ▶

一、学生眼中的我

QQ 好友（学生）印象反馈："我的好老师""能力强""三生难遇的顶级老师""偶像榜样""大师"……

小亮哥爱学习，爱创新，专业好强，是我们的榜样。

很喜欢老师的演讲，喜欢老师的教学风格。

——学生　刘小灵

二、同事、领导眼中的我

肖老师点子好,做法总能让人眼前一亮。

——科组同事　陈慧老师

与肖老师合作是我的荣幸,可以学习到很多。

——年级同事　植星华老师

肖老师假以时日,将是非常强的教研好手,应多借学校平台重点发展专业。

——校主管领导　周润标校长

肖老师,我很崇拜您做的事情,看得远,从真正的现代生物科学的本质规律出发,做中学,科技创新,科普工作,实验比赛等。我认为肖老师是一线教学英雄式的人物!

——工作室学员、常平中学初中部　吴中有老师

肖老师办事我放心,拿出的成果跟别人就是不一样,总给人新的启发。

——工作室导师、市生物教研室　高原老师

三、同行眼中的我

肖老师是实干型专家,实至名归!

——市内同行、虎门五中　肖花兰老师

在这几天的专业课培训中,留给我印象最深的是苏科庚老师和肖小亮老师。课后我们几位学员称之为"生物学学科达人"……对于肖小亮老师,自己最近在《生物学教学》杂志中阅读过他的文章……从他的讲座和著作中,我才较为全面地了解了他在开展科技活动方面所取得的诸多成效。而他同样也是一位很年轻的教师,实在是令人敬佩。从短短的接触来看,我觉得苏科庚老师和肖小亮老师就是闫德明老师所说的,通过"三读"和"三有"而迅速成长的,是老师们很好的例证,今后自己要以这两位教师为榜样,力争达到专业化的成长。

——省内同行、韶关中学　周昱军老师

肖小亮老师也是一线老师,很年轻,可是你看他从带学生做课外活动到做综合实践活动到做课题研究,还出书,获得了很多奖项,其丰硕的成果不得不令人佩服!也许,正如闫德明老师和肖小亮老师所说的那样:我只是比别人多一点。对,比别人多一点,多一点思考,多一点行动,多一点付出!这就是成功的秘密!

——省内同行　杨丽然老师

我们这几天又搞培训,老师们都说这几个老师当中你讲得最好,我们都爱听,非常受益。我们学校也准备要搞学校课程,准备搞实验兴趣课,是从你那里得到的启示。

——国内同行　徐桂艳老师

(2017年10月赴广西柳州送教下乡后)

四、媒体眼中的我

翻开肖小亮的履历,这位在东莞中学教初中生物的老师荣誉一个接一个,为青年教师的科技教育与专业成长树立了典范。

——东莞阳光网《肖小亮:科普教育排头兵》

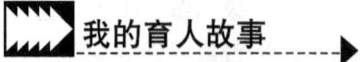

我的育人故事

塑造个人魅力　助力做中学　传递正能量

对于生物学科,一方面学生不喜欢死记硬背,喜欢观察动植物,动手做实验,在做中学,但课堂教学远远满足不了学生的需求。另一方面,初中生物教育教学既需教书更需育人。"立德树人"是中小学德育的基本要求和目标追求。因此,我的生物教育定位是:拓展知识视野、增进实验技能、激活科学思维、培养积极人生。这与现在高中刚推出的学科核心素养相吻合。但具体落实不容易,尤其是在育人方面。以下几个故事挺有意思。

故事一:鹌鹑实验,识破学习玄机

为了让每位学生都有机会实验、体验、感悟,我们改进了很多实验,印象最深刻的是"鹌鹑绕道取食"。学生喜欢小动物,很用心去"玩"实验……被我冷不防地"嘲笑"了一句:"连鹌鹑都那么认真啄玻璃,不断地尝试与犯误,但很快就学会了,你们可是比鸟类更高级的哺乳动物哦!"孩子们若有所思,都认真做起实验来。其实,适当的点拨很关键。后来还有位学生悄悄告诉我,他在家里做了一个更好玩的实验,让鹌鹑主动(不教)和被动(教)绕道取食,发现主动学习记忆效果更好……我马上找机会让他在全班分享,并辅导他完善项目作品,通过校创新大赛平台进行了全校的展评推广。其实,该实验由学生自己悟出"我要学"(主动学习)的效果与"要我学"(被动学习)的效果不同,"我要学"能识破学习的玄机,并能内化成孩子们主动学习的动力,而这些蕴藏着大道理的小实验恰恰是孩子们学习的动力源泉,也是我坚持不懈地改进课堂实验的动力源泉。所以,我每节课都争取带生物活体、标本或模型,或设计生物实验,来吸引学生关注我的课堂,通过观察生命现象和参与励志实验来激发兴趣,产生学习的内驱力,让学生亲其师,信其道。以至于一下课,学生先是围上来"玩一玩"生物活体,迫不及待地问下一节带什么?有期待的课堂,让学生倍感幸福。所以每届学生印象最深的是肖老师带了很多生物实物,做了很多实验,也悟出了很多做人的道理。

故事二:活动课程育人,牢牢抓住学生的心

记得在实施"国粹·中医文化"选修课时,我设计了10多个活动让学生参与,从带孩子们走进药店、到中草药园,到虎英公园野外寻宝(中草药),再到组培室拓

展研究，到煲凉茶给全校师生预防甲型流感，孩子们在玩中学得如迷如痴，以至于毕业后回来学校第一个找的就是我，引起他们班主任的感叹："还是肖老师的活动能牢牢抓住学生的心。"也许这就是我一直在努力践行的——尽可能搭建平台让学生习得更多"离开学校后仍留下的素质"。科技创新、创客义卖、校本课程开发都是让学生跟着我走的秘诀。学生有新点子会找我，有困难会找我，身体不舒服会找我……我俨然成了学生的"万事通"。塑造个人魅力，才能牢牢抓住孩子们的心。

故事三：助力"小候鸟"走上科学研究之路

寒暑假公益课更是我"育人"的阵地。为了让更多学生从工作室研究成果中获益，我尝试寒暑假在科学馆面向全市推出"探秘微观生物世界"科学公益课。这也是按"做中学"理念，以工作室开发的校本课程"探秘微观生物世界"为蓝本，尝试"小班化"教学实践，让青少年体验系列主题显微实验，熟练掌握数码显微操作技巧后，进行自主观察，发现问题并提出问题，然后展开科学研究形成成果，最后进行现场答辩，还制作了感恩明信片，积极到科学馆二楼馆校共建"走进生命科学互动展厅"参加志愿助学活动，学以致用……其中第七期，惠铭同学的家长尝试给暑假来莞探亲的小铭报公益课，原本公益课只招本地学生，但面试时，小铭表现出对数码显微镜的极度好奇，表示非常想参加。为此，在按规则招满本地生源后，我破例增加了一个名额以满足这位"小候鸟"的愿望，也鼓励他把握这一机会，好好借用前沿技术开展项目研究。在8天的活动时间里，小铭总是最早来到馆校共建实验室，且每天都带来一些他喜欢的生物活体来观察，表现非常积极主动，数码显微镜成为他最爱的"玩具"，生成的项目研究成果很有创意，并获得我的亲笔签名书。这一小小的尝试，让他与科学探究结下了不解之缘。助力"小候鸟"，也算是助推教育公平的一个小举措。

堂上玩，课后玩，假期玩，玩中学，在轻松有趣的生物学课堂与课程实施过程中，发生了许多故事，也拉近了我与学生的距离。其实，我与学生相处，亦师亦友。跟家长一样，教师也需要付出陪伴，陪伴有助于学生成长。塑造"渊博型、创造型"人格魅力，陪伴学生"做中学"，并渗透与传递正能量，在陪伴中静待花开。也正是这样，有不少学生受我的影响，报读生物学专业，从事生物学相关职业。

践行智慧生物学

自2015年暑假参加省中小学新一轮"百千万人才培养工程"学习以来，我开始探索构建做中学式的"智慧生物学"课堂，下面以我在深圳跟岗期间的教学课例人教版八年级上册"鸟"(主题提升为"揭秘动物的智慧·鸟")的教学实录，构建智慧生物学课堂。

一、教学现场

(一)导入：情景再现

国庆阅兵式放飞和平鸽，引发思考：为什么鸟类可以飞行，而人却不能？鸟能飞行需要解决哪两个问题？

师：(提出关键词，"体验"不一样的智慧生物学课堂，视频导入)

(二)演示实验或视频助学

演示一：演示实验，让学生观察和比较相同大小的一张纸和一本书停留在空中的时间，推导出——为了便于飞行，应尽可能减轻体重。

师：(演示实验)飞行要解决哪两个问题？要让鸟停留在空中的时间更长，得减轻什么？

生：重量。

演示二：动画演示，学生观察仿生鸟的结构，寻找持续飞行的原因——安装了马达，增强了动力，同时也为仿生鸟的STEAM设计埋下伏笔。

师：机械鸟要持续飞行，得装上什么？

生：马达，即能量。

(三)组内探究：鸟适于飞行的形态结构及生理特点

根据班级构成(36人)，将学生分成6个小组，并分配学习探究任务，围绕问题在课堂上展开系列探究(表1)。

表1 "鸟适于飞行的形态结构及生理特点"探究分工

组别	研究方向	做中学(行为动词)	思考	成果展示
1	鸟的体形	观察鸟的体形 制作与试飞纸飞机	体形是怎样适于飞行？	纸飞机与鸟的(流线型)体形对比 试飞纸飞机
2	鸟翼	展开和观察鸟翼形状 扇动翼	翼是怎样适于飞行？	展开和扇动鸟翼 解释面积大如同增强动力
3	肌肉	触摸鸟翼、腿、胸上的肌肉 比较：哪里的肌肉最发达？	肌肉是怎样适于飞行？	触摸并比较肌肉(展示鸟的胸肌)

续上表

组别	研究方向	做中学（行为动词）	思考	成果展示
4	骨骼	实验比较猪骨与鸟骨的轻重 触摸：触摸龙骨突，感受厚薄 观察：长骨（折断），观察骨内	骨骼是怎样适于飞行？	演示实验，观察沉浮 触摸龙骨突并展示 展示空心的长骨
5	呼吸系统	制作双重呼吸模型，将气管（吸管）、肺（气球）、气囊（保鲜袋）连接起来，吹气观察，建模分析	呼吸系统是怎样适于飞行？	演示双重呼吸过程，解释在肺内进行两次气体交换
6	消化、循环系统	资料分析，比较并归纳特点	消化系统、循环系统是怎样适于飞行？	提炼关键知识：食量大，消化快 分析表格，得出心脏占体重比越大，心搏越快，有利于输送

师：有人说，鸟的全身为飞行而设计，那到底有哪些形态结构和生理功能与之相适应？（分6组探究，提供学习支架支持大家"做中学"）

（四）小组汇报展示

各小组展示研究成果，解答适于飞行的特征及原因。

师：第一小组汇报鸟的体形探究。

生：体型为流线型，减小空气的阻力。

师：怎么知道？

生：现场放飞纸飞机模型证明（童趣活动让现场充满笑声）。

师：（表扬学生的设计）

课堂生成：学生自主设计钝头和尖头飞机，尖头飞得更远，证明流线型可减小阻力。预设是一张A4纸和A4纸折叠的流线型纸，学生的设计更科学。

师：第二小组汇报鸟翼探究。

生：[展示鸟扇形的翼（实物更吸睛），作扇风动作，得出增强动力结论]

师：[拓展羽毛类型及应用研究：正羽（飞机仿生应用）和绒羽（羽绒服）]

师：第三小组汇报肌肉探究。

生：（触摸和展示胸肌，说明胸肌最发达，增强动力）

师：第四小组汇报骨骼探究。

生：[与老师一起进行实验，先放鸟骨（浮），再放猪骨（沉）]

师：实验结论？

生：鸟的骨更轻。

师：（引导学生观察鸟的骨骼标本中的龙骨突）观察结果是？

生：薄。

师：（引导学生折断鸟翅的长骨来观察）

生：（折断，展示，得出长骨中空）

师：轻、薄、长骨中空都是为了解决什么问题？

生：减轻体重。

师：第五小组汇报呼吸系统的探究。

生：（用吸管、气球、保鲜袋制作并往吸管里吹气，演示鸟的双重呼吸）

师：（与学生一起演示呼吸过程，引导观察肺的变化，板图示意双重呼吸，引导思考这样的结构有什么意义）

生：呼气、吸气2次经过肺，提升气体交换的效率，确保氧的供给。

师：（拓展鸟的气囊作用及应用研究）

师：第六小组汇报消化、循环系统的探究。

生：（资料分析鸟的消化，得出含量大、消化快的特点）

生：（资料分析鸟的循环，特别是表格比较，得出心脏大小占体重的百分比越大，心率越快，即血液循环越快）

师：接下来氧气、营养物质将送到哪里？送去做什么？

生：线粒体，能量工厂，可以释放能量。

师：（图示拓展鱼类、两栖类、爬行类、鸟类和哺乳类的心脏结构）哪一个心脏可以让动脉血和静脉血完全分开？

生：鸟类和哺乳类。

师：（提出恒温动物的概念）有何意义？

生：确保氧气的供给，增强对环境的适应能力。

（五）组间交流：鸟适于飞行的形态结构及生理特点

组间交流学习任务：结合自己掌握的情况到各组观察与交流，进行有针对性的提问及学习，弥补分组学习的不足。

师：还有哪些方面不是很懂，可以到其他小组去学习，重点借助相关学习支架继续探究。

生：（积极主动去学习，但主要集中在家鸽活体的2个小组）

师：（观察学生的学习行为，引导学习除了兴趣外，有时也要有针对性地查漏补缺）

（六）小结：鸟适于飞行的形态结构及生理特点

主要以概念图的形式梳理与建构。

师：（引导概念图梳理与建构）

生：（回顾与回答）

（七）资料分析归纳

鸟的喙与食性、足与生活环境相适应，进一步归纳鸟类的特征。主要是分析资料，归纳共性。培养学生的知识归纳能力。

师：（介绍多种多样的鸟，表格呈现鸟的喙与食性、足与生活环境的对比）

生：（思考并回答，得出"鸟的喙与食性、足与生活环境相适应"的结论）

（八）鸟类与人类的关系及拓展

因本课内容量大，"鸟类与人类的关系"知识点相对简单，稍点即可，主要由学生自学。同时可以尝试拓展，如观鸟活动等，进行"观鸟护鸟"情感渗透，特别是抓住此知识点，进行智慧生物学课堂的构建——

正面启发：乌鸦反哺。感悟：从鸟类行为学习尊老爱幼。

反面启发：鹬蚌相争，渔翁得利。感悟：从鸟类行为学习互斗两败俱伤，合作才能共赢。

师：（图示乌鸦反哺，引导思考）感悟到什么？

生：尊老爱幼。

师：（图示鹬蚌相争，渔翁得利，引导思考）感悟到什么？

生：合作共赢。

（九）课外拓展

（1）进一步收集和挖掘鸟类形态结构、生理特征或行为所隐含的智慧，与同学分享。示范：为减轻体重，雌鸽一侧卵巢和输卵管退化。启示：适当的舍弃才能腾飞，关键在于是否舍得——这就是智慧。点题：强化智慧生物学课堂及课程的构建。

（2）STEAM训练：若让你设计一只机械鸟，在形态结构方面会考虑哪些适于飞行的方面？有条件的话动手做一做。尝试跨学科学习应用，渗透科学、技术、工程、数学，甚至融合艺术学科，与前沿科学教育接轨。

师：[布置任务，案例示范（一侧卵巢和输卵管退化），点出鸟的"智慧"]

生：（课后继续探究挖掘）

师：（课堂小测，反馈学习结果）

生：[手势（1、2、3、4）示意反馈，不干扰其他同学作答]

课堂生成：题目设计很巧妙，同样的选项，但题干相反，引导学生关注题干的具体要求，关注学法指导。

师：(布置 STEAM 训练，鼓励同学们跨学科学习与应用)

二、自我反思

从课程资源开发与教学设计来看，这是国家课程校本化开发。通过"做中学"和"学生物的智慧"2 条主线来引导学生揭秘和学习鸟的智慧。首先从"鸟飞行需要解决哪些问题"切入，然后通过系列实验，分组探究鸟适于飞行的形态结构及生理特点，并引导学以致用。在课外，还安排分组生物小创客活动，并延伸到更高难度的 STEAM "机械鸟"综合设计与创作……通过 STEAM 式活动化教学，让学生动脑动手，体验跨学科技能的整合应用。这也是广东精神"敢为人先"支持下的一个积极探索。

从课堂教学对话与教学生成来看，关注对学生科学方法的引导，注意科学实践过程，例如思维培养激趣环节：①将一张 A4 纸折成纸飞机，然后用同一姿势掷出 A4 纸和纸飞机，观察哪一个飞行得远？分析原因，迁移至鸟的体形进行思考。(设计原理：流线型的体型能减少飞行阻力) ②在 1.5 米高的空中同时释放一张 A4 纸和 A4 书本，观察哪一个在空中停留时间长？分析其原因，迁移至鸟的体重进行思考。(设计原理：减轻体重，适于飞行) ③在同一地点掷出 A4 纸折的纸飞机和航空模型，观察哪一个飞行时间长？迁移至鸟的飞行动力进行思考。(设计原理：增强动力，适于飞行)。3 个过程的互动相对容易，学生很容易跟教师对话并获得成就感，且这一过程分别应用了建模法、模拟实验法、比较法、观察法等多种方法进行启发式的科学探究，相信这样的潜移默化的影响，会产生质的飞跃。一节课下来，探究突破了教科书和教师说教，开扩了学生的视野，原来生物学习不仅仅是为了解生物，挖掘、发现和学习生物的智慧更重要!

从教师教学风格与教学艺术来看，"课堂活动化"是本节课的特色，且技能与情感主线清晰，对学生的教育达到预期，正是构建做中学式"智慧生物学"课堂的体现，尤其是更多地关注学生的学，关注学生的终身发展所需。

不足方面：学生在课堂上的自主活动时间不足，是这节课的瓶颈，较为复杂的生物小创客活动只能留在课外完成制作和展示。因此，还需要进一步探索短时间高效的生物小创客活动，特别是在内容和技术难度方面进行适当的引导。另外，本节课通过组内与组间学习，给了学生更多自主学习的机会，但学生的学习仅凭兴趣，较关注家鸽活体，还好教师能及时进行学法指导，引导学生了解学习除了出于兴趣外，有时也要有针对性地查漏补缺。

总的来说，智慧生物学课堂一直紧扣我的教学观、学生观，体现"体验、发现、超越"的教学风格和"做中学"式"智慧生物学"的教学主张。也正是个人魅力的塑造，让我驾驭课堂，游刃有余，体现出宏观上像"鹰"一样俯视，高瞻远瞩；中观上像"牛"一样勤劳，重课程意识，二次开发教材；微观上像"蜂"一样细腻，重学情、重思维、重参与、重体验。

最后，为配套推广"智慧生物学"，经多次实践，近年又生成了"智慧生物学教育莞式跟岗"，并成为省工作室的特色品牌。从自主开发到多校联动试验，从实地跟岗到线上线下同步推进，从传统生物技术到现代新技术的应用，生成了新时代互联网+环境下的初中生物"教""学""研"实践模式，多角度、多方位辐射推广"智慧生物学"的教育理念和方法，让更多教师学习与实践基于"拓展知识视野、增进实验技能、激活科学思维、培养积极人生"的生物学教育，以提升广大学生的生物学科核心素养。此模式得到省内广大生物教师的认可，纷纷提出想来体验莞式跟岗……期待"智慧生物学"莞式教育来年更精彩！

激"情"飞扬,"思"维绽放

● 韶关市一中实验学校 谢继生（初中生物）

▶ **导读语** ▶

学生总喜欢叫我"谢老"，他们说我上课"老"提问一些挑战性的问题，"老"策划一些生动有趣的课堂活动，"老"开发一些科学探究的新奇实验，所带班级的成绩"老"名列前茅……同时，"老"也是一种尊称，可我长得一点也不老，圆圆的脸配上小小的眼，笑起来眼睛就弯成一道月牙。

我是韶关市一中实验学校高级生物教师，系广东省优秀团干部、韶关市基础教育系统首批"十佳"教学能手、韶关

市优秀少先队辅导员、韶关市青年岗位能手，曾在《生物学教学》《广东教育教研》等5个报刊中发表文章，先后主持5个省、市级科研课题，2次获得韶关市中小学教育教学成果奖一等奖，常参加国家级、省、市级各类教育教学活动，7次荣获全国一等奖，12次荣获省一等奖，16次执教国家、省、市等各级示范课，曾应邀在省内各地为骨干教师、新任教师等作讲座19场。

粤北古城的多元文化、善德文化和生态文化从小影响着我，使我自信谦和、修身养性和回归本真。为了成为一名优秀的人民教师，我研法、调情、写勤，拜师、搭架、寻方，苦学、多看、促竞，乐学、善研、巧育，终于实现了"一年站稳讲坛，五年力争成才，十年小有名气，十五年形成风格"的目标。用激情点燃学生的热情，用对话与学生碰撞出思维的火花，逐渐形成一种深受学生喜欢、成效显著、情感和理智兼容的教学风格——激"情"飞扬,"思"维绽放。

▶ 名师成长档案 ▶

韶城文化浸润心灵，寒门学子勤谦成长

我的故乡——韶关，是古老的"石峡文化"发祥地，古城文化从小浸润我的心灵。

首先，多元文化，育自信谦和。作为一座历史文化名城，韶关是客家文化的聚集地、广府文化的发祥地，是中原文化与岭南文化的交汇地，从我生长的工厂大院就可见一斑：院里有说粤语、客家话、潮汕话、四川话、普通话等的人，谁家煮了好吃的，一闻就清楚，一串门就能尝……多元文化正如社会学家费孝通先生所言："各美其美，美人之美，美美与共，天下大同。"多元文化使我养成自信、谦和等特性。

其次，善德文化，促修身养性。南禅宗风代代承传，作为无神论者的我，慢慢领悟到善德文化，向善崇德，修身养性，追求美好，又严于自律。

最后，生态文化，崇回归本真。我家位于芙蓉山脚，家父常言："山如人，有四性：生命性，以生命为源，关注生命，呵护生命，敬畏生命；生本性，以万物为本，尊重差异，每种生物的个性、自由都是其自身发展的出发点与归宿，回归本真；生活性，以实际为需，山林养活了其他赖以生存的生灵，满足各种生活需要；自然性，以规律为基，山林每种生物均按照一定的成长周期生长，符合生命规律，顺应自然。"质朴的古城文化，潜移默化地影响着我。

幼年的我最希望成为一名光荣的人民教师。为了实现自己的理想，我毅然离家，搬进高中校园住宿，清晨在楼顶练习疯狂英语，深夜在宿舍苦战数理，为了心底那个教师梦，我拼尽全力，终于考进理想学府——位于广州的华南师范大学。大学的学习生活紧张而充实，除专业课学习外，我积极参加朗诵比赛、书画比赛、社团组织等活动，潜能得到充分发掘，能力得到全面提升。2002年，我挥别喧嚣的大城市，回到家乡，开启了我的教师成长之路。

一、研法、调情、写勤，一年站稳讲坛

刚大学毕业的我，虽然经验不足，缺少方法引导，但凭着"勤谦是吉"的信念，满腔热情，对工作兢兢业业，快速站稳讲坛，让成才之路顺利启程。

课前，潜心"研"法。在科组长、备课组长和指导老师的帮助下，我对每节课认真钻研、虚心求教、精心准备，比如"如何贴近学情设置教学目标""如何从教材的基本内容出发进行设计""如何组织多元化的高效学习活动""学生如何在课堂评价和反馈"等。

课中，激励"调"情。我对每位学生进行详细了解和分析，摸清他们的年龄

特征、知识基础、思想状况、学习方法和学习习惯等，给学生建立个人档案袋和课堂评价表，激发每个孩子的自信心和学习热情。

课后，自写"勤"书。通过勤写反思，我及时总结优点和不足，从某个知识点、某处操作、某句提问、某道习题等引发思考，总体回顾教学过程，反思教学目标的达成度，多角度透视教学等。

二、拜师搭架寻方，五年力争成才

夏衍先生说过："种子不落在肥土而落在瓦砾中，有生命力的种子决不会悲观和叹气，因为有了阻力才有磨炼。"年轻的我经验不足，如何快速成才？我找了不少好点子。

首先，拜师。我常主动诚恳地请求别人帮助，虚心学习；对于疑惑，我会积极反思，勇于提问，大胆实践。

接着，搭架。我利用各种推门课、展示课或公开课等机会，把研课、磨课所积累的经验作为"脚手架"，积累了不少宝贵财富。如《生物的生殖和发育》，我按照常规让第一个班的学生一排排端端正正地面向黑板坐，我则作为引导者传授知识；第二个班，则尝试让学生分组围坐，讨论交流，合作学习，收效显著。

最后，寻方。为了提高课堂效率，我常寻求"新方"，比如"种子的萌发"，我一方面重组教材，把探究种子萌发的环境和自身条件等实验整合，课前10天就让学生分组设计、分工合作、实施计划，课中引导学生讨论交流，分析整理，得出结论，课内外交织，活动内容多而不乱；另一方面，我尝试创新设计，安排学生在课外自主选择探究实验的材料、设计实验步骤等，再从旁指导，学生动脑、动手解决实际问题，小组分析讨论、自主构建知识体系。"新方"取得意想不到的效果，该教学案例获得省一等奖，还入编《初中新课程生物优秀教学设计与案例》。回首那几年，学生的喜爱、家长的赞誉和同行的肯定，成就了平凡的我，我光荣地成为一名省骨干教师。

三、苦学、多看、促竞，十年小有名气

我的教学生涯第一个十年进入飞跃期，教育教学水平有了极大提升，教学风格初见雏形，基本实现了课堂教学的高质有效，收获了不少成绩和荣誉。

首先，苦学。在别人的眼里，我成绩斐然，顺风顺水，我却感到自身发展处于瓶颈，怎样突破？沉下心苦学！我充分利用专题讲座、课堂教学（说课、研课、磨课、听课和评课）、专家资源等认真学习，不断提升师德修养，丰富知识结构，增强理论底蕴，时刻提醒自己继承与创新并进，朝着研究型、开拓型和全能型的教师努力。

其次，多看。我荣幸地被韶关市教育局聘为全市生物兼职教研员、市中学生物教学教研中心组成员。借此机会，走出校门，聆听外校教师的各种课型和专家讲

座，面对面交流，学习新的教育教学理念和好的做法。

最后，促竞。结合学生实情，我设计了多种活动：开设青春期教育讲座，介绍日常生理卫生常识；开设科技讲座，介绍生物学家和生物学史，介绍现代生物技术在生产、生活和社会等方向的应用，培养激发学生的创造精神和坚强的意志品格；利用新学知识开展小实验、小制作比赛，让学生自制细胞模型、花贴画、生态瓶等，培养他们的实践能力和创造能力；独立辅导学生参加省初中生物联赛，成绩斐然，如2011年29名学生参赛，全部获奖，5人进入全市前十名，11人获省一等奖，13人获省二等奖，5人获省三等奖。由于教学能力强，我经常代表省、市或学校参加各类比赛和公开课，尽管当时任教8个班，担任备课组长和团委书记，工作量较为繁重，但只要能为集体争光、有利于专业发展，我都全情投入。在粤北韶城，我逐渐小有名气，兄弟学校的同行们都知道—实出了一个激情洋溢的"女汉子"。

四、乐学、善研、巧育，十五年形成风格

因学校需要，我在德育和教学等多部门轮岗，尽管行政工作繁重，但广东省中小学第二批"百千万人才培养工程"初中理科名教师培训和韶关市第五批名教师培养活动，为我的教师生涯续写了新篇章。

首先，乐学。我积极投入到省市级名教师培训的学习活动：理论学习，让我的教育理念有了新感悟，教育科学理论学习得到升华；跟岗学习，在胡继飞教授和梁光明老师的指导下，我通过集体备课、研课、评课、议课，发现他人优秀之处，取长补短；学科研修，我积极到城区和乡村中学听课、评课。从"独"乐学到"众"乐学，我及时交流思想，分享经验，探索教育教学的优势与规律，摸索以情为纽带（创情激趣、激情探究、共情发展和尽情提升）的教学模式，把"师"乐学化为"生"乐学。

其次，善研。我积极开展课堂教学改革，先后主持2个省课题和3个市课题，积极研究"案例教学""问题导学""导学案"及"翻转课堂"等模式，研发大量课例，硕果累累，如"初中生物导学案中问题导学的研究"获2017年韶关市中小学教育教学成果一等奖，以研促教，以教促学，探索出以思为节点（点燃思维、启发思维、引导思维和拓展思维）的高效课堂。

最后，巧育。通过讲座、上示范课、听课和评课等形式，促进青年教师成长，担任韶关学院生物实践辅导员，积极参加韶关市初中生物骨干教师培训的辅导工作，帮扶骨干教师若干名。经过我的指导、培养，胡高伟等6位教师先后被评为校级以上优秀教师，其中，我辅导的王久菊荣获韶关市教学能手，李梅兰荣获广东省中学生物教学质量三等奖，王久菊和胡高伟各有2篇论文获省二等奖等，科组被评为广东省十优科组。予人玫瑰，手有余香，我享受过程，追求卓越，逐渐形成独特的风格。

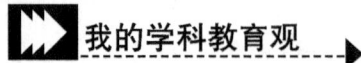

激情飞扬，思维绽放

一、我的教学风格解读

激情飞扬是一种迅猛、激烈、难以抑制的情感表现形式，教师用真挚丰富的情感去感染每一个学生，通过不同的交流方式，把教学各环节紧密有效地结合起来，激发学生潜能，让他们个性飞扬。思维绽放是一种循序渐进的理性学习过程，教师把教学内容转化为有价值的、值得探究的、有多种解决方法的科学问题，在教师的引导、疏导和辅导下，学生自主探究、合作学习，思想受到碰撞，能力得到提升。

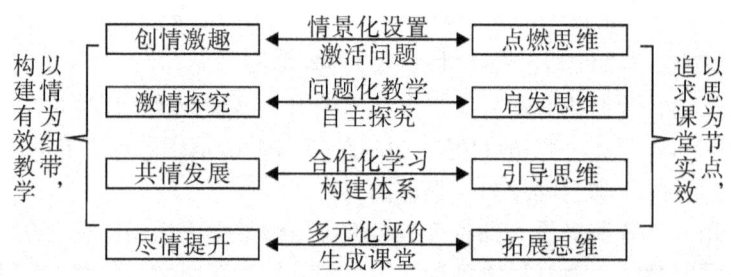

图1 "激情飞扬，思维绽放"教学风格的基本流程

（一）创情激趣，点燃思维

教师利用多种方式创设情景（表1），煽情导入，引导学生发现生产、生活等实际问题，激发学生探索生命奥秘的兴趣，点燃学生思维的火花。

表1 创设情境的呈现方式、内容和创设时机

情景呈现方式	情景内容	情景创设时机
印发材料、教师描述、多媒体手段展现、学生表演	生产、生活和社会实践；实验、野外考察活动；内容故事、成语、谜语；相关的生物科学发展史等	一般应在理论知识的讲解前呈现（以免影响学生的发散性思维，导致讨论结果趋同，使相当部分同学无话可说）

创设情景，一般包括温故创情、实验创情、新闻创情、故事创情、实践创情等形式。教师讲授新知识前复习旧知识，以学生感兴趣的内容为复习点，让学生带着问题投入新学习；以实验为载体，设疑激趣，使学生明确学习目标，利用其已有的经验和认识，帮助学生构建知识；以时政新闻为载体，切中学生的兴奋点，让学生

在饱满的精神状态下完成学习任务，如《预防传染病》，引用艾滋病、禽流感、手足口病等创设真实情境（图2），寓意深刻、耐人寻味，激发学生的求知欲；以典型故事和案例为载体，学生在思考中不断学习，如《种子的萌发》可以用"千年古莲"的故事（图3）引入，巧布迷阵，创情激趣；以日常生产、生活实践为载体，让学生在动手实践中，激发探求欲，促进思维活动。

图2 《预防传染病》的新闻创情　　　图3 《种子的萌发》的故事创情

（二）激情探究，启发思维

激情探究是一般科学家发现问题、解决问题的一种极为普通的思维方式。学生通过探究学习，体验和领悟科学家探究活动的思想观念、科学方法和科学精神，学会科学、理性地思考，在思想和观点的交流中启发思维。

激情探究常包括发现问题、作出假设、设计实验、实施实验、分析归纳、得出结论、交流分享等环节。学生观察思考、分析归纳和总结概括，将所学知识迁移、重组，从而深化对知识和技能的理解和掌握。例如《探究淀粉在口腔内的消化》，首先学生亲身体验，参与口嚼馒头的体验和感受，思考："馒头在口腔内有哪些因素参与消化？"其次，挖掘学生感兴趣的问题，如"舌的搅拌对淀粉的消化有影响吗？牙齿的研磨有什么作用？唾液呢？"然后，引导学生做探究实验。学生根据已有知识，作出合理假设，以小组为单位设计实验。各组再画简图，展示其设计方案，讨论完善，进而开展实验。接着，教师巡视，及时了解学情，并进行个性化辅导，引导学生总结实验成功（或失败）的主要原因，找出解决问题的方法。最后，学生认真分析实验现象，师生一起归纳总结。

探究中，思维活跃的学生偶尔会提出一些有价值的问题。教师可筛选这些问题，将其确定为教学资源，引导学生探讨研究。对学生提出的以其现有水平还未能理解的问题，教师可给学生提供一些最新的研究信息，介绍查询途径，鼓励他们调查、探讨、研究和发现，树立学生热爱科学、使用科学、关注科学的意识，培养其主动探究的能力。

（三）共情合作，引导思维

共情合作，是将学生按不同能力、兴趣编组团队，共同完成一定学习任务的互助学习。其关键在于分组活动，让每个同学动起来，分析推理、分享交流，让他们从不同的角度交流所掌握的知识，引发学生思考，帮助他们探寻解决问题的方法或策略。首先，科学分组。每组 4～6 人，让不同性别、性格、成绩、能力、智力水平、思维方式和特长的学生组队，达到能力互补、性别互补、性格互补，并选定负责人。其次，了解并完成学习任务。学生的学习动机或强或弱，良莠不齐，为全面提升学习效率，教师可设计不同任务，让每位学生都动起来，如《鸟类适应于飞行的主要特征》，各组利用资料卡（图4）分别针对外部形态、内部结构、生理特点等方面，进行限时学习，完成任务。最后，学生们分享交流。通过共情合作、小组交流、班级汇报、生生互评，教师点拨等，及时反馈教学情况。

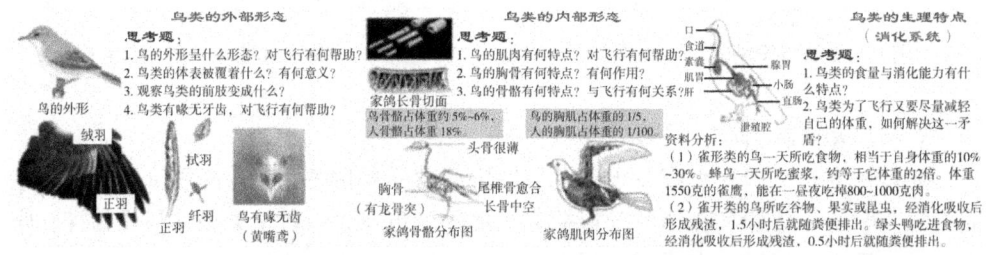

图4 《鸟类适应于飞行的主要特征》的分组设计和任务

共情合作是学习方式，引导思维是学习过程。教师可运用不同的导问类型（如表2），帮助学生建构知识体系，协助他们思维的形成。

表2 点燃学生思维的导问类型、方法和意义

导问类型	运用方法	意义
类比型导问	前概念运用法	比较概念与认知冲突的区别和联系
对比型导问	列表法	比较知识之间的区别和联系
自主型导问	实验法	深化概念的内涵，培养逻辑推理能力
常识型导问	生活实际联系法	运用理论解决实际问题
"点—线—面"型导问	图形法	有效形成知识体系

（四）尽情提升，拓展思维

教师坚持指导性和激励性的评价原则，使用激励性语言，及时给学生反馈评价（图5），既让学生普遍获得成功体验，又帮他们审视自我、发现优势和不足。在思维拓展中,学生及时发挥自我教育、自我管理、自我评论和自我激励等潜能,最终达到尽情提升的实效。

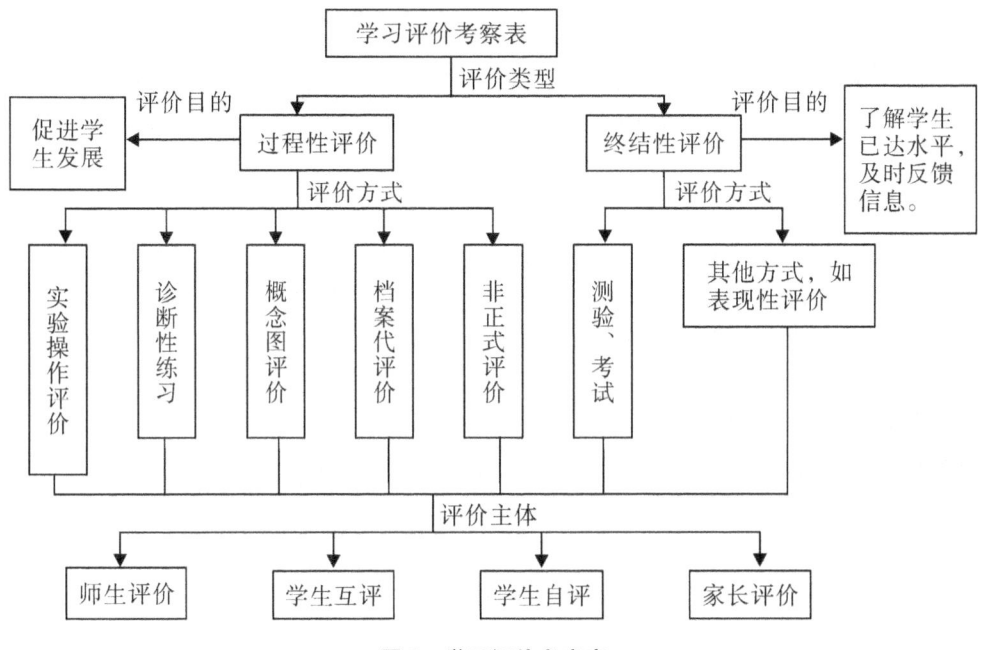

图5　学习评价考察表

教师预设提升的内容,增加思维的高度。教师注意提升的高度和适度,引导学生及时反馈重难点的掌握情况,从多层面、多维度和多形式的反馈中提升,从而有效构建知识体系。

随机生成提升的途径,追加思维的广度。学生需要一定的思考时间,教师切忌随意打断或代替学生回答;而应将课堂生成转化为有效资源。有效倾听是学生尽情提升的"土壤",思维拓展是课堂生成的"花朵"。

学生质疑提升的结果,能增加思维的深度。学生大胆质疑,共同讨论,如种子萌发时所需条件,学生质疑种子的萌发还需光,通过师生评价、生生互评等形式,大家提出增加"充足的空气、适宜的温度和适量的水分"这一条件的实验装置,进行遮光处理,学生再评价。学生在质疑中掌握了对比和批判的思维方式。

二、我的教学主张:"六生"文化,引领学生的精彩人生

"激情飞扬,思维绽放"的生物课堂,师生共同构建生活和生产、生本和生成、生命和生态等多元文化的高效课堂,用文化潜移默化地教育和影响着孩子,助力学生成长。

（一）从目标指向入手，挖掘生产和生活的课堂文化，激发学生学习热情

美国著名心理学家、教育学家布鲁姆说过："有效的教学，始于期望达到的目标。"而现在不少的课堂教学，普遍存着"重知识、轻能力、忽视情感态度价值观"的目标取向。有效教学不在于"教师有多累""学生有多苦"，而在于三维学习目标是否达到，学生是否有收获。教师应该从三维目标指向入手，挖掘生产和生活的课堂文化，能持续激发学生学习生命科学的兴趣和动力，真正实现有效教学。

教师可根据教学目的和教学内容的需要，运用日常生活的实际问题，精心策划和指导，将学生带入特定情境，把生活、生产文化嵌入课堂，引导学生主动学习，帮助学生达成知识目标。比如"变态发育"这一概念教学，不少教师往往直接将"有的生物在受精卵发育为新个体的过程中，幼体和成体的形态结构和生活习性差异很大，这样的发育叫变态发育"一句话灌输给学生。八年级的学生仅凭这句话就能理解吗？为此，我们以小学课文《小蝌蚪找妈妈》为突破口，提出："为什么小蝌蚪找不到妈妈？蝌蚪和成蛙在形态、结构上有什么不同？"学生通过蝌蚪和成蛙之间的形态结构、生理特征和生活环境的对比，在脑海里构建了变态发育的本质所在，真正达到知识目标。

教师可提取生产、生活的教学资源，帮助学生形成学以致用的思想，真切感受到学习生物知识的价值所在，积极达成能力目标。比如学习"使用显微镜"，教师可设计学生分别用光学显微镜和立体显微镜观察一根头发、一片树叶和一个写上字母的载玻片，从而了解两种显微镜观察的特点，从生活中出发，让学生在观察和研究身边事物的过程中，避免了对知识生搬硬套，体会到生物科学来源于真实的生活，感受到生物科学探究的无限乐趣。

在挖掘生产、生活的课堂文化时，教师还要重视情感态度价值观的目标达成。比如"千年古莲"中种子萌发——生命的自强不息；"探究植物光合作用的原料、条件和产物"探讨提高农作物的产量的方法——学以致用；"探究种子萌发"中设计能提供水、温度和空气的"智能豆芽机"——严谨的科学态度等。

（二）从活动过程入手，开发生本和生成的课堂文化，促进学生激情探究

课堂教学是师生积极互动、动态发展的活动过程。课堂活动既有"预设"和"预设生成"的资源，往往还有一些意料之外且有意义的课堂资源。比如"探究酒精对水蚤心率的影响实验"，学生根据实验目的和要求进行分组设计，有的实验结果是"酒精浓度越高，水蚤心率跳动越慢"，有的则是"酒精浓度越高，水蚤心率跳动越快"。面对不一致的实验结果，教师因势利导，引导学生反思并再次实验，师生共同得出高浓度酒精是水蚤致死的原因，再及时转到酒精对人心脏的影响，开发出相关的

教学资源。学生通过自主探究，掌握科学探究的方法，认识科学的本质特点，加深对生物学知识的理解，培养科学探究能力，在激情探究中，体验到成功乐趣。

生物教学只有接近学生实际生活的内容，才能让学生的学习具有深度。因此，课堂活动应开发生本文化。比如人体抗原、抗体的作用，教师不仅可以通过观察天花病毒进入人体的过程图来介绍，还能在课堂上安排讨论活动："为什么患流感（病原体为流感病毒）的人还会经常患感冒？"教材上没有具体答案，但学生可通过亲身经历、讨论而加深对这部分知识的理解。初中生精力旺盛、思维活跃、想象力丰富、好奇心强，在学习中难免会遇到一些小问题，教师应及时引导学生反思拓展。如"探究种子萌发的外界条件"，完全浸泡在水中的绿豆种子居然萌发了，其原因可能是水里溶氧量较高；"观察植物呼吸作用"，死亡种子装置里的温度不降反升，微生物发酵产生的热量干扰了实验结果。教师以生为本，以一颗宽容之心，因势利导，学生通过解析问题、分析推理、交流分享、补充完善等，在深入探究中，提高认知能力，发展思维能力，培养探究、实践和创新等综合能力。

另一方面，教师运用教学智慧来鉴别、开发、积累和利用对课堂有用的生成资源，开发生物课堂的生成文化，增加学生学习的宽度和广度。如"微生物在生物圈中的作用"一节，不少学生会认为：所有的植物都是生产者，动物都是消费者，微生物都是分解者。教师开发学生的错误资源，引发学生认知冲突，循序渐进，层层设问："分解者的作用是什么？如果蓝细菌是分解者，那么它将哪些动植物遗体中的有机物分解为无机物，它们进行生命活动的有机物从哪里来？生产者的定义是什么？绿色植物的叶绿体中叶绿素有什么作用？而蓝细菌的叶绿素又有什么作用？它的生活方式是自己直接制造有机物养活自己，还是需要现成的有机物来维系生活？"通过对比提问、层层纠错，学生举一反三，了解硝化细菌、硫细菌等是生产者，寄生生活的菟丝子是消费者，蚯蚓等腐生动物是分解者。通过描述、准确表达，学生理解生产者、消费者和分解者的概念，真正构建概念体系。而教师运用课堂生成的错误，激发思维的火花，巧妙地帮助学生在学习中获得成功的体验。

（三）从评价反馈入手，关注生命和生态的课堂文化，促进学生拓展提升。

评价反馈是教学活动的重要环节。在评价反馈中，教师及时让学生认识生命规律，引导学生运用生命科学的基本观点去观察事物、解释现实社会、处理现实问题，珍爱生命，敬畏生命，保护生命特征，关注生命本质，提升生命价值，关注生命文化。比如"人的生殖和发育"，教师归纳小结：母亲怀孕期共约40周，280多天，胎儿所需的一切营养物质，全部从母亲那里汲取，胎儿排泄的废物也经过母亲的肾脏等器官排出体外，孕妇很多器官都增加了工作负担。胎儿从重量只有千万分之五克的受精卵发育为成熟婴儿，重达2.5～3.5千克，胎盘从无到有，以及母亲子宫乳房的增大，孕妇生理负担的增加，同时，分娩常伴有剧烈阵痛，母亲生育不易，生命来之不易，父母养育更加不易，教育学生珍爱生命，孝顺父母。

课堂的生命文化局限于生物个体，而生态文化则着眼于生命的整体性和相关性。教师需要把善恶、正义、义务等生态观点，运用到生态关系的处理中，把自己从生物圈的征服者转变为与生物圈共命运、和谐相处的普通成员，我们应竭尽全力珍惜和维护生物圈的稳定和均衡，让学生明确自身的社会职责。比如教师利用巩固拓展，引导学生及时关注人类对生物圈的影响、绿色植物维持生物圈"碳—氧"平衡、绿色植物对生物圈的生存和发展起决定性作用等，构建人与自然、人与社会的协调发展的生态观，参与社会决策，让学生积极参与和充当决策者的角色，为学生成人后社会决策能力的提升奠定基础，使学生更适应未来的发展。

"激情飞扬，思维绽放"课堂中的"六生"文化具有连续性和实效性。它需要在生物教学的每一章、每一部分都时刻渗透生产和生活、生成和生本、生命和生态等多元文化，通过目标指向、课堂活动、检测反馈和课余拓展等环节，与学生及时交流，了解生物课上生物教育的收获及存在的问题，共同探讨生命教育更好的方式和方法，让生命科学教育具有连续性和持久性，真正收到实效，助力学生成长，引领学生的精彩人生！

他人眼中的我

在我们班大多数同学看来，我们的谢老师是一个很赞的生物老师。我们都叫她"谢老"，不是她有多"老"，而是对她的尊称。尽管她老强调不喜欢这名字，自己年年"二八"。上课时，她言语风趣、幽默大方，为乏味的课堂增添了许多趣味，也吸引了许多同学专注的目光。下课时，她更像我们的一位好友，与我们谈笑、交流，打成一片，是一个不折不扣的好老师。

——2015届（15）班学生　曾悦馨

谢老师是我们家长心目中的好老师，她讲课生动、风趣幽默，工作细心负责，使我儿子喜欢上生物这学科。为人和蔼可亲的谢老师，营造出温馨的课堂气氛，同学们都把她当成了知心朋友。孩子点滴的进步，离不开她的悉心教育，衷心感谢她为孩子付出的一切。

——2016届（14）班廖雨轩家长　扶云燕

谢老师是我最敬佩的老师。在日常的教育教学工作中，她是勤奋的教学者，是亲切的引导者，是专业的研究者；在我们课余生活中，她更是知心大姐，是可信的好友。谢老师大力推动教学、教研活动，精心培育教坛新秀，常常举办讲座、上示范课，组织教师探讨教学方法，提高教学水平。在她的指导下，年轻教师均快速成长，纷纷成为市级和校级的教学骨干。

——韶关市基础教育系统"教学能手"、
韶关市一中实验学校优秀教师、校生物科组长　王久菊谢老师是一位热情开朗、勤奋好学的优秀青年教师，在教学中，她潜心钻研、大胆实践，有较高的理论水平和实践能力，教学风格独具一格。最难能可贵的是她对教育的理解与践行：教育就是教师耐心引导、细心呵护、精心栽培，在激情飞扬的教育教学中，孩子的思维之花尽情绽放。她正在专家型的教师之路不断前行。

——广东第二师范学院生物系教授，科学教育研究所所长　胡继飞教授

我的育人故事

精"心"育人，静候花开

在德育工作岗位，我任了6年校团委书记、1年德育处副主任、4年班主任等工作，对学生亦师亦友，充分注重挖掘孩子的闪光点，及时帮助他们解决学习和生活上的困难，让学生不断发现自我、认清自我并超越自我，精"心"育人，争做"五心"教师。

还记得"动物运动的方式"那节课，我按照往常一样，提前走到课室做好课前准备，发现学生李小彬（化名）伤心地趴在桌子上。鲁迅说过："教育是根植于爱的。"我悄声走过去，希望用爱心架起真情的桥梁，打开其心灵的隔阂。

仔细一看，我发现了小彬丢在桌旁的自制屈肘和伸肘运动的模型，刚问了一句，他就大吼起来："谁要你管！"在学校里，我们教师可能会因误会而被学生顶撞，也可能因为要求严格而遭冷遇。宽容学生，就是解放自己；对学生关怀，就是善待自己。我决定用宽容心敲开他内心的坚冰。

通过与同班同学的私下交流，我得知小彬的模型不会动，刚引来同学们的哄堂大笑，小彬正躲在座位上生闷气。这种情况下，教师须细心观察学生的情绪、身体表现等，多与他们交流谈心，及时了解他们的喜怒哀乐和爱好兴趣，用细心这把钥匙走进孩子内心。

铃声一响，我在全班肯定了小彬的动手能力，邀请他当小老师，现场介绍自制模型，给其他同学借鉴。小彬不好意思地站起来，当他分享完模型构建的方法后，我及时肯定他的学习主动性，并邀请其他同学结合运动器官的特性一起帮他改进模型。大家七嘴八舌，纷纷献计献策：有的说把塑料绳换成毛线、橡皮筋等，有的说用钢尺代替纸片，还有的说把固定的图钉改成螺帽和螺杆……教师需有耐心，少讲多听，及时指出学生存在的问题，当堂解决。面对学生的询问，教师应提供学生阐述思考的机会，不急于回答；面对学生的过错，教师应大智若愚，控制表现欲，促使学生分析思考、归纳交流。

在师生的帮助下，小彬快速修改了模型，当运动灵活的模型完成后，课室响起了阵阵掌声。我拿起小彬的模型说："一场意外导致我的手臂不能动了，如果科学家小彬自制了模型安装在我体内，大家谈谈运动时需要哪些器官？各器官有何功

能？如何形成运动？日常如何保护我们的运动器官？"教师用童心贴近学生生活，与学生亲密沟通，把握学生的内心思想活动，引导学生回归生活，解决实际问题。

作为一名不甘平凡的教师，我没有轰轰烈烈的先进事迹，也没有催人泪下的感人故事，但爱与责陪伴我一路前行，精"心"育人，静候花开！

教学现场与反思

一、教学现场

"生态系统的概述"（首届全国"一师一优课、一课一名师"活动的部级优课）

（一）教学目标

1. 知识目标

说出生态系统的概念，列举不同的生态系统，阐明生物圈是最大的生态系统；通过对生产者、消费者、分解者之间的相互关系的分析，尝试解释生态系统的各组成成分的作用及相互关系，概述生态系统的组成。

2. 能力目标

通过活动"分析生态系统中的生物及其生活环境"，分析各组成成分的作用及相互关系，增强资料处理能力，培养阅读能力，以及从不同角度分析的发散思维能力；通过自建生态瓶模型的活动，概述生态系统的组成，培养自学能力及思维能力。

3. 情感态度与价值观目标

分析生态系统的各组成成分的作用及相互关系，渗透生物与环境相统一的辩证观点；通过列举不同的生态类型，渗透保护环境的情感教育。

（二）学情分析

1. 学生已有的知识和经验

在北师大版的八年级（上）课本中，学生已经初步学过生产者、消费者和分解者的初步概念，提供了建构概念体系的前期准备。

2. 学生学习方法和技巧

八年级的学生已具备一定的观察、阅读、分析推理的能力，因此，在分析生态系统中不同组成成分的作用时，需通过活动"分析森林中的生物及其生活环境"，在阅读材料的基础上，通过活动分析各自的作用。

3. 学生个性发展和群体提高

通过一系列问题导学，共同构建生态系统相关的概念，再通过绘制概念图，分组讨论，然后自主构建知识体系。

（三）教学重难点

解释生态系统的各组成成分的作用及相互关系，概述生态系统的组成。

（四）教学过程
1. **导入：创情激趣，点燃思维**
教师：科技创新大赛中许多同学精心设计了有趣的生态瓶，哪位同学来展示和介绍自己的作品？

（学生积极举手，教师选取学生代表）

教师：请你把生态瓶带上来，现在把舞台让给你。

学生代表：这是我做的生态瓶，下面我告诉大家我们是怎么做出来的。首先，我们找一个大一点的广口瓶，透光的玻璃瓶，把小石子或者是沙子放进去，然后，我们要挑选水。自来水会残留一些消毒剂的物质，所以不能用；白开水也不行，因为它在煮沸过程中，氧气已经跑掉了。我们要用河水、池水、经过晾晒的自来水等，倒入瓶中，静置一段后，再把水草、小鱼、小虾等生物放进去，然后我们把瓶盖扭紧，这样，整个瓶子密封好。最后把它放在有光照的地方，夜里的时候最好能开一盏小灯，这样，生态瓶就做好了。

教师：谢谢你，生态瓶放在这里。（让该学生代表把生态瓶放在讲台）科技节还有不少优秀的生态瓶，现在给大家展示部分一等奖获奖作品。（教师展示优秀作品图片）生态瓶大家都做了，有没有一些你想了解的问题？

学生1：为什么生态瓶要密封好？

教师：就是说生态瓶为什么有一定的范围？

学生2：为什么生态瓶夜里的时候最好能开一盏小灯？

教师点拨：就是说生态瓶为何需要光？

学生3：鱼在密封的生态瓶中为何能生存？它在生态系统起什么作用呢？

教师点拨：鱼类生活需要的氧气是谁提供？需要的食物又从哪里来？

学生4：为什么要放水草进去？

教师点拨：植物在这里起什么样的作用？生态系统有哪些组成？各种成分起什么作用？下面我们一起学习北师大版八年级第23章《生态系统及其稳定性》第2节《生态系统的概述》。

2. **活动：激情探究，启发思维**
教师：生态瓶作为一个生态系统需要满足什么条件？

学生齐答：一定区域。就是我们刚才说生态瓶必须是密封的。

教师：生态系统由什么组成？

学生：包括生物及其生活环境等。

教师：请用自己的话描述一下什么是生态系统？

学生：在一定区域内，所有生物及其生活环境共同组成生态系统。

教师展示信息并提问：有粤北明珠之称的韶关，我拍了一些照片，请判断一下哪些选项是生态系统呢？（教师展示照片）

学生：中国红石公园丹霞山是生态系统。

教师：说明一下为什么其他选项不是？

学生4：鱼类是构成生态系统的一部分，梯田里的农作物是植物，也是构成生态系统的部分，而丹霞山包括了生物还有生物环境。

教师：一般的生态系统有植物、动物，还有非生物环境等。下面我们分析一下生态瓶，想想生态系统由哪些组成？是不是每个生态系统的成分都有？掌声有请科代表给我们介绍。

学生5：（科代表介绍调查收集的情况）我们收集整个年级科技节的作品，并把他们的制作者及其瓶内的生物统计如下。（科代表展示调查列表）针对一些不熟悉的生物，我们还专门调查他们的食性，如面包虫吃植物，比如苹果皮、树叶等；螃蟹、田螺是杂食，它们可以直接或间接以绿色植物为食物。我们发现有些动物在生态系统中的作用和其他的不一样，比如蚯蚓，它是腐生动物，专门吃土壤里的有机物为生。

学生：（科代表介绍收集科技节生态瓶制作中的生物种类）

教师：感谢科代表，他们不仅进行了细致的调查，还进行了深入的了解。尽管都是动物，但他们在生态系统不一样。能否给他们以生态瓶中的生物为例，对这些生物进行分类，再根据它们在生态系统中的作用进行分类。

学生：可分为动物、植物和微生物，按照其作用来分可分为分解者、生产者、消费者等。

教师：请以生态瓶为例，想想生态系统有哪些成分，各自有什么作用？有位同学走进森林生态系统，进行调查，列了一个表格，但不完整，请大家用3分钟时间自主阅读课本69～70页帮他完成。

学生：（自主阅读课本，独立完成表格后，学区讨论，全班交流各种组成成分的作用）

教师：（引导学生分析总结表格）

教师：到底哪种成分最重要？看，生态系统各种成分参加生态系统颁奖大会，他们吵起来了。

学生：（表演节目《谁最重要》）

教师：生态系统中各种成分都重要。生物和环境是相适应相统一的，生态系统是一个统一的整体。

教师：请根据小品的内容，再给生态系统的各成分找关系。

学生：（将生态系统各成分填写好概念图后，讨论交流，描述4种成分中的作用）

3. 活动：共情合作，引导思维

教师：请运用刚才学过的知识，分析一下，以下生态瓶少了哪种成分？如何改进?

学生:(评价自制生态瓶中缺少的成分)

教师:生态瓶只是人工生态系统,小到生态瓶,大到学校、城市,都是生态系统。生态系统种类多种多样,如我们身边有哪些生态系统?下面请学生代表来介绍。

学生代表:向大家介绍一下我们调查的生态系统。韶关粤北山区,市区帽子峰、森林公园、乳源南岭等各种类型的森林,均属于森林生态系统,占陆地面积的28.5%,有"绿色水库"之称。气候干旱、降水稀少、植被贫乏的自然地带,那是荒漠生态系统。淡水生态系统,如湖泊、池塘等,我们的浈江、武江和北江就属于这种类型,淡水生态系统的水量不足全球水量的1%。海洋生态系统,面积辽阔,约占地球总面积的71%,大气中80%氧气的提供来自海洋藻类植物,对维持地球的"碳—氧平衡",调节全球气候有非常重要的作用。这是农田生态系统,所有耕地占陆地面积的10%。我们发现:一方面,由于农村城市化导致农田生态系统越来越少,另一方面,部分农村搞生态农业,走可持续发展道路,增产增收使农民走上发家致富的道路。城市生态系统是最熟悉的人工生态系统,比如我们韶关市区等。生态系统多种多样,你了解了吗?我的介绍完毕,谢谢大家。

(其他学生倾听、了解身边各种生态系统的主要特征)

教师:生态系统的范围是固定的吗?它有大有小,如草地生态系统中,人为可以这样划分。刚才学生代表给大家介绍了各种各样的生态系统,那最大生态系统是什么?

学生:最大的生态系统是生物圈。

教师:我们要保护我们共同的家园——生物圈。请大家课后把今天所学的关于生态系统的各种概念,自建概念图。

4. 练习:尽情提升,拓展思维

教师:本节我们学习了生态系统的各组成成分的作用及相互关系,概述生态系统的组成。下面我们一起完成必答题进行巩固。

学生:(完成巩固练习)

教师:请结合我们学习的内容,分析科技创新大赛中该同学设计生态瓶实验结果的原因。

学生:(思考兴趣小组的实验,尝试课后分析上述实验现象的原因,并修改自制的生态瓶)

二、课后反思

(一)挖掘教材知识中的本质联系,开发课程文化资源

教材内容以方块呈现,不经加工,学生难以理解,但只要仔细推敲就会发现其

隐藏着概念之间的联系（图6），教师开发教材资源，稍加点拨，让学生开发学习资源，便可体现出教材的"活"来。如引导学生利用自制生态瓶，让其产生疑问，激发学生学习的兴趣；又如列举身边的不同的生态类型，渗透热爱环境的情感教育，阐明生物圈是最大的生态系统。

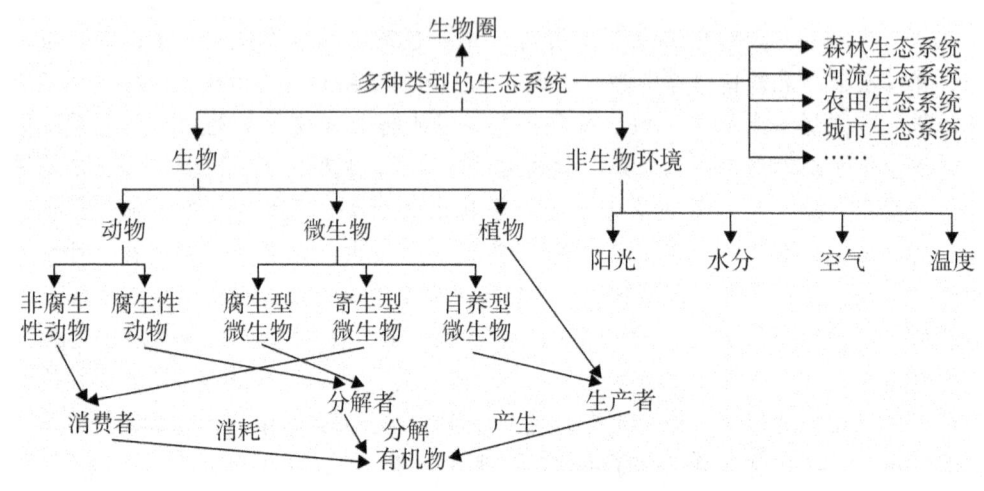

图6 《生态系统的概述》教材内容体系

（二）精心设计对话问题，关注课堂教学生成

为增加课堂深度和广度，教师必须精心设问。一个精妙设问需要具备科学性、启发性、梯度性和延展性等，以满足学生的感知要求。教师从"特殊的生态系统（生态瓶）→身边的生态系统（中国红石公园丹霞山）→各种生态系统→最大的生态系统（生物圈）"层层设问，学生从课堂生成中自主构建生态系统的概念体系。学生通过做出假设，自主探究，借助活动，去体验和领悟科学家探究活动的思想观念、科学方法、科学精神，学会科学思维、理性思考。在思想、观点的交流碰撞和共同合作的互动中，学生相互学习，提高科学核心素养。

（三）丰盈教师教学风格，寻求独特教学艺术

围绕本节课教学目标和教学内容，教师采用"创情激趣，点燃思维→激情探究，启发思维→共情合作，引导思维→尽情提升，拓展思维"，充分体现教师"激情飞扬，思维绽放"的教学风格。亲临教学和反观内省丰盈了我的教学风格，这种课堂体验给教学艺术提供了创造性的保证。在教师的成长道路上，不可能所有的课堂都能对外"公开"，我们需要把常态课"公开化"，认真对待每一堂课，认真准备，认真授课，认真反思，认真琢磨，写下自己的思考，记录自我的成长轨迹，书写着独特的教学艺术人生。

学科技术融合创新，文化主题绽放精彩

● 东莞市石龙第三中学　黄小勇（初中信息技术）

 导读语

被信息技术耽误的体育老师？

"黄老师，你不是教体育的吗？看不出你的电脑水平还不错嘛！"我不止一次这样被别人问起了。但其实我真的是一名如假包换的信息技术老师。我喜欢运动，在运动场上总能见到我打球或是跑步的身影，而且我还是石龙镇教育足球队的队员呢。也正因为这样，我不时会碰上这种令人莞尔的误会，不过这样的"误会"，挺有意思的。

我是黄小勇，工科男，东莞市石龙第三中学教务处副主任，中学信息技术高级教师，广东省"百千万人才培养工程"初中名教师（第二批理科）培养对象，东莞市名师工作室主持人，东莞市初中信息技术学科带头人，近3年主持3项省、市级课题，5篇论文刊载或获奖，多次被评为全国信息学奥赛优秀辅导教师和东莞市青少年科技教育活动优秀辅导员，先进事迹和成绩也被《东莞时报》《石龙周刊》以及南方教育等多家网络媒体平台报道。

文化是一座城市的灵魂。在东莞，文化建设一直与经济社会发展齐头并进，虎门销烟、赛龙舟、舞龙舞狮、莞香等一个个文化城市名片见证着东莞向"文化名城"迈进的脚步。我的教学，是希望技术如润物细无声般地渗入学生的学习生活并成为其中的一部分，将学生的情感态度价值观通过信息技术与本土文化、优秀传统文化的结合来体现，形成自己"融合，创新，文化主题"的粤派教学风格，这也体现了东莞城市精神——"海纳百川，厚德务实"。

▶ **名师成长档案** ▶

融合创新，打造我的信息技术文化主题课堂
—— 一名非师范生的成长蜕变历程

一、我的生活成长经历

我出生在广东惠阳，打小就是在省属华侨农场长大的。那里有来自东南亚各国的归侨，也有来自省内各地前来参加革命建设的人们。回想起来，当时就好像在"联合国"一样，不同地区的人们操着不同的方言，夹杂着标准或不咸不淡的普通话。也许正是在这种语言环境的熏陶下，我居然无师自通，掌握了各种方言，普通话、粤语、潮汕话、客家话等。即使现在到了省内其他地市，我基本上也可以用当地的方言（尽管不一定很标准）去进行交流，比较容易拉近双方的距离，增加亲和感。这也无形中锻炼了我的语言表达能力和交往沟通能力，也让我懂得了"融合"的重要性。

此外，我的父母都是知识分子，在潜移默化中，我从小就养成了主动阅读的好习惯。不管是历史地理，还是人文科学，乃至战争武侠等，反正各种类型的书籍我都有所涉猎。通过广泛的阅读，我拓宽了自己的认知层面，也从中了解和汲取了许多课本上所没有介绍的知识，特别是喜欢阅读史地人文相关的书籍。虽然自己是理科生，但一直以来所阅读不同学科书籍而形成的文化积淀，使自己在培养理科严谨的思维能力同时，有了更多延伸和互补。这种文理知识的跨界和混搭，也丰富了自己的知识体系，在理科技术学习和工作的时候，能够有不同的角度和不同的方式去诠释，打破自己的思维定式。

小时候，父亲经常带我去中山大学伯父家探亲拜访，伯父是广州某中学的校长，伯母则是中山大学的教授，我从小就耳濡目染了为人师表的铮铮风气。后来当我得知伯父还曾经担任过抗美援朝志愿军的文化教员，更是钦佩不已。每次见到伯父的学生来拜访他，不管现今身份如何，对老师都是恭恭敬敬的，这个时候我总会想，以后也要像伯父一样，成为受人尊敬的人。我的母亲同样是一名光荣的人民教师，也是我的小学班主任，全校老师都认识我，因此我的小学生涯，所有成绩以及调皮捣蛋的行为，都无处遁形。当时我虽然觉得挺郁闷的，却使我从小就对教师这个行业有了比较深刻的认识和了解，也有着一份特殊的亲切和感情。这些都对我的成长有着重要的影响，让我在冥冥之中就注定了和教师有着不解之缘。

二、我的工作成长经历

（一）第一阶段：初登讲台，在迷惘中探索执教之路

我不是一名"根正苗红"的师范毕业生，高考填报志愿的时候，我并没有选

择师范类院校，而是选择了工科的机械电子工程专业，当时的目标是成为机电工程师。1998年7月大学毕业时，我这个非师范生却因为各种阴差阳错，来到了东莞市石龙第三中学执教，成为一名人类灵魂的工程师，这可是之前万万没想到的。既来之，则安之，得益于成长在教师家庭，以及自小就受到身边教师长辈们熏陶的教育氛围，因此我也很快就接受了自己的工作。

刚参加工作的时候，由于学校还暂时保留着职业高中，所以我从五笔打字、DOS操作命令开始执教，担任了4年的高中信息技术教学工作，而我的教学生涯也从职业高中的高一年级信息技术课程开始了。当时的信息技术课程还叫作"计算机技术"。初登讲台，因为之前毫无教学经历，基本上只能按着教材照猫画虎。然后也很积极地向老教师学习经验：2节课连堂，第一节课主要在课堂上黑板板书（多媒体还没进教室），讲授操作命令的原理、使用方法……第二节课则到机房上机练习。自己尝试后，感觉效果似乎并不是太好，毕竟对于职高的学生来说，学业压力并不算大，倒是课堂纪律常常被人诟病，再加上他们理论知识也提不起劲学，待到去上机时也是稀里糊涂的，学习效率也自然打了折扣。

那时我刚毕业，和学生的年纪差不了多少，因为自己喜欢运动，课后学生都愿意和我一起打打篮球、聊聊游戏、唱唱歌什么的，混熟了他们也就直接称呼我为"勇哥"了。20年过去了，时至今日，现在当我走在校园里，经过身边的学生们，还是会亲切地叫我"勇哥"，依然让我感到非常亲切以及无限的感慨。不过正是因为和学生之间有了情感上的交流，职中班的课堂纪律倒是没什么大问题了，只是学习效果仍未见起色。

一个学期下来，感觉自己的课堂教学更多地侧重在大学生技术操作层面，策略方法还比较传统和机械，更别提思想性或人文性了。信息技术课堂教学成了技能操作步骤的传授，教材或教案成了软件说明书，信息技术教学成了低层次、低效率的计算机技术的介绍或技能培训。接下来只好自己想想办法了。既然学生喜欢玩游戏，我就试着把DOS小游戏放在系统下的某个文件夹中，设置一些隐藏、只读等属性，然后告诉学生，只要能够用DOS命令去查找并利用合适的参数去解除受限的文件夹，就可以奖励玩游戏。试了几次课，发现学生们为了能解锁游戏文件夹，学习DOS命令的兴趣也上来了，还是收到了一定的学习效果。当然这种方式是在当时特定的教学环境下开展的，现在来看也许是不成熟的，但对我而言则有了不一样的体会，原来是可以通过创设一个学习情境来引导学生学习的，但究竟什么样的学习情境比较适合课堂教学？又是如何开展的？自己也还是在摸索中。

（二）第二阶段：创新变革，在实践中构建自己的特色课堂

2002年，石龙镇教育布局改革后，职业高中外迁了，学校也改制为初级中学。因为当时初中信息技术的教学评价体系还不够完善，学科也不太受人待见，所以教学上没有什么成就感，自己也觉得很彷徨。在市信息技术教研中心组的几位老师的

鼓励下，我尝试带着学生参加信息学奥林匹克竞赛，希冀从第二课堂活动辅导工作中找到体现学科价值的突破口。刚开始自己也没什么经验，辅导资料也比较匮乏，于是我就根据竞赛大纲，翻出大学的专业课本，和竞赛班的学生一起探索和学习。晚自修时，为了把一个程序调试成功，我和学生们常常在机房分析讨论到10点多，辅导训练结束之后，我再把学生送回家，幸好家长们也非常支持，才让我和学生们能坚持走下去。天道酬勤，第一次辅导学生参赛就获得了一项市三等奖。回想起来，就是这么一个微不足道的市三等奖，在当时给了我极大的鼓舞，在全校大会上也受到了校长的表扬和鼓励，使我对学科教研的信心更足了，干劲也更大了。在接下来的比赛中，获得的成绩越来越好，从市三等奖到市一等奖、省一等奖乃至国家一等奖。

学科竞赛取得了一些成绩之后，我更加关注学科的教研发展，也在不断地观摩和学习如何提高自己的教学能力，毕竟最终还是要回到课堂中的。在一次教研活动中，有幸聆听了市教研员黄振余老师（现市教育局教研室副主任）关于"文化主题"教学的专题讲座，令我印象深刻的是"信息技术文化主题教学就是要挖掘文化主题，提倡文化主题的主导，让信息技术课程教学回归文化生活、社会生活与实践"。这句话于是我饶有兴趣地查阅了相关的资料，原来信息技术"文化主题性"教学并不是一种新的教学方法，也不是一种新的教学模式，而是一种教学实施的策略，而这种"文化性主题"教学策略，是东莞市中小学信息技术学科正在大力推行的尝试和实验，目的也正是打造具有东莞文化韵味的信息技术课堂。

那么，这样的教学策略究竟是如何开展和实施的呢？我没有进行过类似的教学尝试，因此也不清楚该如何组织开展"文化主题性"课堂教学。带着这样的疑问，我参加了在东莞中学举行的2004年广东省高中信息技术优质课评选展示活动，也观摩学习了代表我市参赛并最终获省一等奖的好几节优质课。从获奖老师的课堂教学中，我亲身体验了将文化主题贯穿于技术教学的整个过程，原来信息技术课还可以这么上！

活动结束后，我回到学校便开始有意识地收集相关的教学资源，在教学中尝试通过创设文化主题情境，展开对技术的分析和应用的探究，在实验过程中，自己慢慢地感觉信息技术课没那么生硬了，至少不再是"技术"的搬运工了。在接下来的教学中，我带领科组的老师们一起，在初一、初二年级开展"文化主题性"教学的试验，也积极参加区域教研等活动，观摩学习优秀教师的课堂教学，而且也得到了黄振余教研员、市教研中心组各位老师的细心指导，也使我更深刻地认识到，信息技术课程教学的文化主题不是脱离教材的简单拼凑或组合，而应该与课程结合，在不违背信息技术科学性的前提下，创设一个与信息技术课程内容相联系的文化生活情境，贯穿于技术的学习中。

2006年举行的东莞市第一届信息技术新课程综合教学能力评比活动，给了我一个检验实验成果的契机。当时我是科组长，负责辅导青年教师吴老师参加比赛。在接到比赛课题"制作电子贺卡"后，我和吴老师在进行教学设计时，根据之前试课的教学情况以及学生的反馈，设计了以"环保＋感恩"为主题的教学情境，从一张传统纸质贺卡所需的材料开始导入，让学生通过计算得出在制作过程中所耗费的环境资源，再推算出一年内消费的纸质贺卡总共耗费的资源总量，以此来触动学生的环保意识，接着从保护环境、感恩大自然，引申出借助电子贺卡来感恩为我们创造美好生活的亲朋好友。虽然在比赛时是借班上课，但是学生对该课堂导入的反应还是挺不错的。现在看来，当时的教学设计可能还略显粗糙，不够完美，但也是我和科组从传统教学模式向新课程教学标准迈出的一大步了。当然，最后的收获还是令我们备受鼓舞的，吴老师获得了市二等奖，在2007年参加省优质课比赛中又获得了省二等奖。这也更加坚定了我在教学中开展"文化主题性"教学的探究。

2009年，我参加了市第二届信息技术新课程综合教学能力评比活动。当时所选的课题是七年级的"网络文明与安全"。相对而言，这节课与Word或PowerPoint等的课程不同，没有比较明确的操作学习任务，所以不少老师觉得这种类型的课不太好上。我在分析学情时，发现七年级的学生对网络欺骗行为有一定的认识，但还不太清楚该如何保护自己的网络安全，对防范网络侵害的做法也比较感兴趣。所以我决定还是从"文化主题性"入手，在课堂导入阶段，通过视觉欺骗的图片展示，让学生认识到眼见不一定为实，还要学会根据表象去进行分析判断，进而利用视频和图片展现在互联网中的欺骗实例，从而在课堂中创设了一个虚拟的网络安全的情境，并通过实例分析以及师生讨论，让学生感同身受。学生在接下来的网络安全设置环节就非常乐意地去主动探究和实践，该节课的重点内容也就顺利突破了。这样的一节课下来，不仅完成了教学目标中的"知识与技能""过程与方法"维度，更是凸显了"情感态度与价值观"维度，学生在掌握技术技能的同时，亦上了一堂生动有趣的安全教育课。

通过自己的教学实践，我认识到在"文化主题性"教学中课堂导入对文化主题情境创设的重要性，也开始有意识地往这个方向去进行探究，后来于2013年被东莞市教师进修学校聘为信息技术有效教学培训班——"高效导入（初中班）"的授课教师，为省、市各级教师开展培训、专题讲座等。

（三）第三阶段：总结提炼，明晰自己的教学风格

2011年，我成了初中信息技术教研中心组的一员，并担任副组长，这给了我更多学习的机会和展示自己的专业平台。不管是片区教研、送课到校活动，还是省市各级教研活动，我都积极参与上课、听课、评课等各个教研环节，在教研教学工作的反思、实践基础上，有了更多深刻的体会，并将自己的所思所得撰写教学论文、教学反思，不断加以提炼，促进自身的专业成长。2013年我被评为东莞市学科带头人，在学校的大力支持下，特别是冷芬腾校长在教学教研方面对我的悉心指

导，使我的教育科研能力上了一个台阶。而在 2015 年有幸成为省"百千万"的名师培养对象后，我有了更为广阔的学习空间，让我能不断地成长。在参加广东第二师范学院负责的省"百千万"初中名师培养对象的各种研修活动中，我有幸聆听了许多专家名师们的经验分享，也得到了导师林君芬博士的悉心教导，自己也在广州、东莞、韶关、杭州、北京等地的不同学校跟岗学习和上课，在导师、专家们的指导下，总结提炼自己教学风格的关键词，从更高的层次和不一样的角度去提高自己的教学水平。

而在此专业成长的过程中，随着自己对信息技术新课程教学理解的不断加深，我的课堂教学也逐渐形成了个人的特色：在课堂中结合教材内容渗透文化主题，将技术糅合其中，力求创设精彩纷呈的"文化主题性"教学情境，让情感主线贯穿学生的整个课堂学习；与学生和谐愉快的相处，使我的课堂语言更贴近学生的学习生活，也可以用轻松幽默的语言来开展教学，营造宽松的教学环境，让学生在愉快的情绪中学习，激发学习信息技术的情趣；作为东莞市初中信息技术考试评价与试题分析中心组负责人，我对课程内容和教学评价有了更深刻的理解和把握，通过巧妙而又有针对性的教学设计，激趣启思，让学生通过主动学习、积极探索，收获并享受快乐、成功的学习情感。在课堂教学中，以情促情，以情促教，明晰并形成了自己"融合，创新，文化主题"的粤派教学风格。

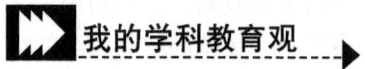 我的学科教育观

融合创新教学模式，打造文化主题信息技术课堂

一、我的粤派教学风格

东莞这座城市的精神是"海纳百川、厚德务实"。

"海纳百川"体现了东莞开放的气魄和包容的胸怀，是东莞改革开放精神的真实写照；既反映了东莞特殊的人口结构和城市特征，又符合东莞位于珠江口濒临大海这一区位特点。

"厚德务实"既是东莞这座城市的人文精髓所在，更是时代精神的重要元素，符合东莞这座城市和经济社会发展对市民道德品行的要求。"厚德"即遵礼仪、知荣辱、崇道德、恪品行，反映了东莞人勤劳朴实和知礼诚信的优秀人文精神。"务实"体现了东莞人讲实干、干实事、求实效的工作作风和生活态度，是东莞人最显著、最具魅力的精神品质。

经过省"百千万人才培养工程"的多次研修和磨砺，我潜下心来总结提炼自己的教学风格，结合东莞"厚德务实"的人文和文化元素，通过自己一直在践行和探究的文化主题信息技术课堂教学，可以归纳为：融合，创新，文化主题。

二、教学风格解读

南朝文人刘勰在《文心雕龙·诠赋》写道:"情以物兴,故义必明雅;物以情观,故词必巧丽。"情境有两层含义:一是指景象、场景和环境;另一层含义是指人物、情节,以及由场景、景象所唤起的人的情绪和内心境界。而教学情境,就是指教师在教学过程中创设的情感氛围,也是指具有一定情感氛围的教学活动。

如何创设适合学生的教学情境呢?一提起"技术",往往不少人会觉得晦涩难懂,但我觉得技术不应该是让人觉得冷冰冰的东西,它其实可以是带着情感的,在身边触手可及的。因此,我觉得信息技术课程应当有其独特的课程文化。信息技术不是独立存在的,而是具有较强烈的文化依附性,当信息技术润物细无声般地渗入并影响着人们,并成为人们生活的一部分的时候,自然会折射出其文化属性。因此我在教学中,尽量将技术学习融入文化情境中,让学生在情境体验中激发学习兴趣,沿着情感主线利用信息技术去解决实际问题,在作品中抒发感自己的情感价值和态度。

那么,如何做到"文化与技术的融合"呢?我认为,信息技术作为一种工具,其使用具有很强的情境性,即在存在着问题的实际情境中,运用一定的信息技术来考虑解决,才能对信息技术的本质和功能有更为清楚和深入的认识。文化主题可以为信息技术课程教学内容创设一个信息技术与文化生活、社会生活和学习生活实践相融合的学习情境,同时也可以从校园文化、当地文化、其他学科的整合等方面来挖掘和提炼文化主题,为课堂教学营造文化氛围,体现信息技术学科的技术性与人文性的结合。

兴趣是最好的老师,是学生学习的内在动力。文化主题情境的创设就是引导学生走进与信息技术应用相关的学习情境,身临其境地感受信息技术,从而激发学生掌握和应用信息技术的兴趣。教师所创设的文化主题一定是来自学生熟悉的文化、学习、校园生活,能让学生激发兴趣、产生共鸣的主题。

通过文化主题情境的创设,更好地呈现信息技术所蕴含的文化魅力,贯彻以生为本的教学理念,渲染轻松愉快的学习环境,调动学生的动力和兴趣,从而使学生主动参与课堂教学。在文化主题教学情境中,学生作为教学的主体,将会主动获取知识并能应用技术解决实际问题,并在此过程中,体验合作与成功的喜悦,从而达到心理层面的满足感。

近些年来,我分管了学校的教育信息化工作,因此有机会接触了许多不同学科与信息技术融合创新的案例,同时也观摩了很多学科的翻转课堂教学,拓宽了学科视野,打破了学科间的壁垒,让我得以用另一个角度去观察和审视信息技术的教学。而我的信息技术课堂教学模式,也是随着学校教育信息化的不断推进而创新和变革的。基于智慧课堂云平台系统的大数据分析不仅为学情实时反馈、教学及时调整提供了技术支撑,更是通过情景创设、微课助学、合作互动、即时反馈等,展现出更有智慧的课堂。亲身感受新技术、新理念对信息技术教学的变革后，我自己对信息技术的课堂教学和课堂管理也有了更多的尝试、更深的思考。这些尝试和反思，也极大地丰富了我自己的教学特色，或者说是教学风格。

三、我的教育主张

（一）积极创新，保持学科发展动力

信息技术课程的发展是日新月异的，课程内容的更新速度也是其他学科所不及的，这些使信息技术课程有着巨大的活力，加上信息技术本身具有丰富而深刻的创新底蕴，因此对学校教育信息化、智慧课堂的构建等起着重要的支撑作用。如今不少学科，例如数学、物理、综合实践等都将信息技术引入课堂，进行学科整合，很好地辅助了学科教学的开展。而对于信息技术学科来说，也更迫切地需要更新课堂教学模式，从信息技术教育转变到信息素养的培养。这就对信息技术教师提出了更高的要求，不断地学习，不断地变革，才能与时俱进。我和教研组的同事目前也在信息技术教学和第二课堂辅导中开展课内翻转、慕课等实验，让信息技术课堂能上出新意，上出活力，在改变中前行和发展。

（二）文化主题教学，构建新型信息技术课堂

过去，信息技术学科的教学更多地侧重于"知识与技能""过程与方法"方面的传授，而忽略了"情感态度与价值观"对学生信息素养习惯养成的培养。信息技术课程其实也有其独特的文化和艺术性，当技术深刻地影响着人们的生活，成为人们生活的一部分的时候，必然会彰显它所在地区文化的特色。也就是说，信息技术课程内容总是有它应用的文化生活、社会生活与实践的环境，我们可以在课程教材的基础上，在教学中创设一个与信息技术课程内容相联系的文化主题，既能体现信息技术的人文性与艺术性，又能营造浓厚的信息文化教学氛围，从而打动学生的心灵，激发学生的学习兴趣，提高他们的学习动力。

文化主题是为信息技术课程教学内容创设一个信息技术与文化生活、社会生活与实践相融合的学习情境，我在教学中也常常运用多种手段、方法来呈现，例如，可以利用信息技术手段解决其他学科的相关问题，也可以以信息技术为工具或通过信息技术手段（途径）完成某个综合实践的主题活动等。

在课堂教学中将教学目标融入文化主题中，将情感主线和技术主线贯穿于教学环节中，前者的导入在于教学情境的创设与不断延伸，实现情感态度价值观在教学活动中的传递，后者则是将知识与技能、过程与方法这两个教学维度目标，在文化主题情境下，通过各种教学环节让学生感同身受，主动积极地参与到教学中来，从而提高课堂教学的有效性。

（三）以生为本，营造轻松和谐的学习氛围

"积极快乐的第一印象"，微笑着问候学生，积极热忱的言行举止会让学生也

用积极的行为来响应你，而任何一个学生对你的第一印象都将是持续而长久的。因为信息技术中考的缘故，我一直在初三任教，因此每一届初三学生对我来说都基本上是新面孔，所以在新学期的第一节课我也会尽量用比较轻松诙谐的语气来介绍自己，拉近和学生的距离，让学生能快速认识接下来将要陪他们一起经历初三学习的老师，便于复习迎考工作的开始。课余活动时，我也会和学生们打打篮球、探讨创新技术，学生们都喜欢叫我"勇哥"。

"最好的不是最轻松的"，循规蹈矩地讲解、统一测试，用同一种教学方法教所有的学生等等这些方式对教师来说显然是轻松很多，但对于学生来说却不是最好的方式。因此，我认为应该"选择对学生最好而不是对自己最轻松的教学方式"，通过小组合作学习、分层布置任务等方式对学生进行差异化教学。现在我通过微课视频、学习平台等工具，尝试在信息学奥赛中开展翻转课堂的教学，已在东莞市慕课课例活动中取得了一些突破。

（四）第二课堂活动，拓展学科特色教学

信息技术学科是一门实践性很强的课程，同时也具有很强的开放性和创造性。我在重视课堂教学的同时，充分发挥学科优势，充实第二课堂内容。结合学校实际，开展了信息学奥赛、电脑制作、机器人活动等丰富多彩的第二课堂活动，实现课堂的有效拓展和延伸，丰富信息技术教育内涵，提升学生的信息素养，让学生更好地在信息技术的无限空间中翱翔。在第二课堂活动中，学生既学会了应用信息技术手段整合其他学科的内容，又促进了信息技术学科课程教学和资源建设，多名学生也因此获得信息技术特长生资格，被东莞中学录取。

▶▶ **他人眼中的我** ▶

专业知识丰富，业务能力强，识大体顾大局，群众口碑好，是学校工作开展的得力助手。

——石龙三中校长　冷芬腾

工作踏踏实实，个人综合素质全面，在全市初中信息技术学科中能起到引领示范作用，勇于承担和组织协调各项教研活动工作任务。

——东莞市教育局教研室副主任　黄振余

工作积极，认真负责，可以独当一面，在我们东莞市初中信息技术教研中起到模范示范作用，多次在全市作教研示范课，是我们东莞市初中信息技术教研的积极分子；多次参与东莞市初中信息技术资源库建设，是东莞市信息技术专家库成员之一。

——东莞市信息技术初中教研组组长　陈炳峰

具有坚实的学科理论基础、专业知识和技能，教学经验丰富，教学风格鲜明，悟性强，业务精，敢于实践，勇于创新，乐于奉献，并且为人诚信，乐于合作，在工作中很好地起到学科带头人的示范引领作用。

——东莞市信息技术学科带头人　陈昌林

岁月匆匆，点点滴滴的往事在我们心中沉淀。在您的教导下，我们开始懂得电脑不是玩具是工具。有时，我们会让您头疼；有时，我们会让您失望。但，从心底里我们还是很尊重您，依赖您。是您，让我们从贪玩走向成熟；是您，让我们从一无所知变得知识广泛；是您，陪伴我们，将丰富的计算机知识传授给我们。

作为您的学生，我们会在今后的学习生活中认真对待每一节电脑课。感谢您，亲爱的黄老师！风是透明的，雨是清润的，天是永恒的，您是难忘的！

——石龙三中2016届初三（11）班学生　蔡宝津

勇哥，真是很感谢您当年的提携啊！能在初中阶段就接触这么前沿的东西，非常幸运呢！（当时加入了校信息学奥赛小组，参加中考被东莞中学录取为信息技术特长生）培养了兴趣，锻炼了思维，还有求知欲和耐性都很重要，至少我在选专业的时候毫不犹豫就选了计算机，非常明确哈。当初能以特长生身份上到莞中，现在回头看看真是一个很重要的转折点，视野、格局和交际圈都不同了，真是心怀感激！虽然参加工作了，但依然特别怀念当时在机房和勇哥、同学们一起讨论问题、编写程序的日子。

——石龙三中2009届毕业生　吴嘉豪

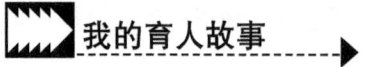
我的育人故事

千百倍的耕耘换来桃李香满园

由于学科教学的工作特点，除了日常教学工作之外，我一直都担任学校信息学奥林匹克竞赛兴趣小组的辅导工作，粗略统计下来，这些年也有近百名学生在该项赛事中取得了国家、省、市等各级大大小小的奖项，也有不少学生通过学习程序设计而考上了东莞中学的信息特长生。

参加程序设计学习的孩子其实都是很聪明的，但也很有个性。记得2011年的学生周柱森，学习成绩好，编程技术也不错，但就喜欢嘲笑学得较慢的同学，对别人指指点点，结果大家都不愿意和他分在同一组编程。我在教学时，就设计了一个解决日常生活交通出行的程序任务，组内每个同学都负责编写其中的一个子程序，最后整合起来才能完成。我让周柱森负责主程序的编写，让他来整合其他的子程序。他很快就编好了主程序，然后又开始对其他还在编程的同学指手画脚了。我提醒他，别的小组的进度可比你们快哦，你只是写好了主程序，但没有合适的子程序，也是没用的。周柱森同学就向我抱怨小组其他同学编程速度太慢，拖了后腿。我便顺势和他谈心分析，告诉他团队合作的重要性，只有真正帮助到团队，大家才会信服你，技术不是用来炫耀的工具，而是维系团队的情感纽带。然后我让他试着去帮助小组内的同伴，解决程序中的疑难问题，看看最后的效果怎样。结果当然是皆大欢喜，我和他商量后，让他作为小组的负责人，协调成员的学习进度，慢慢地也就融入小组中了，中考的时候他也以优异的成绩被松山湖学校录取。

2005届的陈润昌同学，入学成绩排在年级一百名左右，对信息技术课有浓厚兴趣，而且头脑非常灵活，缺点是对不喜欢的老师有抵抗情绪、偏科。在他进入奥赛班后，我利用课余时间经常找他谈心，耐心地开导他，并且和他的班主任老师沟通，让他利用自己的编程技术帮助班级统计各类数据。在此过程中，他有了更多的机会和各科老师接触，也逐渐消除了自己的心魔，不仅获信息学奥赛全国二、三等奖，毕业时还考上了东莞中学。

 教学现场与反思

班级大家庭——"添加演示文稿内容"复习课

一、教学设计

授课背景：本节课是2016年东莞市学科带头人展示活动的示范交流课。

授课地点：东莞市常平振兴中学（借班上课）。

授课内容分析：

本节课选自广东高等教育出版社出版，广东省初级中学课本《信息技术》B版第二册（上）第三章《制作多媒体演示作品》中的第三节《添加演示文稿内容》的教学内容。本节课主要讲解如何在幻灯片中插入各种类型的媒体素材，同时完成格式设置和内容布局的工作，在本章中起着"承前启后"的作用。

备注：本节课的课堂视频收录在"广东省百千万"公众号的"精品课堂"栏目。

学情分析：

八年级的学生本学期已经学习了演示文稿PPT，了解和掌握了演示文稿的基本内容，大致能够对演示文稿PPT的单个功能内容进行添加操作。而东莞的初中信息技术学科的教学评价，是每学期都要参加全市统一的期末质量自查，因此有必要对整个学期的内容进行总结和梳理。

设计理念：

以"We Are Family"为文化主题主线，将演示文稿PPT的各种元素的添加方法融合并贯穿其中，让学生体会到班级是同学们的大家庭，而PPT中的各种元素也是一个大家庭，只有相互配合，相互组合，才能实现最佳的效果。

二、教学实录

（一）设置情境，引入主题

1. 课前活动

师（自我介绍）：我来自石龙，同学们知道在什么地方吗？

生：就是广深线的东莞站啊！

师：是的，同学们对咱们东莞都很熟悉，石龙和常平一样，都是广深线和谐号的站点，两根长长的铁轨，拉近了大家之间的距离，我们同属大东莞，同为一个大家庭。

2. 情境设置

师：播放《奔跑吧兄弟》的团队合作活动视频［引出"We are 伐木累（Family)"的主题，激发学生兴趣，渗透"Family——大家庭"的情感意识］。

生：（观看到视频的结尾，禁不住笑着跟着一起读"We are 伐木累"）

师：是的，We are Family，一家人就是要团结在一起，相互帮助，相互配合，让我们再来重温一下军训的温情时刻吧！（播放视频"我们的军训.wmv"，激发学生的集体荣誉感，创设班级大家庭的情感氛围）

生：（观看视频，回顾分享自己的军训经历）

3. 引入主题

师：（展示演示文稿"班级大家庭.ppt"，介绍本节复习课的学习内容——"添加演示文稿内容"并发送"学习资源"文件夹给学生，介绍在学习任务中所需要用到的资源素材）

师：本学期我们学习了演示文稿PPT，大家都知道，我们可以在幻灯片中添加文字、图片、动画等各种元素，和我们整个班级一样，这些元素都是幻灯片大家庭中的一员，只要它们相互配合，我们就能制作出精彩的幻灯片！

生：（打开桌面的学习资源文件夹，了解本节课需要完成的学习任务）

师：在刚才的军训视频中，我们可以看到，在大家庭里既有合作也有竞争，所以今天的学习任务，各个学习小组也要做好分工安排，相互配合，通过复习、练习，巩固本学期所学的知识。

（二）小组合作，自主探究

师：文字是幻灯片中最基本的元素，添加文字有哪些方法呢？请各小组根据"班级大家庭"的PPT范例，积极探讨吧！围绕大家庭这个主题，将相关的大家庭主题文字添加到幻灯片中。

生：（四人小组参考教材和学习文件夹相关资料，分工完成，并将小组所制作的作品上传到学习平台，与老师和其他小组分享交流）

师：我们通常都会说，一个好的作品是图文并茂的，添加了文字后，那图片怎么办呢？可不能把小伙伴给落下了。

生：（小组商议后，推选小组代表举手发言、讲解，重点阐述自己不太常用的方法或者是学到的新技能）

师：大家所举的例子和方法都很好，但要在具体的操作中去实现，而且还要注意的是图片和文字要一脉相承，图片要能反映文字所表达的意思，所以还要请各小组认真挑选，注意文字图片的关联性。

师：图片挑选好之后，大家还可以试一试不同的添加方法，看哪一种方法是你们觉得最方便，最适合的。

生：（各小组在选好文字的基础上，商讨并选择能与文字主题相匹配的图片，并尝试用不同的方法添加）

师：幻灯片当中，除了文字图片以外，还有其他的兄弟姐妹元素，大家在素材库中，结合今天的文化主题，将它们挑选出来，并复习它们的添加方法，将它们互相配合，制作出完整的"班级大家庭"演示文稿。

生：（小组合作，完成任务，并上传最终作品）

（三）在线交流，分析评价

师：各小组也都将作品上传到教学平台上了，接下来，请大家在平台上欣赏各小组的作品，并参照作品评分标准以及文化主题的贴合性，作出打分和评价。

生：（在教学平台上观看作品，在线给予评价，实现自评、生生互评、师生互评）

师：（邀请各小组派代表评价自己或他人的作品，及回顾添加各种元素的办法）

生：（举手发言，在评价中得到学习反馈和进行学习反思）

（四）总结反馈

师：（展示本节课知识点复习的思维导图）

归纳总结：这节课我们复习了添加演示文稿内容的方法，并通过习题练习对知识点进行了回顾。在复习阶段可借助学习提纲（思维导图）来辅助。

学习反馈：这节课我们复习了什么知识，又从中感悟了什么，请同学们好好思考，及时交流反馈。

生：（在平台上完成在线复习题测试，并根据实时反馈结果查看本节课自身的学习）

三、教学反思

本节课是一节复习课，学生对学过的内容常有似曾相识的审美疲劳感，但复习不是简单的重复，应尽量避免传统的习题复习课。因此在教学中以学生喜闻乐见的身边事为触发点，营造班级大家庭氛围，突出集体精神，将知识技能融入于技术中，激发学生的学习兴趣，更好地开展复习任务。在教学中，我利用了信息技术网络教学平台ITtools，能实现即时教学评价反馈和在线测评，并能导入教学各个环节的学习内容、分组模型设置等，便于学生自主学习、开展小组合作。

在导入阶段，教师播放《奔跑吧兄弟》"We are 伐木累"的团队合作活动视频，激发学生的集体荣誉感，创设班级大家庭的情感氛围。而学生观看视频后，也主动地回顾、分享了自己的军训经历，这样就把本节课的"大家庭——We Are Family"的文化主题和情感主线给建立起来了。接下来就是将本节课复习的内容"添加演示文稿的元素"与文化主题情感主线联系起来，演示文稿中的各种元素也是一个大家庭，相互组合之后才能制作出效果良好的PPT。

在课中的小组合作自主探究阶段，则是充分发挥小组合作的特点、教学网络平台的实时学习和反馈优势，沿着情感主线逐步复习各种元素的添加方法，归纳总结。

反馈阶段，引导学生利用思维导图对本节课的知识进行分析和提炼，加深复习课的复习效果。网络教学平台的使用，让学生及时进行评价反馈，有助于了解学生的学习情况，并激发学生主动学习、探究知识的积极性。由于文化主题始终贯穿于教学的各环节，学生能在探究问题的过程中学会并掌握解决问题的方法，而这也正是本节复习课所希望实现的目标。

文化主题性教学，的确能提高学生的学习积极性，但小组学习当中，如何让每一位组员都充分发挥自身能力，这仍是需要继续研究和实践的。

人文与激情

● 横山初级中学　梁辉晖（初中信息技术）

▶ **导读语**

1976年2月，我出生在珠海市斗门区乾务镇一个农村家庭，掐指一算今年都43岁了。我小学、初中都在乾务镇上学，中学毕业后考上了珠海教育学院。1995年7月毕业于珠海市教育学院普师，同年留校就读学校电教大专班，1997年毕业，并分配回到了初中读书时的母校乾务中学任教，2000年调入斗门区一中初中部任教，2001年学校改名为斗门区实验中学。

图1　"百千万"项目学习时我在澳大利亚发言

2017年调任横山初级中学任副校长，分管教学工作，任教初中信息技术。

我工作后不断地学习进取，2009年华南师范大学美术教育自考本科毕业，2012年哈尔滨工业大学计算机科学与技术本科毕业。

2015年遴选为广东省"百千万"名师培养对象，同年评为珠海市教师工作室主持人，2016年评选为珠海市名教师，2017年评为广东省信息技术学科带头人。

"百千万"项目的学习使我不断地成长，这3年的学习中，我主持过的课题有4个省级课题，其中有2个已结题，1个是重点课题，并且获优秀结题。近年我在研究创客教学方面卓有成效，3篇论文在省级核心刊物《教育信息技术》上发表，被《广东教育》和《教育信息技术》2次报道。

2012年和2016年，我当选为珠海市第八、九届人大代表。

名师成长档案

不懈的追求

一、一个懵懂少年的自画像

我的微信名叫"1/16 英国人",许多人都很奇怪我为什么取这个名。这说起来还挺曲折的呢。我 1976 年 2 月 11 日出生于珠海市斗门县(现斗门区)乾务镇,这是一个偏远而落后的小镇。但据我奶奶说,我的太太爷爷不知在怎样的机缘巧合下去了澳大利亚,并发家致富,娶了一个英国女人,到我这一辈已经是第四代了,所以我有 1/16 的英国血统。因此我取了一个这样的微信名,以纪念我那位勇敢跨出国门、远渡重洋的先祖。

虽然我那位太太爷爷当时是一方巨富,但只是辉煌了一时,很快家道中落,到我祖父这一代已经是贫农阶层了,我读书时家中有时还拿不出学费。1992 年,我面临考高中还是考中专的选择。家里说为了可以解决统销户口的问题,最快的办法就是考中专,而那时最保险的办法就是考中师,虽然那时中师比高中的分数线要高 25 分,但相比金融专业,它的竞争不会太大,因此,我就报考了中师。我叔叔也是一名老师,他跟我说,作为一名中师生要做到一专多能,一定要有一样自己的专长。在中师期间,在叔叔的教导下,我选择了将美术——我的兴趣发展成我中师的专长,这一画就是 3 年。1995 年 7 月,我从珠海市教育学院普师毕业了,我当时非常想报考美术学院,但如果读美术专业,我要自费,如果是留校读电教可以是公费,且有奖学金。由于家境贫寒,我还是选择了留校就读电教大专班。1997 年毕业,我被分配到珠海市斗门县乾务中学任教,3 年后的 2000 年被调入斗门县一中初中部任教,2001 年学校改名为斗门区实验中学。由于在中师时,我一直怀有读美术的心愿,所以在 1999 年我参加华南师范大学的美术本科自考学习。专业课我一次就考过了,但是由于公共课改革要加考,这样一下就过了几年,到了 2009 年才可以毕业。2012 年,我又参加远程教育学习,哈尔滨工业大学计算机科学与技术本科毕业,将所学运用于我现在从事的专业学科。我在珠海市斗门实验中学一干就是 17 年。一直到 2017 年,由于组织提拔,我被任命为横山初级中学副校长。

光阴似箭,一晃就是 20 多年了,我从一懵懂少年、"小菜鸟"老师到今天成长为省"百千万"名师培养对象,珠海市名师,珠海市教师工作室主持人,广东省学科带头人,珠海市第八届、第九届人大代表。

二、成长路上脚印深深

年华似水,岁月飞逝,回首而视,竟已在教育这个行业里耕耘了 20 多个年头。在每一个与孩子为伍的日子里,孩子纯洁的心灵感染着我,我感受着一种简单的快

图2 在澳大利亚学习时漫步在街头

乐。我把自己的那一份愉悦、那一颗爱心、那一种执着都无私地奉献给孩子们。我用我的真心、真情从事着阳光下最为纯洁、灿烂的事业。

(一)选择——走上师范之路

图3 斗门区校长培训班学习,我在北师大的发言

1992年,我在斗门县乾务中学以镇第二名的成绩考上了珠海教育学院。当年的中师是第一批的志愿,比一中的分数线还要高25分,而我当时的分数线比教育学院的分数线高出25分。进入中师,我印象最深刻的是学校的教学理念——"一专多能"。我们必须要把一样学精,要把其他的几样学好。在当年,中专是最受热捧的。那时我们都以考取上中专而感到光荣。但到了毕业时,时代发展太快了,珠海要求小学老师大专化,因此我们就必须上大专了。在中等师范学校时,我力求自己可以"一专多能"。除了普通的师范专业的功课,我一直很努力地学习美术,一直想往美术方向发展。但到我毕业时发现,如果在珠海教育学院就读大专就可以公

费而且有奖学金，但如果要学习美术就得去韶关教育学院，而且要自费。基于对家庭条件的考虑，我还是选择了留下来学习电教，而放弃了美术。2年的大专毕业后，我分配回农村中学教学，从此走上了教师之路。

（二）环境——让我拥有了坚强的后盾

我在教师这个岗位上一干就是20多年，回顾这20多年来的教学之路，我深深地感受到，个人的成长离不开自信、钻研、毅力、坚持，更离不开学校环境和教师群体所形成的强大的精神后盾。而使我进步最大的是我被遴选为省"百千万"名师培养对象的这段时间——平台的作用真的非常重要。

我毕业时在乾务镇中学任教，那是一所农村中学，在那我体会到了农村学生的纯朴，也体会到了农村教师的奉献。3年后，我调到了县一中，也就是现在的斗门区实验中学，这让我认识到了学校的管理模式和团队的重要性。斗门一中，以前在珠海市是最好的高中，后来初、高中分离后，初中部再改名为实验中学，而老一中留给我们的并不单单是那一块"省重点中学"的牌子，最重要的是那种严谨求实的校风、老师们无私奉献的精神、同事间亲密合作的团队精神。我正是在这样的环境中慢慢成长起来的。最初的几年，我不断地找同事听课，向前辈学习。因为一中是当地最好的学校，向这里的前辈学习，基本是向当地最好的老师学习，因此，我的成长很快。3年后，我就在市的公开课竞赛中崭露头角，5年后，我在省的优质课评比大赛中获得一等奖。

（三）学习——让我不断地超越

我积极参加各种学习，通过不断的学习充实自我。工作后的学习可以分成两类：教学技能学习和学历提升。

工作后，我第一件事是去华南师范大学美术系学习美术教育，完成我的美术学习之梦。而为了完成美术学习，还得从美术大专重新开始，再修本科。这样花了好几年的时间。完成了美术本科的学习后，我继续学习计算机科学与技术的本科课程。

两个专业的学习看起来没有任何的联系，但我感觉到学习的内在是有关系的。比如，我们在画画时，为了突出主题，我们会把主体部分重点刻画，而把背景有意地弱化，这叫对比。这在写文章时我们也会常用，而在计算机程序编写时，也常会为了精简程序而突出主体的编写，无关重要的部分，同样要精简它。所以这其中的方法是相通的。学习，就是让我们掌握更多做事的方法。不同学科的学习的融会贯通，使我在教学生时可以更得心应手。

而对教学能力的学习更是无一刻的间断。有疑必问，虚心请教其他老师，在不同的教学内容上都积极征求其他老师的意见，学习他们的方法，与他们探讨教学心得、体会与收获；同时，积极听其他老师的课，做到边听边记，学习别人的优点，反思自己的不足。在教学的最初阶段，我听课时，把老师的每个环节用多少分钟都记录下来。如导入、新课、任务的布置、学生完成任务的时间与方式点评的时间等，我都一一做好记录。通过这样的学习，我进步非常快。后来我发现，如果没有特别的设计要求，这些时间的科学分配是像公式一样严谨的。举个例子吧，如果一个新老师没有把握好导入时间，把它拖到 7～15 分钟，这节课，即使不看后面的部分，也基本上可以预测是不成功的。一定要在 2～5 分钟内完成导入部分，这样进入以后的环节才会更顺利，学生也不会在过长的导入当中失去兴趣。除了去听别人的课，我还常常邀请其他老师来听自己的课，征求他们的意见，改进教法，博采众长，提高教学水平。其他老师的意见是非常重要的，特别是名师的点评显得更为重要。珠海市信息技术学科教师在这一次省"百千万"名师培养项目里的有 3 人，这离不开珠海市原教研员张伟铭老师长期的培养，他是一名专家型的老师。记得他第一次听我的课后，就帮我修改了教学设计，从教学设计的格式应该如何写，在哪部分应该用表格处理更合适；到评价部分应如何设计，要先学生自评，再生生互评，最后是师生点评；等等，简直可以说是手把手地教我每一步。最后他还告诉我，一节像样的信息技术优质课，还得要为这节课做一个专门的网站，把这节课的教学资源放在上面，而最好可以有一个评价系统……在他指导下的这段时间是我成长最快的时候。这正如我们现在的理论和实践导师——林君芬老师所说，论文的写作有点像八股文，有它的格式和要求，如果格式和要求不符合，专家一看就知道你是门外汉了。教学也是如此。

在学习的过程中，我得到了名师的指导，实在是非常幸运。

（四）实践——让理论不断得到验证和完善

在平时工作中多一份投入，多一些学习，多一些反思，多一点执着的爱，不断地在实践中修正和总结，这些让我在教学上的探索越来越深入。

信息技术教学常用的两种教学方法是：任务驱动教学法和 Webquest 教学法。为了完成一节课的教学任务，我们一般会把这个大的任务拆分成三个小的任务：基础、提高、拓展。而把一节课的教学资源打包放在网站上，这样的方式叫 Webquest 教学。这是以前我们常用的方法，现在也一直在用。但在实践的过程中，随着我的教学能力的提高，我发现这两种方法已经不够了。为什么呢？

我们这样的教学，很容易进入只是为了教知识而教知识，知识的本质是什么？应该是为了我们更好地解决实际问题，提高人们的生活质量。因此一定要有人文的内容在里面。这是我们教学大纲的三维目标的最终目标：情感态度价值观。

因此，通过实践发现问题，再找理论改进，通过理论的指导，再提升自己的实践水平。

（五）反思——让我体验到了追求的快乐

通过多年来的实践，我认为，要成为一名好教师就必须做到 3 点：一是扎实的专业知识；二是有较强的组织教学能力；三是要有较强的学习能力，自我提升能力。那么如何做呢？作为一名信息技术教师，由于其学科的特点，知识的更新换代较快，所以要与时俱进地更新、巩固自己的专业知识。第一，除了要把握好课本的知识，还要学习更多的课外知识，因为这方面的知识在我们培养学生参加电脑制作大赛时非常必要。第二，要不断在对教学现场的知觉、体验和领悟中学习教学组织方法，开始时可以找前辈学习，渐渐地，自己要分析、重构和提升，在别人的东西中加入自己的想法和个性，成为自己的东西，变成自己的教学方法。第三，由于信息技术学科知识的更新换代太快，因此我们必须要学会自学，有自我造血的能力，要及时学习新知识。如我刚毕业时，可以教会学生 WPS 已经是很不错了，后来就变成了 office 软件、网页三剑客、Flash 等软件，而现在进入创客时代，更是要求老师有前沿视野。要想教会学生多一点，自己就要事先学习更多。这个暑假，我就在学习 scratch、arduino、App Inventor、Rhino 等新型软件，积极投身研究，不断进取。而在平时，我非常注重做好案例的积累工作，逐步悟出其中的道理，懂得教学的策略与艺术。

　　回首往昔，再看今天，20 多年的教学生涯，我无怨无悔。走上三尺讲台，教书育人；走下三尺讲台，为人师表。虽感忙碌、虽感辛劳，但每天在那些活力四射的孩子身上感受到的生命的神圣与活力，也使我体会到一名教育工作者的幸福。或许我干不出惊天动地的伟业，但追求本身就是美好的。

图 4　第一节公开课上我与学生的互动

我的学科教育观

我翱翔的双翼：激情与人文

我所教的学科是信息技术，以前它是一门非中考科目，在今年刚被列为考试科目。不管是不是中考科目，信息技术这门学科，是一门实用性很强的应用类的学科，可以跟其他学科融合。因此我在教学时既要考虑它是一门学科，也要考虑它的应用性。信息技术从名字上看，它更多地偏向于技术，但我们不能只是教学生技术而脱离了人文环境。因此我的学科教育观是：信息技术教学必须要在人文环境下进行，整个教学过程必须是既体现人文又体现技术。这也使我在长期以来的教学过程中形成了以下的教学风格。

一、我的教学风格

教学风格应是多种多样的，不同的教师有着不同的教学风格，有的教师喜欢旁敲侧击不断启发，有的教师喜欢开门见山拨云见日。平常我听其他老师的课，常常被他们的精彩之处打动，在教学中总是想将他们的优点集于一身，最终却做不到，我想教学没有好坏风格之分，只有高低之妙。一名教师的教学风格，一是与其个人性格有关；二是与其经历有关；三是与其个人知识素养有关。只要有利于学生的知识与技能的掌握，有利于学生心智的开发，有利于促进学生思维与情感的发展，那么采用什么样的教学方法、形成什么样的教学风格都是好的。

我的教学风格是什么？回顾我从教以来走过的路，初出茅庐时的稚嫩与青涩，经过了在教学中长期的探索与努力，变成现在的平和与成熟。经过我的导师林君芬老师的不断点拨，同伴的提醒，自我的思考与总结，我把我的教学风格归结为4个字——人文、激情。这也是我的教学追求。"信息技术作为一门独立的学科，它不能只教会学生技术，技术是要为人解决问题，让我们的生活更美好，它应该具有人文情怀。"这是我的导师林君芬老师反复强调的。我所在的学校所处的地区有着深厚的文化底蕴，有很多国家、省、市级的非物质文化遗产，这让我萌发出把这些人文内容引入课堂的想法，而这一想法得到了林老师的肯定，让我的教学不要为教技术而教技术，一定要有人文情怀。而为了让人文情怀不要陷入枯燥，我要用游戏教学法贯穿课堂，这样，我的课堂充满着激情。

（一）人文

信息技术是一门以技术为主的学科，它不像语文，课文本身就有活生生的情感。技术是为了人们有更好的生活而创造的，因此最终的目的应该回归到情感上来，这也是我们教学的三维目标的第三个维度——情感态度价值观。

我所在的学校地处珠海斗门，这里有着悠久的历史，有很多非物质文化遗产。

最近几年，珠海市斗门区在非物质文化遗产项目的保护和传承上，取得了可喜的成绩，这给我们提供了宝贵的资源库。其中，装泥鱼、水上婚嫁、飘色等一批项目已经获得国家级的非遗项目认证，成为斗门区人民引以为傲的特色。每年春节巡游，都可以看到这些非遗项目被搬上了花车队伍、搬上了银幕。这些项目是斗门人民所熟知的非物质文化遗产项目。

在初中信息技术教学知识点和知识结构不变的前提下，可以把这些内容作为初中信息技术课的教学资源库。如：每年的花车巡游将非遗项目搬上了舞台，人们更多地了解了它，它也进入了学生的生活。这些非遗项目是学生知道，但不是完全了解的，引入课堂后可以让学生进行更多的了解和探究，这也是学生学习的动力所在。通过把这些知识引入课堂，会让学生更多地了解家乡的非物质文化遗产，让他们更了解家乡、热爱家乡，最终他们也会成为一名非遗的传播者，骄傲地对外乡人介绍自己家乡的特色。这样，新课标的三维目标的情感态价值观就得到了很好的实现。

情感态度价值观目标的实现是我们实现三维目标的最高层次，而广义的培养学生情感态度价值观可以是学生在课上的团队合作精神、小组长的领导力等。这些都可以作为我每节课对学生的培养目标之一。

（二）激情

人文作为教学的主线，把非遗项目引入课堂容易引起学生学习的沉闷感。而要解决这个问题，应该从教学方法上去找解决方案。

适合初中信息技术教学的教学法有很多，任务教学法、Webquest 教学法、讲授法、示范法、演练法、游戏教学法等。在教学的过程中，我特别强调游戏教学法在人文视野下的初中信息技术教学中的应用。非物质文化遗产项目作为人文视野的重要题材，虽然有着深厚的文化沉淀，但初中学生很容易感到沉闷乏味，要调动学生的学习积极性，如果单靠讲授法或任务驱动法，很难提高学生的学习兴趣。因此，一定要使用一种能引起学生强烈学习兴趣的教学方法。在众多的教学法中，游戏教学法则是一个非常适合打破这种沉闷格局的教学方法。

因此我用游戏教学法把激情注入教学中。我常常把一节课设计成一个游戏任务，这个游戏任务正是这节课的主题，再把这个游戏任务分成几个小游戏，其实就是基础、提高、拓展任务。因为是小游戏，学生不会感到枯燥，这样学生在完成这些游戏任务时，他们就感觉是在闯关，一个一个地过，非常有意思。

而我就像一个节目主持人一样，引导着学生去玩这些小游戏。一节课就会在不知不觉中完成了。

老师要像一个节目主持人，这也是我课堂艺术追求的一部分。

我读中师出身，在中师时，学习美声唱法，经常参加一些歌唱比赛。工作后，也经常主持一些大型的文艺晚会。这些经历是我非常宝贵的财富。我在演出后，心想：晚会上观众的参与度与什么有关呢？首先是节目的好坏，其次是主持人的调动能力。特别是一些有奖知识竞赛,要使气氛热烈,主持人的控场能力是十分重要的。比如综艺节目的主持人何炅,他主持的节目就很能调动起观众的积极性。

而我激情教学的追求目标,就是像综艺节目主持人一样调动学生,让学生高度参与,乐在其中。

二、我的教学主张

教学过程是一个教与学的双边活动,教学过程中,教师的热情唤起了学生的学习兴趣,学生的兴趣又激起教师的热情。教师的"乐教",学生的"乐学",两者有机地结合在一起,就能够成为"教与学"的最佳点,取得教学的最佳效果。

因此营造一种和谐活泼的课堂气氛,让学生在宽松自由、没有压力的环境中自主学习,是实现新课程改革目标的一个重要条件。教师必须从传统的师生关系中解放出来,变"尊师""爱生"的单向行为为民主和谐、互尊互爱、平等合作的新型师生关系。我觉得课堂氛围的问题,涉及教学过程的各个方面和众多环节,需要对新教学理论深入理解,并且教师自己的观念要发生根本的转变。

第一,灵活运用新的教学媒体,让我们课堂变得丰富多彩,气氛活跃,学生的兴趣增浓。在教学中努力建立平等、民主、合作的师生关系,建构师生合作教学、生生合作学习的集体性教学模式,使学生在合作学习的活动中,学会交际、学会参与、学会关心、学会竞争,促进学生个性社会化。

第二,视学生为朋友,让学生放飞心情,好的教学过程是学生体验情感,吸取知识,培养情操的必经之路,只有经历这个过程,才能到达成功的目的地。

第三,重视教学反思,提高课堂质量。"路应该在脚下延伸",我们不可忽略了去认识、总结自己一步一步艰难闯过来的路,去仔细审视自己在前进的道路上踩出来的每一个脚印。可以说,每一点滴的经验,每个细微的进步和成功都是由老师和同学共同创造出来的。因此,第一,在课内外要特别留意学生的反应。第二,与课前备课同等重要的是不能忽视课后的回顾小结。作为新课程背景下的教师,我觉得反思自己的工作,难度主要在"深度"上。要想有深度,就应该在教学中不断地进行反思与提炼,从而发现问题,学会研究,不断提高教学水平。教师只有做到常思常想、常想常新,善于捕捉灵感的火花,才能不断提高教学质量,达到在教学中反思、在反思中提高的理想境界。

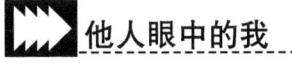他人眼中的我

一、学生眼中的我

我对现在和往届的学生做了一些问卷调查,他们对我的评价归纳一下有以下几点:

能让同学们成为课堂的主体。善于了解学生,帮助每个学生,让每个学生都能

进步。

——已毕业，现在丹麦工作的学生　梁玮炜

善于管理，对学生要求严格，负责任，对工作尽职尽责。

——实验中学前学生团委书记　邝超彬

梁校您把学生当作自己的孩子，和蔼亲切，不随意打骂学生，不讽刺挖苦学生。学生犯错时，以艺术的语言开导。

——横山中学学生　胥博凯

二、同事眼中的我

我从教期间，含2015年在阳西的支教生活，共在4个学校任教过。总结各个学校的领导和同事对我的评价是这样的：

梁辉晖是一个爱教育事业，有责任感和使命感，敬业上进，具有高尚的情操和人格的正直善良的人。

——实验中学第一任校长　钟炳焕

梁辉晖博学勤奋，具备坚实的专业知识、教育理论水平和高超的教育教学水平；认真备课，课堂设计合理有趣，教学方式多样；有自己的教学特色和个性魅力。

——斗门区教科培中心信息技术教研员　黄耀忠

梁老师他关爱每一个学生，公平公正，"师者应有父母心"；对学生"宽严有度，关爱有加"；允许学生犯错，能对不同学生能采用不同方法教育，对学生终身发展有积极的影响。

——实验中学的同事　贾正邦

梁老师的教学充满激情和活力，善于和学生沟通；语言幽默，有激情，课堂气氛活跃；永不满足，喜爱钻研，善于反思；热爱读书，善于学习；创新意识强。

——工作室老师　陈静刁

梁校长他自觉遵守法律法规，关心维护集体，善于合作，与师生、同事、家长建立良好的关系。

——同事　叶雄亮

三、专家眼中的我

在广东省"百千万"名师培养学习中，我有幸分在了林君芬博士的门下学习，林博士对我的评价是：

课堂教学联系实际生活，有人文视野；课堂教学有激情；能引导好学生，让学生成为学习的主人，是一个导演型教师。

——广东省教育技术中心发展研究部主任、广东师范大学硕士生导师　林君芬

我的育人故事

学生的自信从何来

教师工作的关键不是要教会学生多少知识性的东西，育人才是关键。2018年5月2日，习近平总书记在与北京大学师生座谈时指出："要把立德树人的成效作为检验学校一切工作的根本标准，真正做到以文化人、以德育人，不断提高学生思想水平、政治觉悟、道德品质、文化素养，做到明大德、守公德、严私德。要把立德树人内化到大学建设和管理各领域、各方面、各环节，做到以树人为核心，以立德为根本。"可见育人工作的重要性。

在20多年的教学工作中，我从一名普通老师，到团委书记、德育处副主任、教导处副主任、教学副校长，每一个岗位都跟育人工作密不可分。在团委工作时更多的是面对优秀的学生，用优秀的学生管理学生。而在德育处工作时，更多的是面对后进生，或是思想有偏差的学生。面对学校的德育工作，我努力让学校形成有学校特色的校园文化。而现在我虽然在分管学校的教学工作，但也时时要考虑学生的思想状态，如果学生的思想状态不对，也就是学校的校风德育有问题，学校的教学工作就无法顺利开展。因此，我一直将育人工作放在工作的首位。

因为工作的需要，我现在调任到一所农村中学任教学副校长。在教学管理中，我发现每个年级都有一两个这样的后进生，上课基本不听课，在睡觉。经过了解，是因为他们沉迷于玩手机，每天回来学校上课就不够精神，所以总是趴在桌子上睡觉。班主任多次跟他谈话但效果不明显，德育副校长也跟他谈心，也是没有改变。我觉得，如果班上总是有这样的学生，很不利于良好班风的形成，甚至给其他学生一个很不好的影响。因此，我决定思考用一些什么办法改变他们。

我们学校有学生电视台、粤教云实验室，这些项目需要摄影摄像的人才。我想，如果把一部分工作交给学生做是不是可以呢？特别是学生电视台的工作，更应该是让学生自己管理自己，在视频拍摄和管理工作上，让学生自己来。

因此，我在学生当中寻找对摄影有兴趣的学生，我把这几位后进生组成一个视频拍摄小组，先教他们如何拍摄视频，再教他们如何剪辑视频，甚至老师的上课视频也交给他们拍摄。

让我印象最深刻的是初三（2）班的陈健贤同学，他沉迷手机游戏，无论上什么课都是趴在桌子上，没精打采，或是睡觉，班主任对他已经没有办法了。我把他带到我的办公室进行教育。经过深入的了解，我发现他小学时成绩还是不错的，但自沉迷手机游戏后，就一发不可收拾。不过由于长期玩游戏，他对操控机械手柄这类操作非常熟练。我尝试引导他学习视频特技台的操作，结果发现他在这方面的学习能力很强。于是，我再教他摄影构图、蒙太奇等，他都是非常认真地学习。

没过多久，我校来了一名外教，正好需要把这位外教的每一节授课拍摄下来，我就把这一项拍摄任务交给了陈健贤。他在整个过程中不但做好每个镜头的拍摄和切换，还非常认真地听讲，比他任何一节英语课都要认真。来听课的老师也感慨他表现之好。我校的团支书黄杰梅老师说，我可以看到他的脸上流露出了自信，这个在他以往的学习生活中是没有过的。我相信，只要给每个学生找到一个可以发挥自己能力的位置，使他在同学们面前有了认同感，他就一定可以自信起来。我就这样一点一点地改变着陈健贤，我再跟他说："如果你对摄影摄像感兴趣，而且也拍好了，但没有进大学深造，以后你出来工作，只是一个'照相佬'，也是不被别人尊重的。因此，一定要在文化课上下功夫，让自己的文化课不拖后腿，考上高中才有机会考上大学，进入大学真正地学习摄影专业，这样的人生才能不一样。"经过我的引导，陈健贤找到了学习的方向，有了努力的目标，他上课不再趴着睡觉了，回归到课堂上来了，开始做作业了，人也自信起来了。

通过这样一种特殊的方法，改变了一批后进生，让他们热爱上学习。这也是我们信息技术学科独有的一种育人途径。

教学现场与反思

"让爱心启航"——电子创意编程

一、设计思想

21世纪，信息技术迅猛发展，中小学信息技术教育更显重要。特别是广东沿海地区，中小学生信息技术能力得到非常大的提升，原有教材难以满足学生学习的需求。基于这种情况，我校推出了基于Micro：bit编程的信息技术校本课程。

Micro：bit（全称BBC Micro：bit），是一款由英国广播公司（BBC）推出，并由微软、三星、ARM、英国兰开斯特大学等合作伙伴共同完成，用于青少年和儿童编程入门的开发板。它只有信用卡一半的大小，搭载了5×5可编程LED点阵，两颗可编程按键、加速度计、电子罗盘、温度计、蓝牙等电子模块。使用Micro：bit可以做出很多不可思议的作品，Micro：bit支持多种编程语言，多种操作系统，非常适合小学生学习。

鉴于Micro：bit开发板的强大功能，及其易用性、易学性和可扩展性，加上区教育局和学校领导的大力支持与鼓励，我校于2018年9月份正式开展基于Micro：bit电子创意编程的校本课程，鼓励学生通过制作和创造的方式进行学习，培养学生的观察能力以及获取信息、处理信息和应用信息的能力，从而提升学生的创新思维。

二、教材分析

Micro：bit编程涉及的内容非常广，本课是Micro：bit编程初级入门课——点亮

LED 点阵，通过本课的学习，为学生学习其他电子模块打下良好的基础。

本节课主要内容：了解 Micro：bit 的基本特征，掌握 Micro：bit 与电脑连接的方法。学会使用 mpython 图形化编程工具完成程序编写，成功点亮 LED 点阵显示心形、心跳效果，实现按 A 按键滚动显示英文句子。这是 Micro：bit 编程教学的入门第一课，注重趣味性和科学性。

三、学生分析

（一）学生的心理特征

本节课的教学对象是七年级的学生，他们思维活跃，好奇自信，但自控能力较差。而信息技术教学活动要求学生要有较高的自觉性和良好的学习习惯，才能完成规定的学习任务。

本课例在学生利用学习网站进行"自主—协作—探究"学习、创作的过程中，教师通过巡视、指导、调控课堂秩序的方式来帮助学生完成学习任务，目的是在教学过程中既注意培养学生的意志品格，又注意训练学生的行为习惯，增强学生自主学习、合作学习、勇于创新、不懈探究的学习意识。当然，这都是长期、系统而细致的工作。

（二）学生现有的知识结构

七年级的学生，他们具备操作计算机的一般技能和一定的自学能力，并有 Scratch 编程基础，能以小组合作的方式完成具有创意的任务。本课是 Micro：bit 编程初级入门课，对于已经具备以上技能的七年级学生来说，学习本课内容即使没有任何编程基础也不成问题。

（三）学生的认知规律

七年级学生的学习认知规律是：由表及里，由感性到理性，由具体到抽象，由理解到应用。本课例的教学内容中，第一步是先了解 Micro：bit 开发板的基本特征；第二步是 Micro：bit 开发板与电脑连接；第三步是编程实现各种效果。学生需要借助教学网站指导、教师点拨，逐步了解，直至掌握。

学生学习经历 3 个过程：一是乐学，二是会学，三是善学。因此，本课例根据教学目标，把电子创意编程由浅入深地设计到各个"任务"中。让学生在解决问题中学习，在新旧知识所产生的认知冲突中建构新的多媒体技术知识结构。

四、教学目标

（一）知识与技能

（1）了解 Micro：bit 的基本特征，掌握 Micro：bit 与电脑连接的方法。

（2）学会使用 Mpython 软件成功点亮 LED 点阵，显示出心形和心跳的效果，实现按 A 键滚动显示英文句子。

（3）初步了解程序设计中重复执行指令、延时执行指令和条件判断指令的使用。

（二）过程与方法

（1）通过抢答的形式，让学生在有限的时间内了解 Micro：bit 开发板的基本特征。

（2）通过大量的学习材料，让学生在课堂中学会小组合作和交流，在提高学生自主学习能力的同时，提高学生团队合作的精神。

（3）通过点亮 LED 点阵显示特定图形和英文句子，让学生感受 Micro：bit 编程的乐趣。

（三）情感态度与价值观

通过 Micro：bit 编程教学的过程，让学生感受 Micro：bit 的神奇魅力，能通过编程实现自己的一些想法，让他们体验到编程带来的乐趣，激发出学生学习的兴趣，并为他们以后学习字符化编程打下基础。另一方面，在教学的过程中通过点亮 LED 点阵与制作贺卡相结合，让学生体会到技术手段与生活的紧密结合，并引导学生学会感恩。

五、教学重难点

（一）教学重点

（1）使用 Mpython 图形化编程工具成功点亮 LED 点阵显示心跳效果。

（2）实现按 A 键滚动显示英文句子。

（二）教学难点

（1）理解程序设计中重复执行指令的基本用法。

（2）理解程序设计中条件判断指令的基本用法。

六、教学策略与手段

本课教学内容涉及编程，还有硬件的使用，具有一定的难度。因此，本课主要使用以下教学策略与手段：

（1）利用学生喜欢贺卡的特点进行引入。

（2）以游戏教学法和任务驱动法相结合进行教学。

（3）借助教学网站提供大量的自主学习材料，对学生的学习提供有效帮助。

（4）学生以自主学习、小组合作的形式，完成本课内容的学习。

七、课前准备

（一）教学环境的选择

本课例选择在 Web 教室进行教学活动。

（二）硬件资源的选择

Micro：bit 开发板、纸质贺卡、装有 ITtools 的服务器、投影仪等。

（三）软件资源的选择

系统软件：Windows server 2003 系统、ITtools 信息技术教学辅助平台 3.4

应用软件：Mpython 图形化编程工具

教学资源：ITtools

八、课时设计

本课例的课时设计为 1 课时（40 分钟）。

图 5　公开课上学生分组展示作品

九、教学现场

（课前先分组，每 4 人为一个学习小组，每列为一个竞争大组，学生们每次的探究以 4 人小组为单位，而每一个环节的比赛则是以竞争大组为一个单位）

师：请问，每年 5 月的第二个星期日是什么日子？

生：（抢答）母亲节。

师：每年 6 月的第三个星期日呢？

生：（抢答）父亲节。

师：除了母亲节、父亲节，同学们还会在什么节日送礼物给爸爸妈妈呢？在这样的特殊日子你会送什么礼物？

生：贺卡或其他。

师：同学们，今天我们学习做一个有科技含量的贺卡，让它给以往的纸质贺卡带来活力。（同时向学生展示一张电子贺卡，书写课题"点亮心中的明灯"）

师：（向学生展示今天使用的硬件 Micro：bit，并请学生观察这块板子，利用本课的学习网站自主学习，2 分钟后回答相关问题）

生：(利用本课的学习网站自主学习本课的内容)
师：下图展示的元器件叫什么？

生：Micro：bit 开发板。
师：下图展示的元器件叫什么？

生：数据线。
师：Micro：bit 开发板正面的 LED 点阵有多少 LED 灯？

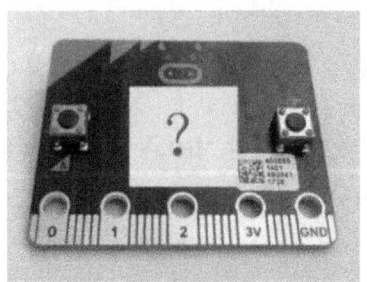

生：25 个 LED 灯。

师：Micro：bit 开发板有多少个可编程按键？

生：2 个。

师：下图 A、B 位置，哪个才是数据线接口？

生：B。

师：请同学们利用数据线，把 Micro：bit 开发板与电脑相连，并检查元器件是否连接成功。最快完成任务的 2 个小组，每个小组加 3 分，其他完成的小组，每个小组加 2 分。详细方法请看学习网站"齐来动手"栏目（限时 2 分钟）。

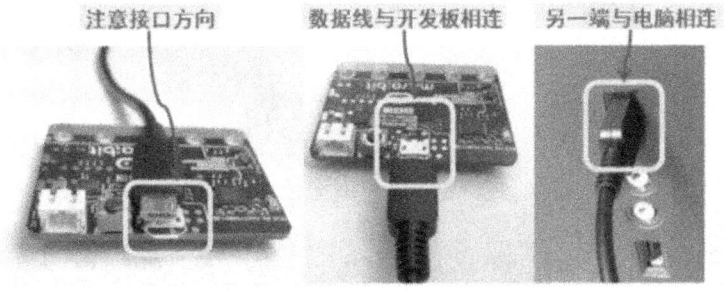

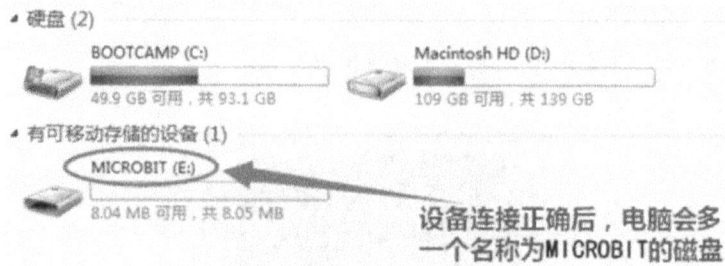

生：(自主学习完成连接)

师：请各小组通过自主学习，并合作完成编程，点亮 LED 点阵显示特定图形"心形"。(限定时间之内完成的其他小组，每个小组加 2 分)

如下图：

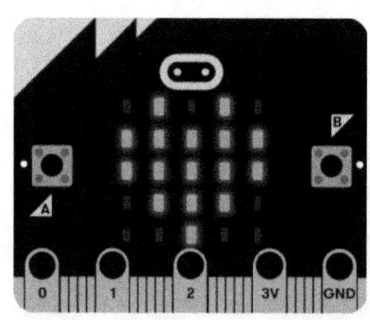

生：(小组之间比赛，完成程序编写并点亮 LED 点阵显示"心形"。率先完成任务的同学，负责协助本组成员)

图6 公开课上，听课的老师、学生都深浸在欢乐的气氛中

师：请最快完成的小组派代表上来编写你的程序。

生：（最快的一组同学代表编写程序，并一边编写一边讲述编写过程）程序如下。

师：同学们，你做对了吗？如果没有，现在给2分钟时间复活。

生：（在紧张的复活游戏中完成程序的编写）

师：同学们，刚才我们可以把心形显示出来了，现在我们尝试把心动起来。修改你的程序，实现大心形、小心形轮流变换——实现"心跳"的效果。游戏规则：最快完成任务的2个小组，每个小组加3分。限定时间之内完成的其他小组，每个小组加2分。具体方法请自主学习本课网站"齐来'心'动"栏目（限时3分钟）。

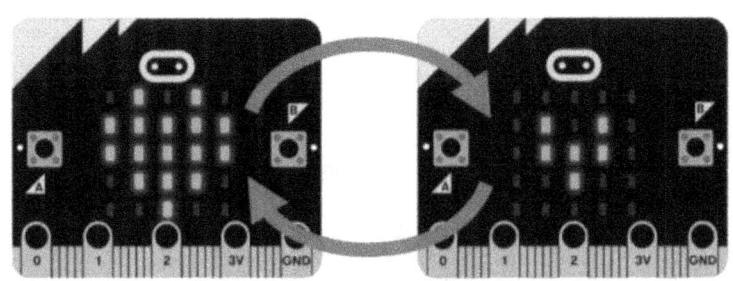

生：（小组之间比赛，完成程序修改，实现大心形、小心形轮流变换——实现"心跳"的效果。率先完成任务的同学，负责协助本组成员）

师：同学们，请最快完成的同学上来给我们展示如何编写这个程序，并说明过程。

生：（展示编程的过程）

师：刚才在编程的过程中，同学们有没有什么问题呢？

生：有，请问暂停500 ms是什么意思呢？

师：请同学们猜想一下，并抢答。

生：把上面的图案停留500毫秒。

师：非常棒！下面还给2分钟的时间，没有完成的同学复活一下。

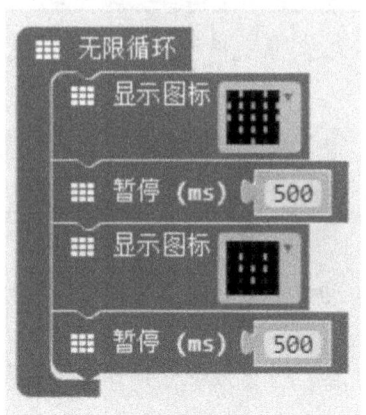

生：（参与复活游戏）

师：同学们，大家都非常棒，刚才的问题都没有难到大家，那么今天我们一起挑战最后一道难关，看看大家是否可以通关成功。好吗？

生：好。

师：请看题，"小组之间比赛，通过编程实现：按下 A 键，滚动显示英文句子——如：I Love You Dad 或者 I Love You Mom"。最快完成任务的2个小组，每个小组加3分。

限定时间之内完成的其他小组，每个小组加2分。同学们，如果你不懂，请看学习网站"感恩蜜语"栏目（限时3分钟）。

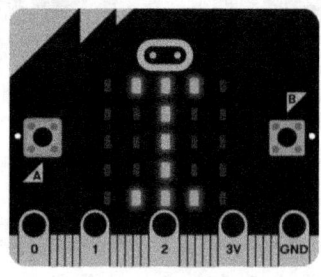

生：自主学习，并完成编程。

（通过学习网站进行学习，培养学生获取信息的能力）

师：同学们，请最快完成编程的同学上台展示编程的过程。

生：（上台演示操作过程，并说出其对程序的理解）

师：请问当按键 A 被按下时是什么意思呢？

生：不明白。

师：现在我给大家2个选项：

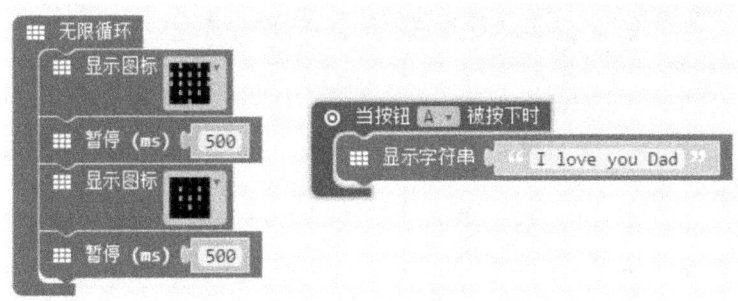

A. A键被按下的时候执行，一旦松手，则不执行。
B. 按一次A键就可以执行程序。

生：(通过刚才的实验发现是A选项)

师：同学们，我们使用Micro：bit开发板还可以有很多功能，人们用它可以完成很多有创意的作品，下面，同学们看看创客们做出来的作品。

师：同学们，请以开火车的方法，谈谈这节课你们学到了什么？每个小组一个同学发言，但不能与前面的同学重复。

生1：这节课我学到了无限循环语句的应用。

生2：这节课我知道了一块神奇的板子叫Micro：bit。
生3：我学到了暂停的作用。
生4：我明白了当按键A被按下时的意思。
生5：老师，我能不能讲讲不是知识的问题？
师：可以，请讲。
生：我的同伴非常主动地帮助了我，让我感受到了团队合作的乐趣。
师：我觉得此处应该有掌声。（学生们鼓掌）这正是我们要追求的知识以外的学习目标，这是情感态度价值观的一种体现，希望以后我们可以更多地发挥团队合作精神。同学们，请打开学习网站"自我评价"栏目，根据自己本节课的表现进行评分。

评价量规表		
序号	项目	分数（每项2分）
1	实现Micro：bit开发板与电脑连接	
2	成功打开Mpython编程工具	
3	成功点亮LED点阵显示"心形"	
4	成功点亮LED点阵实现"心跳"效果	
5	成功实现按A键滚动显示英文句子	

十、教学流程图

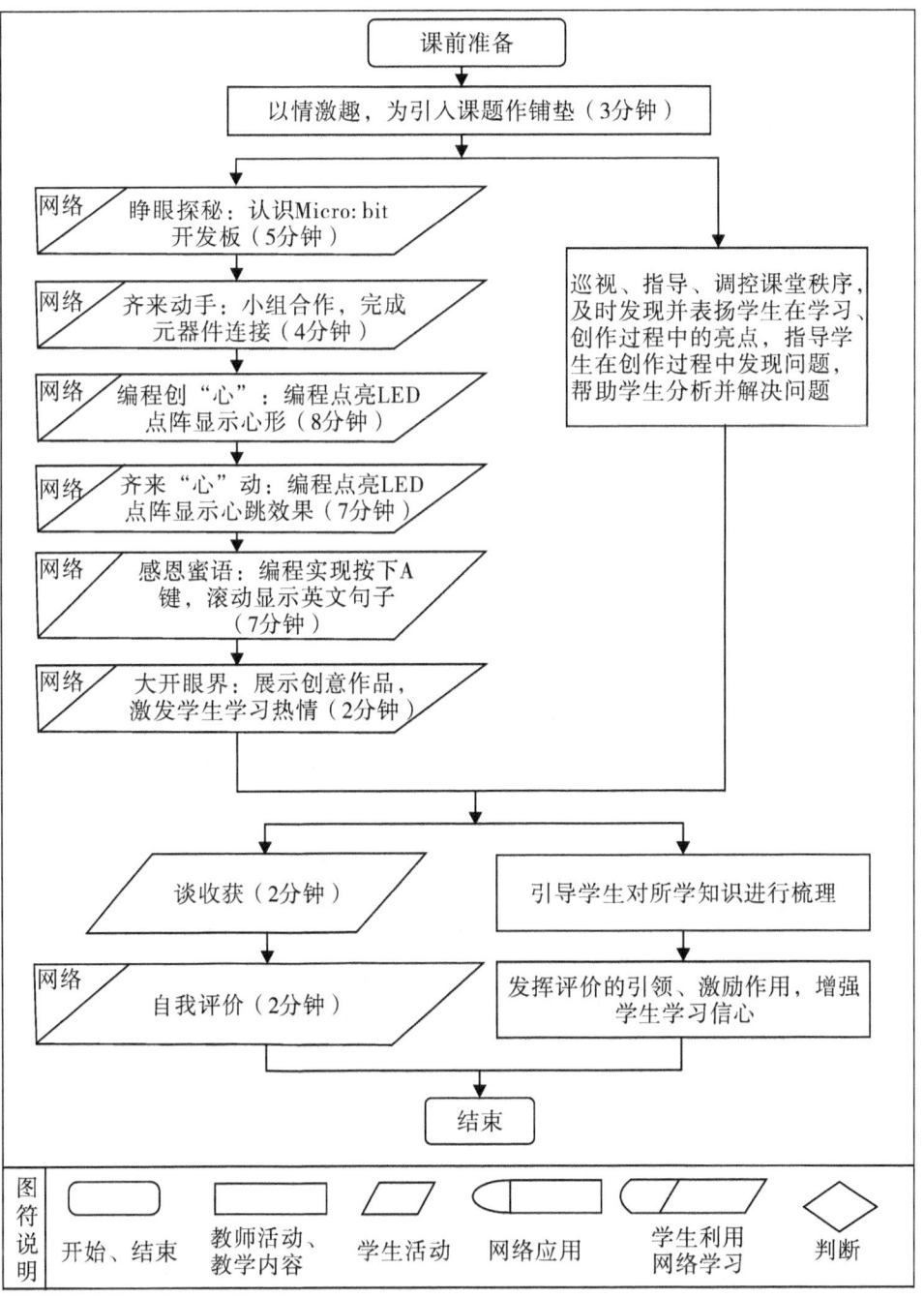

十一、教学反思

这个教学案例与上一个教学案例不同,这是一节在人文环境下的创客教学课,而且是第一节 Micro：bit 课程,整节课,学生表现得非常好奇,参与度非常高。这节课不但给学生教授了知识,也渗透了人文关怀,让学生学会了感恩。创客类的课程因为要使用硬件和程序设计,因此对教师的要求非常高,学生人数也不能太多。我们现在是大班教学,因此必须要让学生分组学习,这样既可以实现学生间合作,也可以化大班为小组,实现小组教学。

▶ 结束语

工作到现在已经有 20 多年了,我从一个懵懂少年,到现在初具教学风格,但"路漫漫其修远兮,吾将上下而求索",在省"百千万"项目组专家的培养下,在"百千万"这一平台里,我像一块海绵,不断地吸收水和养分,让我在 3 年的培养时间里不断进步,也让我具有了国际视野,这一切对形成我的教学风格有着极大的帮助。

图 7　课后市教研员与听课老师一起评课,我在讲我的设计理念

思维、理性、和谐

● 佛山市南海区桂江一中　刘凤兰（初中信息技术）

▶ **导读语** ▶

刘凤兰，女，计算机技术工程硕士。中学信息技术高级教师，广东省特级教师。现为广东省信息技术学科带头人，佛山市骨干教师，南海区学科带头人，南海区初中信息学总教练，南海区信息技术教研组组长，南海区和桂城街道的名师工作室主持人。曾获全国优秀教师、南粤优秀教师、佛山市优秀教师、南海区十佳教师、关爱桂城丹桂功勋人物等称号。辅导学生代表学校、桂城、南海、佛山先后16次夺取全国和广东省信息学竞赛的全省所有初中团体第一名，获奖人数达926人次，多次被评为全国信息学优秀辅导老师，广东省信息学优秀辅导教师，为南海乃至佛山赢得了较高的荣誉和广泛的良好社会影响。在教科研方面，近几年发表13篇论文，其中部分论文获奖，主持或参与多项区、市、省级课题研究，主编南海区地方教材，是广东省骨干教师培养对象及佛山市正高级教师培养对象。

漫步校园中，我没有与众不同；走在大街上，我也只是一个普通人。但是，在信息学竞赛激烈的博弈战场上，我却成了指挥特种兵决胜思维巅峰的擎旗手。年年夺冠，舍我其谁！成就我和我的学生最重要的原因是"执着"与"坚持"，让学生有所收获并成长成了我认真研究并上好每一节课的源动力。经过20多年的实践，我与学生已形成默契，怎么表达才能让学生更清晰地领会我的意图，怎么问才能更好地引发学生的深度思考……因此，我逐渐形成了思维、理性、和谐的教学风格。

名师成长档案

坚守与创新，师生共成长

20多年来，我一直肩负传道授业解惑的责任，敬业爱岗，甘于奉献，从完全没想过当教师到成为一名优秀教师，从"打杂"到受学生和家长"热捧"，我用生命不断探求信息学知识的奥秘，不断创新教学方法和信息学特长生培养方法，不断追寻为国家培育栋梁之材的理想，不懈追求人生和事业的价值，取得了骄人的业绩，创造了一个又一个的辉煌，为教育事业做出突出贡献。这就是：一种与学生并肩努力的执着，一份为国家培育良才的责任，一项为学生终身幸福奠基的使命。

一、阴差阳错成为教师

从小到大，我很轻松就能做到成绩名列前茅，特别是数学和英语，在初中和高中阶段，我一直担任数学科代表，在高中数学老师的要求下，坚持每天出一道数学题跟其他同学研究学习，为了让同学们理解得更清楚透彻，我渐渐养成了严谨缜密的思维习惯，并能够清晰有条理地表达出自己的见解。早在1992年，我就拥有了自己的PC286计算机，并参加学校的Qbasic程序设计兴趣小组，在一条条指令的指挥下我对计算机程序产生了浓厚的兴趣。

1993年，我阴差阳错地进入了计算机师范类专业，从没想过做老师的我最后成为一名信息技术老师。

二、不畏艰难，不耻下问

1997年7月，我从华南师范大学计算机系毕业，回到家乡南海教书。1999年，我调到大沥二中，主要负责校园网建设、多媒体课件制作、教师计算机能力培训等工作。这时候我跟很多信息技术老师一样，不停地加班加点为别人"服务"，我好像只是一名打工者，不像一名老师。2002年，南海区举办第一届"赛思杯"信息学竞赛，逐步开展信息学特长生培养活动，我参加了南海区首次组织的信息学辅导老师培训。

刚开始培训的时候，我完全忘记了曾经的程序，束手无策，只有虚心学习。记得第一次做初赛题，问哪一种出栈序列是不可能的，我怎么也不明白，栈不是"先进后出"的吗？如果入栈顺序是"123"，出栈不是只能"321"吗？为了这个最简单的信息学问题，我却要到处问人。

当时南海致力于信息学的老师不多，最后我找到了南海中学彭远争老师，才弄清楚这个问题。我拿着书本对着试题一步步地走了下来，感谢所有帮助过我的朋友们！

三、言传身教，与学生一同成长

2005年，我从大沥二中调到桂江一中，这是我在信息学路程里的一个转折点。

特别是我在桂江一中的第一年就遇到了一个"棘手"的学生——宋扬（南海区首名进入广东省信息学代表队的学生，后考入清华大学，现在美国攻读计算机博士），他天赋极高，只用了一个月，我便教无可教了。我意识到自己必须不断深入学习，才能承担起"师者"的责任。有时候学生问了一个问题，我答不上来，就要回去彻夜钻研。我仿佛又回到了学生时代，时常挑灯夜读，只有这样，第二天才能给学生一个准确的答复。

为了不辜负这个学生的"天分"，我每周六让宋扬到我家里，与他一起讨论学习，中午还亲自做饭给学生吃。我让陈俊成（后考入北京大学）、符汉杰（后考入复旦大学）每天骑自行车到家里学习，直至春节前两天才休息。我和学生的共同努力没被辜负，2年时间里，我的专业水平迅速提升，乘着南海区引进的信息学金牌教练江涛到来的东风，学生也越来越出色。

2008年，是我在信息学特长生培养上丰收的第一年。这一年里，桂江一中夺取了广东省最重要的3项信息学竞赛所有初中团体第一名，宋扬、刘峻泳、符汉杰、陈俊成4人次获全省初中第一名。随着成绩的到来以及社会信息化的需求，越来越多学生和家长慕名而来，面对越来越多的学生，我却渐渐力不从心，我意识到，要使更多的人有收获，必须整合资源，利用好课堂的时间，提高课堂效率。如何让学生在枯燥的代码中找到乐趣，如何使学生更容易理解，如何使学生的学习更有效，成了我的课题。于是，我利用网站建立题库，编写信息学教材，申报信息技术和信息学相关课题，把每天做的工作做得更规范更科学。

四、写总结，重反思

在信息学辅导的时间得到保证的同时，我常常害怕花了时间，但没有成效。没有人能坚持长期的苦干！我也不愿成为"只顾埋头走路，而忘记了抬头看天"的行色匆匆者。因此，我非常重视总结反思的过程。每次的测试我都要求学生总结，我自己也写总结，也经常看别人的总结。从这些总结里得到反思，得到经验教训。

我深深地认识到，信息学特长生的培养，除了学生的本身素质、辅导时间之外，还有很重要的一点是老师对考试内容要非常了解和熟悉，就是说在适当的时间让学生做适当的题，学习适当的内容。有些老师自己不懂，但又不管什么题都给学生做，结果学生都没有学过那个知识点，无论怎么做都不可能做得出来的，然后老师只给学生数据测试，又不讲解题目怎么做，时间一长就把那些题丢到一边算了，经常这样子，学生就会失去兴趣，不想再学下去。还有一些老师是觉得自己不会做的题，就不让学生做，结果比赛时又有可能出这类题，这样学生想拿好成绩是很难的。我记得有些学生参加完另一科比赛后跟我说，完全不会，比赛的类型平时老师根本没有讲过，老师平时辅导的方向完全是错的，这样的辅导没有用。而这些，我都可以从总结中反思出来。我从历年的全国联赛题目里总结出全国联赛考的知识点、难度。我从每次的测试情况中总结出学生对知识点的掌握情况，学生现阶段应该加强哪方面的学习。我从别人的总结中领会出信息学辅导的策略、信息学题目的走向。例如我看了中国4位学生的IOI2010的总结，发现他们都不约而同地提到2010年的IOI题目有很大变化，题目特别开放，重思维、轻算法，因此中国选手在IOI2010中成绩并不理想。我想国际的走向应该会影响国内的走向。因此，我在准备NOIP2010时，着重培养学生的稳定性和发散思维，多角度思考问题。事实证明，我的方法是对的，我的学生在NOIP2010取得了前所未有的成功！

谦虚谨慎、审视自我，是专业发展的最基本要求。反思大于苦干，反思就是对自己的所作所为进行梳理，进行思考分析，从中总结经验教训，以便更好地成长和完善。正是我和学生一直以来不断总结和反思，使我和学生能不断进步，取得成功！

五、坚守教学第一线，坚持社会公益义教，在教学实践中凝练教学风格

20多年来，我都坚持在教学第一线，一直担任10个以上班级的教学工作。由于各方面表现突出，领导曾几次有意培养提拔我做学校行政工作，我都婉言谢绝。10年来，我利用周六一天及寒暑假为全区的中小学生无偿开设信息学课程，许多学校师生和社区居民对我的无私奉献有目共睹，甚为感动。很多人都无法理解我怎么能坚持这么多年，我总是说："现在很多职业都是没有寒暑假，也没有双休日的，我只要当自己从事的工作就是没有这些假期的就行了。"实际上，我是在与学生共同学习的过程中不断成长，得到了真正的快乐，对我来说，学生是我的学友、朋友和战友。

第一次知道"教学风格"这个词及相关理解源于2013年9月南海区组织的一次名师学习活动。那是第一次听闫德明教授关于形成教学风格的讲座，并学习了方毅宁老师的教学风格解读，那一次我并不明白为什么方老师要讲她小时候的一些经历。但从这一次的学习，我意识到，要做一名有个性的老师，或者说要成为一位名师，首先要有自己的教学风格，在凝练自己教学风格的过程中，可以促进自己的专业成长。于是，我购买了闫德明教授主编的《如何形成教学风格丛书》（共4本），并开始我的教学风格的凝练过程。

从书上得知，教学风格的形成有几个过程：第一，模仿性教学阶段；第二，追求创造性阶段；第三，形成独特教学艺术风格阶段。但我觉得自己20多年的教学经历，我的课堂教学已经定型，也受到学生和同行的认可，要改变也很难，已不存在模仿的需要。我的首要任务是用词语提炼自己的风格。提炼的方法可用作品分析法（把有代表性的课堂录制下来，自己对着录像进行分析提炼）或征求同行和学生的意见进行提炼。因此，我组织了近几年培养的27名信息学学生（包括多名已毕业的学生）对本人的课堂教学进行描述，学生描述主要是"精简、严谨、讨论"几方面，有些同学还提到讲得有点快。于是我用"精简善导、智慧碰撞"来形容自己的教学风格，也可以说是自己的教学追求，我希望自己的课堂是师生平等交流、互动生成、智慧碰撞、共同发展的课堂。后来跟几位同行讨论，又认为我的课堂特点是"思维碰撞"，追求的目标是学生"迸发智慧"。因为我的课堂关键点在于碰撞，在老师的引导下进行的生生之间和师生之间思维上的碰撞，在碰撞过程中得到思维能力的发展，从而迸发智慧，我的所有教学行为都是为"碰撞"服务的。接下来一年多的教学实践，我总是不自觉地体现了这样的教学作风，很多老师一说起我的课，就是："善于通过问题引导学生思考、讨论和质疑。"听别人的课时，我也习惯去思考别人是什么样的风格，例如江涛老师的特点是"发散、自由、互动"；苏乔花老师的是"轻松、互助、快乐"；梁冠健老师的是"严谨、深邃"；管平老师的是"激情、思索"；还有李慧琳老师的简单哲理，梁海仪老师的游戏学习，陈耀强老师的极致细致……

此时，我的教学风格仅仅局限于一些词语及教学行为。2015年7月，我第二次听了闫德明教授的讲座，这次的讲座跟上次的一模一样，我却有了很多不同的感悟。这次学习后，我清晰地知道风格不是几个词语的总结提炼，也不是具体的课堂教学作风这么简单。回来后，我再次详细拜读这4本书，理解到风格是要对它每个词的来龙去脉进行详尽的阐述，它包含：我的教学风格（表明并诠释自己的教学风格）、我的成长历程（讲述自己真实的教学改革故事）、我的教学实录（提供能够匹配自己教学风格的课堂实例）、我的教学主张（评说自己的课堂教学，提出自己的教学主张），最后还要提供他人的评价。反思总结后，我认为需要做到以下几点：

（1）实践和思考我的教学风格词语表达。

（2）从小到大哪些事情影响和催生了我这样的教学风格，它的形成经历过哪些具体的阶段。

（3）注意积累素材，经常拍摄一些课例，写出最能体现我的教学风格的课例。

（4）多阅读研修，提炼自己的教学主张。

（5）积累学生、家长、同行及专家对我的评价。

于是，我再次组织了28名学生（跟第一批的学生不同）用1~2个关键词描述我的教学风格，很意外的是，第一次的征集结果里只有2人用了"幽默活泼"这个词，但这次却有15人用了跟"幽默活泼"相近意思的词。我很高兴自己的改变，说明为了让学生更投入地思考和讨论，我用了更风趣的语言、更丰富的表情和肢体语言，因为学生喜欢这样的方式，才会认为是"幽默活泼"。

此时，我意识到，我原来认为的"我的教学风格已经定型，不会再改变"这种想法是错误的。为了达到我的教学追求——迸发智慧，我在不自觉地改变着自己的课堂教学。

2015年9月在广州汇景实验学校，我和广东省其他地区的4位信息技术名师一起上研讨课，同一课题上出了5种味道，课后，要求听课老师用1~2个关键词形容上课老师的亮点时，绝大部分老师都不约而同地用了"严谨、简约"来形容我的风格。这是从老师的角度出发来表达风格，此后，我参考《教学风格案例解读》小学、初中和高中卷的3本书，终于总结出以"思维、理性、和谐"来表现我的教学风格，以"思维碰撞，迸发智慧"作为我的教学主张，并提炼出"以问题为中心的课堂教学模式"，写下了一万多字的《思维、理性、和谐——我的教学风格解读》。

六、致力教科研，在展示中修改并坚定教学风格

作为南海区和桂城街道名师工作室主持人、南海区信息学集训队初中总教练，我积极参与和组织新课程新教法改革试行，担负全区辅导活动的组织工作和协助统筹全区信息学特长生的培养工作，并积极参与和组织各项教研教改活动和开展课题研究。为南海区中小学培养信息学辅导教师等，累计达3000多人次，每年均多次为市、区教师上示范课、研究课，开办专题讲座，在与工作室成员和同行共同切磋研讨，实验论证的过程中，我更坚定了自己的教学信念。

在2017年12月的教学风格汇报中，我的导师林君芬和各专家对我的教学风格进行了聆听并提出修改意见。最后，我以"思维、理性、和谐"这3个关键词表达我的教学风格，其中思维是指我追求的课堂效果，理性是从教师的角度描述我的教学行为，和谐是从师生关系的角度描述我的课堂气氛。而在多次的送教下乡、名师示范课中，我都展示出这样的教学风格，也以独特的课堂魅力征服着学生、家长和老师。

"宝剑锋从磨砺出，梅花香自苦寒来。"我以独特的人格魅力和教学风格，感染了一批又一批学子，培育出一批又一批国家的栋梁之材，树立了桂江一中广东省信息学冠军形象；向佛山市各名牌高中不断地、成批次地输送高才生100余人；当时在我校获得国家级、省级奖的学生，后来考入南海区名牌高中，并全部考上全国重点大学，其中近3年考入全国顶尖级名牌大学（清华、北大等）的有15人。另外有30多人考入中山大学等全国重点名牌大学，这在一所普通公办初中极为罕见。我虽然付出了很多，但我收获得更多！

▶▶ 我的学科教育观 ▶

一、我的教学风格解读：思维、理性、和谐

我从小到大养成了根深蒂固的理科思维，所有的求学阶段中，我一直以理科（特别是数学）见长。它使我做人做事都求真务实、严谨理性，并始终相信学无止境，学生会是我最好的"老师"，他们身上有无数的"闪光点"需要我去挖掘和学习。因此，在20多年的教学生涯中，我逐步形成了"思维、理性、和谐"

的教学风格。

思维，是指我追求的课堂效果。课堂是学生和教师思维的训练场，我们要想方设法点燃学生思想的火花，让一句句出自学生的肺腑之言在课堂上流淌，一个个充满个性的思维火花在课堂上迸射，让思想与思想真实地碰撞，使课堂因灵动而精彩，因思维而美丽。

理性，是指教学语言和教学内容严谨，教师讲课深入浅出，条理清楚，层层剖析，环环相扣，论证严密，结构严谨，用思维的逻辑力量吸引学生的注意力，用理智控制课堂教学过程。学生通过听教师精辟的讲授，不仅学到知识，受到思维训练，还被教师严谨治学的态度所熏陶和感染，学会冷静、独立地去思考问题，内心充满对知识的透彻理解和对人的理智能力发展的执着追求。

和谐，是指课堂内外师生关系的和谐。在课堂上，教师应当成为学生学习道路上明智的指路人，为学生的学习创造宽松的环境，营造和谐的气氛，使学生在愉快的情绪下，开动脑筋、活跃思维、展开想象。并以生生平等、师生平等的关系开展讨论，进行思维碰撞，帮助学生主动探索、学会思考，形成良好的思维习惯。课堂外，与学生和家长一起探讨生活上、学习上、心理上的问题，认真倾听学生的心声，参与学生的活动，从而缩短师生之间的距离，实现师生知识共享、情感交流、心灵相通。

二、我的教学主张：构建以问题为中心的和谐课堂

20多年来，我一直负责初中信息技术课堂教学，但我同时兼任四年级至九年级的对程序设计感兴趣、有潜力且学有余力的学生的培养工作，每天的第二课堂、周六一天及寒暑假都进行这方面的教学，且在其中享受到了巨大的快乐及成就感。因此，我的教学对象主要有两种类型，第一，全体学生——数量较多、差异较大的学生群；第二，有较强学习能力的程序设计爱好者。这决定了2种课堂（信息技术和信息学）的组织形式及教学策略都有所不同，但我在信息学课堂的教学模式常常影响着我的信息技术课堂。

一直以来，我都注重培养学生分析问题、提出问题和解决问题的能力，我觉得学习是获取知识的过程，其核心思想是"通过解决问题"来学习，因此我一直探索与实践以问题为中心的和谐课堂教学。

（一）问题预设

我在备课过程中按内容要求和学生需求预设问题并做好充分的备课设计，将知识体系和学生的需求转化为问题，进行问题化备课。这些问题一定是基于学生已有知识基础的，学生能在阅读教材的基础上，通过思考、分析和同学之间、师生之间的充分讨论弄清楚。而我准备的问题多数为开放性的且具有比较复杂探究性的问题。在实际的信息学课堂中，这些问题还通常以一道道具体的有情境的题目形式出

现，用已有的知识可得"半解"，有些甚至是我都还不会的。因此课堂上的问题除了是预设的外，不少是生成性的，在不断思考和讨论过程中产生出来的。

（二）问题引导

学生根据已有的知识体系、教材内容和学习资源对问题进行充分深入的思考，这个过程是学生自主学习的过程。我引导学生按"问什么""怎么办""为什么"的思路，把自己所思所得有条理地记录下来：关键词、注意地方、细节、分析过程、在哪里卡壳了、为什么卡壳……这一环节中环境的创设及时间的把握都很重要，开始时学生总是想到什么就马上说出来，或者我总是等不及就开始引导学生往某个方向思考，但事实上，我不能剥夺学生充分思考的权利，其他学生也不能剥夺别人继续思考的权利。所以，我让学生写下来，特别是那些思绪如潮的学生可以在写的过程中多角度地考虑、反复论证，同时记录了自己思考的痕迹，为以后的回顾、反思提供论据。

（三）问题讨论

绝大部分（80%）的学生认为可以开始讨论后，我会选择存在思路"卡壳"的学生汇报学习思考问题的要点及过程，在卡壳处由其他同学补充或通过再生问题引导学生继续深入思考，此时，我特别强调"为什么"，就是学生的论点必须是有理有据的，能说服其他学生和我的。对于有争议的问题，其他同学可以发表不同的意见，更是鼓励创新思维。在这一阶段，通过对问题的深入讨论，我们经常能得到惊喜！例如，在跟五六年级的小学生讨论南海区小学信息学竞赛的某道题时，我以为是3种解法，但讨论完居然得出6种不同的解法。这样的过程，我和学生们不仅都获得了对问题的深刻认识，更是享受着这个思维的盛宴。因此，我把自己的教学风格定为：思维、理性、和谐。学生能力的提升、智慧的迸发是通过思考后在生生讨论、师生讨论中碰撞出来的。

（四）问题总结与拓展

这是师生共同完成的任务，把已讨论的问题的要点有条理地梳理出来，并让学生完善之前的记录，使学生对所讨论的问题获得一个全面的系统和完整的认识。此时再进行解题通常是高效的，一气呵成的。解题完毕，在记录里加上反思和拓展，就完成了对此问题的一份完整总结。

回顾10多年的信息学课堂教学，我觉得我是成功的。我能始终站在课程的核心目标——培养学生的能力和思维上，不在乎某节课是否够时间——今天不够时间思考课后继续，今天没讨论完毕课后或下次继续；不在乎学生的想法、说法是否错误；不在乎学生的思维发散到哪里而开展我的教学活动。我既是老师也是学习者，学生既是学习者也是老师，一大批学生的成材和我自己业务水平的成长验证了这种教学活动的魅力。

但当我把这样的教学模式迁移到信息技术课堂教学上，我却发现了很多需要深思的地方：①学生水平差异大，问题预设的难度大了，我要根据学生水平的差异设置各种层次的问题。②即使是思维深度不大的问题，还是存在着相当一部分学生是不愿思考、不愿讨论的。③讨论环节经常只有固定的10多个学生参与，其余学生变成了"陪衬"。④因为每班每周只有一节信息技术课，上一节课思考或讨论未尽的问题很难在课后或下一节接续。因此，我重新调整了我的课堂教学，如果信息学课堂是"在思维碰撞中享受快乐和成长"，那么信息技术课堂就应该是"在快乐创作中学习和成长"。我依然以问题为中心，把教学内容细化为一个个具体生动、贴近生活的作品案例，激发学生的创作欲望。学生通过阅读教材、查阅资料解决老师预设的递进层次问题，把自己的创作思想通过信息技术手段表达出来。此过程加入了分组助教的元素，学生在自主学习、探究、创作的过程中可以跟同学、老师讨论，也可以求助于"助教"。最终完成作品的展示、评价与总结。这样演绎以问题为中心的信息技术教学活动更受绝大部分学生的欢迎，学生更在乎把自己"异想天开"的想法通过独特的作品表现出来。但一个优秀的作品是需要不少的时间才能完成的，一周一节信息技术课堂是无法满足需求的。所以以后的教学我准备探讨如何让学生主动利用周末及假日时间开展创作实践，从而进一步提高学生的信息素养和创新思维。

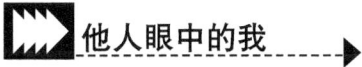 他人眼中的我

一、学生眼中的我

我最感谢刘老师的还不是我得了全省第一名，而是她培养了我的求异思维，使我学得轻松有趣，各科成绩优秀。她踏踏实实的工作态度和对学生倾注的心血情感，产生了巨大的人格魅力，让学生们非常乐于和老师一起学习、一起讨论甚至像朋友一样争论。

——2008年毕业生，保送清华大学　宋扬

刘老师耐心做事情的精细严谨精神潜移默化成了我的学习态度，我学哪一科都有干劲，都不马虎。

——2013年毕业生，保送清华大学　黄天

刘老师充满活力、亲切自然、因材施教、周密细致，课堂以自主学习及讨论的形式让我们养成了良好的学习习惯。她是对我影响最深的老师。

——2009年毕业生，保送复旦大学　符汉杰

我觉得刘老师教学严谨细致、善于抓住要点，并且很注重细节、善于与学生交流、激发学生潜能，她是我们学习上的老师，更是我们生活上的朋友。

——2014年毕业生　叶荣臻

刘老师上课措辞有力，讲学有方，指导有法，严谨中不乏风趣，循序渐进不乏创新。

——2015年毕业生　陈琛

刘老师的课堂语言生动、形象、准确，充满欢笑与积极的讨论，令人印象深刻。她很平易近人，总是像朋友一样跟我们讨论、聊天、交流各种心得及看法。

——桂江一中初二学生　梁佩琪

二、同行眼中的我

刘老师上课非常认真严谨，课前准备充分。非常关心学生的学习情况，对学生的学习情况了解深入；课堂上重难点的区分比较明确，能很好地把握重难点内容；通过提问的形式启发学生思考，与学生之间有着充分的交流互动，师生关系和谐；课堂上各个环节安排合理，条理清晰，教学前中后环节间的联系紧密；上课的效果良好，能根据学生情况给予相应的提示及支持，鼓励学生独立思考。她是一个课堂严谨认真、师生关系和谐、教学缜密理性的优秀教师。

——桂江一中信息技术教师　刘金桦

刘老师的教学总是能够从学生的角度出发，善于在学生认知水平的基础上，严谨地将每个知识点抽丝剥茧，精心设计好一个个贴近学生日常生活的问题，不断引起学生共鸣，使学生在不知不觉中和老师一起开心、积极地投入到每一个教学环节中，认真地和同学、老师探讨每一个问题，持续获得共同提高。

——叠滘中学信息技术老师　林华

三、专家眼中的我

刘老师传授知识上组织严密、逻辑性强；讲解、提问、练习环节搭配的恰当合理，能针对学生的实际情况实时调整教学安排，严谨而不失灵活。在课堂上，刘老师总是用富有激情的语气引发学生渴求知识、努力学习的激情，调动起学生课堂的参与积极性和学习主动性。这是一种追求高效率的教学风格！

——特级教师，省名师工作室主持人　江涛

刘凤兰把遮罩动画的原理通过一个个实物逐步展示出来，并设计出由浅入深的问题让学生思考讨论，通过问题的解答自然地把知识点渗透，使学生不知不觉就直观地理解了抽象的原理。原理掌握了，万变不离其宗，变化与创意就出来了，学生自然就感兴趣，课堂效果就好！

——南海区信息技术教研员　陈茂贤

▶▶▶ 我的育人故事 ▶

<h2 style="text-align:center">言传身教，遇见最好的我们</h2>

在 10 多年的信息学特长生培养中，我觉得自己最成功的是做到了言传身教。我的学生的厉害之处不是学到多少知识、得到什么成绩，而是他们都很坚韧，不怕苦，能够日复一日地坚持。在这样的坚持与执着下，我和学生都不断成长为最好的自己。

一、用自己的言行去感染学生：让学生爱上信息学

我十年如一日地做着信息学辅导工作，有欢乐和成功，也有艰难和失落，但从没放弃过。这么多年持续的动力只源于心中的爱。同样的，我们要让学生坚持学习信息学，首先要让他们爱上它。让学生真正地感受到，通过学习，他有收获，正在成长。例如：一个学生（潘锦华）才学习信息学一个多月，但每天下午都会到电脑室学习研究，直到我回来——他要及时向我汇报学习情况。有一次，我很晚才回去，他说他不敢提交那道题目，要等我来一起见证他的成功。结果他提交后显示完全正确，他激动得马上跳起来拥抱我。我把这一刻拍了下来，发给他的家长，附上："千辛万苦只为了这一刻的甜。" 10 多年里，我培养出一大批信息学尖子生，其中 872 人次获全国、省、市、区的信息学竞赛奖，曾 16 次获全省所有初中团体第一名。如：2013 年广东省信息学竞赛，桂江一中夺取广东省所有初中团体第一名。黄天（佛山市首名学科竞赛金牌获得者，高一被保送清华大学）、陈代超荣膺全省第一名、第二名，总成绩位列全省所有中学（包括初中、高中）第三名。冠、亚军同在一个学校、初中闯入全省前三名，创造了广东省该项比赛 2 项历史。

二、用自己的智慧去启发学生：不仅信息学成绩优异，而且各科出类拔萃

为了让学生保持学习兴趣并高效地学习，我制定出系列辅导规程，统一的部署、完备的衔接和常态化的训练，细化到每学期、每月、每周，甚至每日的内容、进度、强度、宽度等都是精心设计的。我总是问自己：如果我是学生，这样的课堂我喜欢吗？这样的内容我接受吗？这样的教学我能明白并掌握吗？我特别注重培养学生分析问题、解决问题的能力，通过思维、理性、和谐的课堂教学，让学生与学生之间，老师与学生之间进行思维碰撞，使学生能自主学习、反思、总结，各方面素质得到全面提升，学生的成绩水到渠成。同时把"对比、反复，反思、求异"的学习方法融汇到传授知识、培养能力的每一节课，学生掌握行之有效的方法，终身受益。并引导和帮助学生构建发散型思维方式，培养攻克难关的决心和意志，为学生的全面持续发展奠定了坚实基础和强劲潜力。事实最具说服力：2013 年中考，黄天总分位列佛山市第一名；2014年信息学广东省赛，陈代超、麦景荣获一等奖，2014年中考，陈代超、麦景总分位列南海区第七名、第二十三名，他们就是各科均衡、全面发展的代表。因此，这些学生不但在初中各级信息学竞赛中成绩优异，学科成绩也是出类拔萃，到了高中，更是如虎添翼。如在我校就读时获得全国一等奖（有的是省个人第一名）、考入全国著名大学的有：宋扬、王苏、黄天——清华大学，陈俊成、黎才华、李浩、麦景、陈代超——北京大学，符汉杰、游沛杰、严子健、金雪、郭步溪、朱家信——复旦大学，罗平益、王泽森、陈宇、莫婧彤——上海交大，等等，还有50多名同学考入全国重点大学。

三、用自己的品德去影响学生：形成良好的品质

一个信息学特长生，至少有3年的时间（有些是五六年）几乎是每天都来上我的课，可以说我是他们一生中教授他们时间最长的老师，所以我对学生还是有一定的影响的。比如解题的细心严谨（我经常会现场编写程序，而且不经任何编译直接提交），又比如谦虚谨慎、审视自我等。2014年教师节，南海广播电台对我的学生进行采访，梁嘉美说："一般人眼里的优秀在刘老师那里只是合格，我们都在努力地成为刘老师心中优秀的人。"所以，我的"坚持"精神折服了我的学生。

 **教学现场与反思**

目击惨剧发生——遮罩动画的制作
授课班级：桂江一中初二（14）班

一、教学内容分析

《广东省义务教育信息技术课程纲要》要求学生掌握动画制作软件的基本功能和操作方法，实现简单应用。"遮罩动画的制作"是广东省佛山市南海区教育局教学研究室编的《信息技术》新教材八年级第二单元《做交通安全宣传大使》第六课的内容。本课在上一节课的基础上，创设情景"假如你是这次事故的目击者"，引出学习主题，让学生在自主探究的过程中学习遮罩、补间，完成目击惨剧发生作品的创作。通过本课的学习，进一步加强交通安全知识，并掌握Flash制作遮罩动画的方法，并应用遮罩动画表达某一主题思想，为进一步学习后面的内容奠定基础。

二、教学对象分析

初二学生已具备一定的信息素养，观察能力强，形成了一定的自主学习能力，爱动手、乐探究、敢尝试，通过多种方法的引导有能力自主完成遮罩动画的制作。

学生对操作技能感兴趣，乐于探究学习，但总是忽视了"为什么"，从而阻碍了进一步创作和创新的能力发展。对于本课的遮罩原理，学生可能难以自主理解，

需要通过教师的引导。

三、教学目标

1．知识与技能
（1）理解遮罩动画的实现原理。
（2）掌握遮罩动画的制作方法。

2．过程与方法
（1）通过自主学习实践，掌握遮罩动画的制作方法。
（2）通过作品的制作，学会自主分析与修改动画的方法。

3．情感态度与价值观
（1）树立交通安全意识，时刻要遵守交通安全规则。
（2）培养学生遇到问题时勤于思考的习惯。
（3）通过自我探索、自主学习，体验成功和自我价值。

四、教学重难点

1．教学重点
遮罩动画制作的原理、方法及要点。

2．教学难点
（1）引导学生认识动画的构思和设计，以及如何分步实现。
（2）理解遮罩与被遮罩的关系。

重、难点的突破：通过实物模拟（教学环节二），把抽象的遮罩原理形象地展示出来，并通过问题设问及追问策略引导学生观察、思考，让学生深刻体会遮罩的原理及效果。

五、教学策略

《广东省义务教育信息技术课程纲要》指出，信息技术课程必须根据学生身心发展和信息技术课程学习的特点，关注学生不同的学习需求，呵护学生的好奇心、求知欲，激发学生的主动意识和进取精神。根据这个指导思想，本节课从知识、能力思维两个方面对学生进行知识传授和能力培养，使学生在原有知识的基础上，进一步深化理解 Flash 的有关知识，并从原理出发，运用所学知识，结合辅助教学网站，进行探究性的学习，培养学生的动手能力和创新意识，运用循序渐进的任务驱动教学方法，使学生始终处于"探究"状态。学生通过手脑并用的实践活动，体验探究的乐趣，学习科学探究的方法，锻炼团队合作与交流的能力，探究精神和创新能力在主动学习信息技术的过程中得到发展。

六、教学过程

（一）创设情景，引入新课

师：上节课我们利用形状补间动画，制作了因司机或行人违反交通规则发生交通事故的作品，大家请看几位同学的优秀作品。

（演示几位学生的作品）

师：这些动画里哪部分是使用了形状补间动画？

生（齐答）：流血。

师：对的，血从小逐渐变大。再看陈琛同学的作品，他是做得最好的。他在动画最后做了警示：血的教训，切不可麻痹大意！这也是大家平时都要注意的。那么如果你目击了这样的交通事故，你的第一反应是什么？

生：报警。

师：报警打什么电话？

生：110。

师：除了报警还要做什么？

生：打120。

师：120是做什么？

生：救护车。

师：要救谁？

生：被撞的人。

师：非常好。大家的安全救护意识很强。据统计，我国每年因交通事故死亡的人数超过10万人，也就意味着每五分钟就有一个人丧生车轮，每一分钟都会有一人因交通事故而伤残。为了自己和他人的生命安全，请注意遵守交通规则。（渗透情感目标）

（二）设问引导，学习新知

师：这节课我们用Flash来模拟目击交通事故的场景，在制作之前我们先来学习关于遮罩的知识。

（老师播放发生交通事故的动画，并进行屏幕广播）

师：请大家做个实验，把你们的课本卷起来，单眼通过"孔"看屏幕里的图像，看到了什么？

生：看到了动画？

师：能看到整个动画吗？

生：不能，只看到一个圆的范围的动画。

师：上下左右移动书卷，看到的东西有变化吗？

生：有。

（老师用实物做实验，并通过摄像头实时在教师电脑显示，并转播到学生电脑屏幕及投影幕中）

1. 在一张彩色的风景图上，放一张中间剪空一个圆形的白纸

师：原来是一整张图，现在大家看到了什么？

生：圆形部分的风景。

2. 把去掉了圆形的纸换成去掉了心形的纸

师：大家看到了什么？

生：心形范围的风景。

3. 再换成剪去了"桂江一中"文字形状的纸

师：现在又变成了什么？

生：彩色的"桂江一中"几个字。

师：这相当于 Flash 里的遮罩效果，从这几个操作大家思考几个问题：（屏幕显示）

（1）遮罩至少需要多少个图层？

（2）哪个是遮罩层？哪个是被遮罩层？

（3）我们看到的内容是哪一层的？看到内容的范围由什么决定？

师：第一题，哪个同学愿意回答？

生1：遮罩至少需要2个图层。

师：很好。第二题，遮罩动画里有两个概念，一个是遮罩层，一个是被遮罩层，单纯从文字上来理解，你们觉得刚才我们的实验里哪个是遮罩层？哪个是被遮罩层？

生2：上面的是遮罩层（如"圆形""心形""桂江一中"），下面的是被遮罩层。

师：第三个问题，请把这句话完整地描述出来。

生3：我们看到的内容是被遮罩层的内容，看到内容的范围由遮罩层决定。

师：非常正确。

（三）自主实践，掌握技能

师：请根据遮罩动画的基本原理，制作简单的遮罩动画。注意，临时下载的公共资源里有老师提供的背景素材。

学生自主实践……

师：我们找一个同学来演示一下遮罩动画的制作过程。

生1：（一边操作一边讲解）首先我们需要制作被遮罩层的内容，我随便画一个有颜色的图形；因为遮罩动画至少有两个图层，所以我们要增加一个图层，在这个图层里画一个形状，这个形状用什么颜色都没关系，注意不要画到了下面的图层里；然后对着上面的遮罩层点击右键，选择"遮罩层"，遮罩效果就出来了。

师：非常棒！大家看清楚在哪里找到"遮罩"的选项了吗？

生：知道了。

师：现在请另一个同学用老师提供的素材重新演示一次遮罩的效果。杨献桦请试试。

师（解释）：（杨献桦操作）大家看，他导入了一张背景图后，习惯很好地把该图层名改为"背景"。接着，添加图层，在这图层里画了一个形状，按右键选遮罩层，效果出来了。这就是最简单的遮罩动画。

师：请问刚才这个动画里有多少帧？

生2：1帧。

师：这个动画是静态的还是动态的？

生3：静态的。

（四）演示讲解，深入探讨

师：接着我们用刚才的实物继续实验，大家请观察，同时思考这几个操作说明了遮罩动画的什么问题。

（1）背景图片不动，移动上面剪了心形的纸张，让学生观察看到的内容的变化。

（2）上面有心形的纸张不动，移动背景图片，观察看到的内容的变化。

（3）两张纸同时移动，又有什么变化？

（4）在背景图与形状之间加了一只小鸟在飞，又看到了什么？

师：上面的图片在移动，我们看到的内容在变，说明了什么？

生1：上面的图层（遮罩层）可以是动画，下面的图层（被遮罩层）也可以是动画，两个图层都可以同时是动画。

师：很好，他把前三个操作的含义都说了。第四步，我在两层之间多加了一只小鸟在飞，其实我可以再加其他的事物，比如人在过马路等，但我们看到的还是这个心形范围的内容。那说明了什么？

生2：被遮罩层可以是多个图层。

师：非常好。

（五）自主探索，创作作品

师：现在请打开书本85页，请按课本的提示与你自己的理解，制作用望远镜目击了这个交通事故的效果。你们可以用自己上节课做出来的作品进行修改，也可以用老师提供的作品来改。在动手制作前，你们有没有一个大概要制作成什么样的思路？我们要求的是用望远镜来看，那就是说我们看到的只是望远镜的2个"孔"的范围的内容，你们的作品要怎么做？

生1：我们看到的是望远镜的内容，望远镜是在"动"的。

师：我把问题再详细说一说，我们已经有"血的教训"这个动画文件了，现在要实现这样的效果，首先需要在这个作品上做什么修改？

生1：增加一个遮罩层，在这层里画一个望远镜。

师：这个图层放在哪里？

生：最上面。

师：对，这层画好了，也设好动作补间了，还要做什么？

生：把下面的所有图层设为被遮罩层。

师：好，现在交给大家，把这个作品做出来。

老师巡查并指导学生，注意学生的完成情况，各小组的组长帮扶组员。

（六）作品评价

要求：各组把作品交到对应位置，并对自己的作品及本组的其他作品进行评价（评分），时间允许的情况下再欣赏和评价其他组的作品。[利用辅助系统，学生能直接浏览及评价所有作品，把三方评价（自评、他评及师评）落到实处，让学生既有成功感，又在对比过程中找到不足，拓展创作思路，而且活跃了课堂气氛，使课堂迈向高潮]

提示作品评价标准：

(1) 能表现主题。

(2) 遵循自然规律。

(3) 画面美观、色彩和谐、播放流畅。

(4) 有一定的想象力和个性表现力。

师：时间到，现在为止，第一组12人交了11个作品，第二组13人交了12个作品；第三组14人交了13个作品；第四组12人交了12个作品。各组评价最高的作品：第一组是作品3和4；第二组是作品2和12；第三组是作品6和13；第四组是作品3和9。

（七）展示作品，提出问题

师：因为时间关系，我们不能把每个作品都展示，我们只欣赏一下各组评出来的最优秀作品。先看第一组的作品3，有7人评它有创意，是谁制作的？

生：黄靖。

师：她总是最优秀的。

师：再看作品4，这个有点意思哦，望远镜是一直跟着这个人走的，看到了整个"撞车"的过程，很棒，我个人觉得这个作品比前一个更好。

师：看第二组的，这个作品有点缺陷，是什么？

生：最后部分没有遮罩效果。

师：再看第三组和第四组的，大家看第四组的这个作品，有什么特别？

生：前后都有一部分没有遮罩效果。

师：可能这个学生故意做成这样的呢，这是谁的作品？

生1：是我的。

师：你为什么要这样设计呢？

生1：我认为我制作的并不是我看到的内容，而是一个故事，前面是指发生了这些情况，后面又有一些动作，而我拿着望远镜只看到了中间这部分事情的发生。

师：这样也可以，只是对要求的理解有点不同。好，很多同学的作品都很优秀，大家有时间再自己欣赏。

（八）小结

师：本节课我们学习了遮罩动画的制作，注意以下几点：

（1）要产生遮罩，至少要有两层：遮罩层和被遮罩层。遮罩层在上，被遮罩层在下。

（2）遮罩层决定看到的形状，被遮罩层决定看到的内容。

（3）遮罩层与被遮罩层的设置及取消方法。

（九）检测与评估

师：最后请大家进入学习平台在线完成本课内容的检测与评估题。

师：时间差不多了，现在有48人提交，总分14分（7道单选题），平均分11分，有14人全对，最低8分，还是有些同学不懂。大家可以看看情况，第一题全对，第二题有5人错，形状补间与动作补间的颜色是底色不同。第三题有5人错，哪个操作不能实现，应该是不能复制图层。第四题实现遮罩功能必须要设置"遮罩层"，这是本节课的内容，却有12人错了。第五、六题全对。最多同学错的是第七题，实现遮罩功能后，要修改遮罩层的内容，要先做什么？可能大家还没有时间去尝试这个操作，实际上大家可以观察一下，按了遮罩后，这些图层都会被锁定，那么要修改它，就要先解锁。

师：这节课我们就上到这里，下课！

七、教学反思

这节课通过具体的实物模拟让学生感性理解遮罩的原理，并通过问题引导学生思考、分析出遮罩动画的关键点，用Flash自主探究遮罩的实现，其中大概有一半的学生能在第三环节制作出动态的遮罩的效果，经过助教的示范演示后，90%的学生能自主完成"目击惨剧发生"的作品，并且师生及生生之间的互动较多，气氛热烈，所以这节课是成功的，并突出体现了以下几方面的特色：

（1）用交通安全知识引入本课主题，体现本章书的情感目标主线，德育目标渗透自然。

（2）通过实物演示、问题引导，生动形象地对遮罩的原理进行演绎，突破了本课的重难点，突出"思维"的引导，让学生的"理性"思维碰撞贯穿整节课。

（3）小组竞赛贯穿整节课，课堂气氛非常活跃，体现出"和谐"的课堂效果。

（4）完美实现作品的自评、他评及师评，激发学生的学习动机及学习兴趣。

（5）助教得力，小组协作气氛浓厚，使绝大部分学生能体会到成功感。

（6）教师提供多样素材，学生作品各具特色，让师生欣赏评价时惊喜连连！

几点思考：

（1）教育是"静待花开"，在课堂有限的时间内，老师提出问题，但却没有足够的时间让所有学生经历思考分析的过程，答案很快被其他学生揭晓，如何让每个学生的思维都得到充分发展，这个矛盾如何解决？

（2）作品评价主观性太强，虽然学生不知作品的作者，但部分学生还是会恶作剧，故意把好作品评差，怎样才能让作品评价环节更客观？

（3）虽然教师提供丰富的素材，但在教材主题式作品创作的主线下，学生作品雷同度还是非常高的，这样的情况下我们应该如何培养学生的创新思维？

自然、自主、自得

● 珠海市前山中学　伍文庄（初中信息技术）

▶ 导读语 ▶

伍文庄，中学信息技术高级教师，珠海市前山中学教研室主任。广东省中小学信息技术学科带头人，珠海市名教师，珠海市优秀班主任，广东省"百千万人才培养工程"名教师培养对象，广东省名师网络工作室主持人，珠海市教师工作室主持人，中国教育技术协会信息技术教育专委会理事，广东省教育厅粤教版教材专家组成员，广东省中小学教师信息技术应用能力提升工程专家库成员。主持或参与区级以上课题14项，如广东省教育科研"十三五"规划项目"ITtools平台下培养初中学生自主学习能力的实践研究"。主编或参编广东教育出版社出版的信息技术编著6本，在《中小学信息技术教育》《现代中小学教育》等核心刊物发表论文16篇，在教育教学评选活动中获得市级以上奖励70项，其中全国奖5项，如2013年在第五届"全国中小学公开课电视展示活动"中，荣获课堂实录一等奖；2007年课例"文字稿本与制作脚本的设计"获粤版高中"信息技术"全国优质课评比一等奖。

20多年来，我深谙教学之道，寓乐于教，构建高效课堂，渗透德育教育，注重培养学生核心素养。我热爱教育，勇于创新，创建的"网络教学六步法"和"激励教学法"，得到学生和同行的赞扬与认可。在我的课堂上，学生兴趣盎然、积极思考、勇于回答、乐于实践，学生们对学习信息技术的喜爱溢于言表，经过20多年的积累与沉淀，逐渐形成了独特的教学风格："自然、自主、自得"。

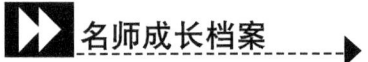
多元融合，水到渠成

一、在榜样中成长

广东省台山市位于珠江三角洲西南部，毗邻港澳、南临南海，分别与新会、开平、恩平、阳江相邻。台山市历史悠久，文化底蕴深厚，以广府文化、华侨文化为代表，素有"全国第一侨乡"之美誉，中国民营铁路之父陈宜禧、前任美国驻华大使骆家辉、加拿大前总督伍冰枝等就是台山籍华侨的杰出代表。随着台山华侨的实力不断壮大，侨乡对家乡教育、社会风气、培养人才、促进社会发展发挥出巨大的推动作用。出生于台山市的我，从小学到高中所就读的正是侨乡捐资兴建的学校，从小到大，这些华侨的爱国情怀、教育情怀一直影响着我、激励着我。我想，这就是我热爱教育事业、热爱学生的初心吧！

从小学到初中，我的学习成绩总是名列前茅，这是因为我有一位出类拔萃的父亲。在我的成长过程中，影响我最深的就是我的父亲，他当时是一名农村公办教师，后来自学成才考入了台山市人民医院成为一名中医主治医生。从一名教师到一名医生，这一过程看似简单，但父亲的付出可谓艰辛。20世纪70年代是学习环境相当简陋，物资匮乏的年代。记忆中，父亲好像一只"刺猬"——为了掌握针灸的准确穴位，他经常用自己的身体作实验，往自己的身上扎针。父亲好像一只"猫头鹰"——白天教书、批改作业，晚上才是自学医书的时间。夜深了，微弱的烛光中，总能见到父亲拿着书，踱着步，口里轻声地背诵着读也读不完的医学口诀。父亲好像一只"公鸡"——天还没亮，已早早起来工作了。父亲好像"笑面佛"——他从未打骂过我，当我做错事时，他总是微笑着，耐心地教导我，教我如何去分析事情，如何去认识自己，如何去改变现状。他的声音是那么温柔，但声声入耳，声声入心。父亲严于律己、宽以待人、勇于进取、持之以恒的品质深深地影响着我，他一直是我的学习榜样。在他潜移默化的影响下，渐渐地，我养成了做事认真、细心、执着的态度。

1990年，我考入台山市第一中学之后，我的学习优越感被彻底打破。高一的那一年，我沿用初中的学习方法进行高中学习，结果，成绩一落千丈，我的情绪也跌入低谷。后来，细心的班主任陈老师发现了我的变化，他结合自己的教学经验，通过案例分析与指导，安排同学关心与帮助我，课余时间找我谈话，安排科任老师关注与辅导等方式，帮助我快速进入高中学习状态，慢慢地，我的成绩开始好转。在高三的百日冲刺阶段，我们的班主任为了鼓舞我们的志气，采用一种独特的方式：每个星期为我们额外煮一只鸡蛋，煮一次凉茶（广东的7月份酷热无比，当时没有空调）。这每周一次的鸡蛋与凉茶如神器一般，装载着班主任的关心与期盼，抚慰着我们每一位学子煎熬的心，激励着每一位学子冲刺的步伐。最后，我们班高考大获全胜，一本率达95%，高分考入清华大学、中山大学、华南理工大学等名校的同学数不胜数，而我这位学习成绩曾一落千丈的学生，也顺利地考上了广东省华南师范大学这一所师范类名校。在20世纪90年代，学生能大部分考上一本的确是一件非常荣耀的事。高中的学习历程让我对恩师心存感激，对教师的教学魅力极为痴迷。这段时光里，"成长为一名好教师"这颗种子已悄悄地埋下；这段经历中，"帮助每一位学生健康成长"已成为我的教育愿望。

1994年7月于华南师范大学计算机科学系毕业后，我在珠海市前山中学任教至今。曾担任学校信息技术备课组长、信息技术科组长，现任学校教研室主任，从一名普通教师，成长为学科带头人、珠海市名师、市区名师工作室主持人、省专家库成员、省"百千万"人才培养对象。在众多角色中，我最喜爱的还是"教师"这个角色。20多年来，"成长为一名好教师"这颗种子已生根、发芽、蓬勃生长。站在三尺讲台上，向学生传授知识，与学生互动，发现学生的闪光点，是我最快乐的时刻。正是在这样美好的愿景下，我像一列充满动力的火车，一路向前，一路挑战，一路超越……

二、在课堂中成长

万事万物的成长都是循序渐进的，教师的成长也不例外。我的课堂教学大致经历了4个阶段：为"任务"而教，为"兴趣"而教，为"发展"而教，为"传承"而教。为"任务"而教时，我处于被动的状态，只会按部就班，为完成任务而工作；为"兴趣"而教时，我处于主动状态，此时的我已熟悉教学过程，进入熟能生巧的状态，越教越有劲；为"发展"而教时，我处于焦急状态，此时的我教学基本功已相当扎实，但遇到专业发展中的瓶颈，不知如何突破；为"传承"而教时，我处于享受状态，此时的我已具有相当丰富的教学经验，在当地已小有名气，此时的我享受着教书育人的过程。在我的课堂里，学习气氛不一定热烈，但却是温暖的；学生不一定高谈阔论，但却是在思索中前行；学生不仅只会听别人的想法，还会表达自己的见解；学生不仅只会羡慕他人的成果，还会实现自己的追求。

在课堂教学过程中，我善于将"教书"与"育人"结合起来，热衷于教学创新。我创建了新型"网络教学六步法""激励教学法"和"基于网络平台的自主学习法"，实现高效课堂，培养学生的核心素养，得到学生和同行的赞扬与认可。在精心营造的学习乐园上，学生兴趣盎然、积极思考、勇于回答、乐于实践，对信息技术学科的喜爱溢于言表，在学校每年的学生评教活动中，我都获得"教学调查学生满意奖"。高效的课堂赢得了师生的赞誉，更是培养出一批有兴趣、有特长的学生。2005年，我辅导的张璋同学在"第六届全国中小学电脑制作活动"荣获全国二等奖，张同学因此在当年高考中保送重点大学——华中师范大学，这在前山中学是史无前例的，为学校赢得了良好的社会声誉。

天道酬勤，在不断地努力与实践中，我在教育教学方面获得了丰硕的成果：国家级奖8次、省级奖26次、市级奖16次。如2013年，课例"我心飞翔——引导层动画的制作"在第十七届全国教育教学信息化大奖赛基础教育组信息技术与学科教学整合课例中获全国三等奖；2013年在第五届"全国中小学公开课电视展示活动"中，荣获课堂实录一等奖；2007年课例"文字稿本与制作脚本的设计"获粤版高中"信息技术"全国优质课评比一等奖等。

三、在研究中成长

在教科研工作中，我注重实效，以点带面，团结协作。主动邀请校内外的教师加入自己的科研团队，积极开展教育教学改革研究。主持或参与区级以上课题14项，如2012年主持广东省教育科学"十二五"规划课题"'教育云'服务下中小学教师教育技术能力可持续发展的研究"，该课题已顺利结题；2016年主持广东省教育科学"十三五"规划课题"ITtools平台下培养初中学生自主学习能力的实践研究"，已进入申请结题阶段。

在研究的过程中，及时反思，撰写论文，编写教材。我参与编写了教育教学专著6本，并已由广东教育出版社出版。如2018年由广东教育出版社出版教材《乘Scratch号列车认识百年香洲》，全书30多万字。我又先后在《中小学信息技术教育》《现代中小学教育》等国家、省、市级期刊上发表教学论文16篇，获奖论文20篇（国家级5篇、省级11篇、市级4篇）。如2010年教学论文《高中信息技术课程网络教学资源系统的设计与开发》获全国中小学教师信息技术与教育创新论文大赛一等奖；2012年论文《给信息技术课程来场"网络秀"》在第三届全国中小学教师论文大赛中荣获二等奖，同时获广东省一等奖。

四、在行走中成长

作为广东省教育厅信息技术专家组成员、市名师、省区学科带头人，我经常受邀到省内外参加学术交流活动，发挥示范、引领、辐射作用，在社会上具有一定的知名度。如2010年参加省教厅组织的普通高中信息技术教材省内、外发行的两套学生配套光盘的研制工作；多次作为广东省教育厅粤教版专家组成员到辽宁鞍山、阜阳、阜新、本溪、朝阳等地进行粤教版信息技术选修教材培训活动；2007年参加"普通高中新课程远程研修"视频节目制作、高中信息技术等级考试大纲及样题研制会等活动；承担省、市、区讲座15次。如2015年面向珠海市香洲区中小学教师承担了专题讲座"优质数字教育资源与学科教学的有效整合"，受到老师们的广泛赞誉。承担市、区级公开课10节，如2018年承担珠海市同课同构公开课"奇妙的3D成像体验之旅"，受到好评。

五、在培养中成长

教师的专业发展，关系到学校的整体发展。作为市区名师工作室主持人、学校教研室主任，我以名师团队为引领，以项目研究为纽带，以先进的教育理念为指导，以课堂教学为主阵地，充分发挥了名师的示范、引领、辐射和指导作用。通过交流活动、同课异构、课题研究、专题讲座等形式积极组织开展学科教学研究工作、课堂教学指导和专项培训，做到"每月有活动，活动有主题"。经过几年的努力，我已为珠海教育培养了一支骨干教师团队，推进了区域学科高品质发展。如：①在担任学校信息技术科组长期间，带领全科组的老师潜心教研、锐意进取，使前山中学信息技术科组这个仅仅由3位老师组成的小科组成为全校教研成果最多、级别最高的科组。2012年，所带科组被评为"中小学信息技术示范教研组"（珠海市仅有3所学校获此殊荣）。②作为学校教研室主任，重视青年教师的培养。通过师徒结对、青年成长营、青年教师比武、校际教学研讨活动等形式，在尽心尽力的栽培下，青年教师快速成长。经过不懈的努力，已为学校培养了一支优质、高效、充满活力的师资队伍，他们在全国、省、市、区级学科教学比赛中，获得优异的成绩。如在"2017年第二十一届全国教育教学信息化大奖赛"中，指导物理科组区有好老师的微课，其微课作为珠海市唯一微课入围全国赛决赛，荣获全国一等奖，刷新了学校微课奖项的最高纪录；在2016年"一师一优课、一课一名师"活动中，指导学校参赛教师应用云平台创新教学模式，获得了部级优课3节、省级优课6节、区优课一等奖6节、区优课二等奖5节的优异成绩。③2年多来，主持的工作室硕果累累，主要成绩如下：省级优课9节、教育教学奖151项。其中，全国奖30项、省级奖121项；研究课题36项，发表论文15篇，获奖论文33篇；外出开展区域教研活动48次，承担公开课28节，讲座33场；编写书籍3本：2018年我带领工作室成员共同编写由广东教育出版社出版的教材《乘Scratch列车认识百年香洲》，2015年我参编由广东教育出版社出版的教材《信息技术基础活动册》，工作室学员参编由清华大学出版社出版的教材《三维图形化C++趣味编程》。⑥2009—2011年，我多次被珠海市教育局聘为珠海市全员培训教师，已授课30多节，培养珠海市斗门区、西区等乡镇教师多达240人，提高了乡镇教师的信息技术应用能力，培养了一批乡镇骨干教师。

▶▶ 我的学科教育观 ▶

润物无声，教学相长

一、提炼我的教学风格

有一种平台最为神圣，那就是讲台；有一种人生最为美丽，那就是老师。从踏上三尺讲台开始，不知不觉已教书育人20多个年头。"我的教学风格是什么呢？"参加省"百千万人才培养工程"后，我第一次思考这个问题。是啊！从一开始连备课都茫茫然的我，现已成为信息技术学科带头人，从只会看着教参教学到可以评价何为一节好课……其中，必然沉淀了自己长期以来积累的教学风格。

教学风格的形成是一个教师在教学艺术上趋于成熟的标志。"我的教学风格是什么？"为了寻找答案，我查阅相关的文献，翻看自己录下的公开课视频，与同事探讨，与学生交流。发现大家对我的教学印象提出最多的词语有：伍老师上课很亲切，教学环节环环相扣，善于启发学生去思考，学习网站上有许多教学资源，不懂可以问老师、同学，也可以在学习网站上寻找答案；老师举的例子很好，不知不觉就懂了……于是，我初次给自己的教学风格下的定义是：亲切、启发。

2015年11月，省"百千万"开展了"教得巧妙、教得有效"主题研讨活动，通过现场上课、相互听课、评课，交流分享等学科研修活动，帮助大家确定自己的教学风格，我当时承担的公开课是编辑类课程内容——"程序的顺序结构"。

"程序的顺序结构"是一节知识难度颇大、学习内容枯燥的VB编程课。上这样的课，对着全是数学和字符组成的程序内容，学生通常是心生害怕，表现冷漠。为了让学生能真正感受到顺序结构程序的作用与学习的乐趣。我苦思冥想，费尽脑汁，设计了这样的教学策略：以"热量计算vs健康生活"为主题，将"程序的顺序结构"知识内容融入主题中，让学生编写程序计算运动的热量、食物的能量，并进行对比，得出健康生活的启发；设计了学生可以自主挑选不同食物得出与同伴不一样的热量方案，极大地激发了学生编写程序的兴趣。该课还设计了"情境导入""小组讨论""知识讲解""自主探究""知识碰撞""协作探究""作品欣赏""总结拓展"等教学环节，引导学生从"问题分析""算法设计""编写程序""调试运行程序"四个方面了解程序的顺序结构和书写规则，模仿设计顺序结构程序以解决实际问题。

整节课，通过由浅入深、层层推进、循循善诱的教学设计，逐步引导学生走进了顺序结构程序的世界，兴致盎然，下课铃响后，学生还不舍得离开电脑室呢！在导师林君芬老师的指导下，我对教学风格有了更深入的剖析，有了更进一步的认识，最后确定了自己的教学风格："自然、自主、自得"。

二、解读我的教学风格

我的教学风格主要表现为：自然——自然而然，自主——自觉主动，自得——自我所得。

自然：我认为"自然"包含三层意思——教学氛围自然、教学过程自然、教学资源自然。学生就像是一颗种子，从发芽到成长为参天大树，需要教师春风化雨般向学生传授知识，引导学生自然而然掌握知识。

自主：自主学习是每一位学生在未来的社会里生存和发展的必备能力。在我的课堂上，学生的兴趣盎然，自主学习，积极参与。这需要我们打造自主学习的平台，实施自主学习的模式，营造自主学习氛围，促进学生的自觉性与主动性。

自得：在我的课堂上，"自得"有两层意思——个人所得，助人所得。学生除了关注自我所得的同时，还会主动帮助他人，在助人过程中提升自我，是更高层次的自得。为此，我善于设置激励制度，巧设激励时机，促进自得成效。

（一）自然

"随风潜入夜，润物细无声"是我追求的理想教学状态。教师春风化雨般向学生传授知识，学生自然而然掌握知识，这是一幅多么美好的画面。在我的课堂上，"自然"包含三层意思：教学氛围自然，师生融洽相处，其乐融融；教学过程自然，引人入胜，学生自然进入学习状态，自然掌握学习知识；教学资源自然，贴近学生的学习生活实际，源于自然、用于自然。例如：在讲授高中信息技术必修模块第三章《多媒体作品》时，我参考教材中的多媒体作品的主题对象——孙中山，结合学情，为学生设计了另一个参考主题对象：一位毕业于本校的青年歌手——施文斌。选择一位毕业于本校，而且在毕业后的短短几年时间里，通过自己的勤奋、努力，取得了很不错成绩的歌手作为作品主题对象，既符合高中生的性格特点，又加强学生对学校的认识，更重要的是培养学生积极进取、勇于拼搏的精神。

课堂中，我善于利用自己的言语、表情、手势、体态等无声或有声的语言给学生以鼓励、帮助和肯定，营造和谐快乐的学习氛围。在教学过程中，出现学生不注意听课和对老师提出的问题回答不了、调皮捣蛋等现象时，我做到了注意教学的艺术，不要随意嘲讽、训斥、挖苦、冷淡，可通过暗示、提醒、鼓励、引导等方式来帮助他们消除心理负担，进而解决学习中的疑难问题，而且要注意及时发现和肯定学生的闪光点，表扬他们的点滴进步。在教学设计时，选择贴近学生生活与学习的教学情景与教学资源，源于自然，用于自然。

（二）自主

美国教育心理学家巴斯研究认为，"在半个世纪前，人们从大学毕业后，大约有70%的所学知识一直可以在其退休前运用；而在当今时代，这个数字缩减为2%。这就意味着，当今的大学生在毕业后从事某项职业所需要的技能有98%需要从社会这个大课堂中获得"。由此可见，自主学习是每一位学生在未来的社会里生存和发展的必备能力。

1. 创建自主学习平台

在教学过程中，我善于把信息技术与学科教学整合起来，借助第三方网络教学辅助平台——信息技术教学辅助平台ITtools进行二次开发，打造"网络自主学习"平台。自主学习平台的栏目有：首页→知识讲解→自我检测→任务超市→教程助手→学习论坛→学情监控→作品提交→评价交流→总结拓展。

在传统的学习中，学生的自觉性和主动性不能持久保持，离开教师的严格管理，他们就会经受不住学习外部因素的引诱和干扰。但是，在"自主学习"课堂里，学生的主动性、调控性、互动性、自觉性得到有效的提升。通过自主学习平台，学生更容易发现学习的不足，有意识进行自我补救。例如：没有完成的作业可以补交，没有学懂的知识可以重新温习，课程中各个教学环节所花的时间可以查询，学生可以准确了解自己每个知识点的完成情况，更好地反思自己的学习过程，并采取有效措施进行知识重温，渐渐地形成自主学习意识，提高自主学习能力。

2. 创建自主学习模式

从2009年起，我就对自主学习产生极大的兴趣。曾结合粤教版普通高中信息技术教材，应用Dreamweaver软件自主研发了两门高中信息技术网络课程并独力开展自主学习研究。2015年，正式成立自主学习课题研究团队。2017年开始，课题研究团队以珠海市前山中学、珠海市第八中学、珠海市第九中学、珠海市第十中学、珠海市第十一中学为实验学校，开展自主学习的实践研究，创建了以"意义建构"为取向的自主学习模式：自主学习六步法"导、读、测、练、评、思"。

例如：在讲授初中信息技术课例"歌舞飞扬——认识Scratch"时，设计的自主学习六步法如下所示。

"导"：精心设计"今天的客人——Scratch小猫咪"这一情景，播放Scratch小猫咪的自我介绍视频，引导学生初步认识Scratch小猫咪。全班分为高歌队和热舞队，同一队坐在同一列，准备与Scratch小猫咪载歌载舞。此环节在于激发学生的内在学习动机。

"读"：学生通过自主学习平台提供的图文并茂的知识讲解、视频教程、讨论区等栏目开展自主阅读、自主学习。此环节在于培养学生的自学能力。

"测"：学生通过自主学习平台提供的知识检测栏目，完成检测题并及时得到检测结果，更好地了解自身学习基础。之后，再以检测结果为参考依据，在自主学习平台提供的任务超市中选择适合自己的学习任务。此环节在于培养学生的自定目标能力。

"练"：学生采用学习策略，自主完成自选任务，实现自定目标。此环节在于培养学生发现、提出、分析和解决问题的能力，认知知识、认知体验、认知监控的能力。

"评"：学生通过自主平台的多元评价栏目进行自评、互评，评价本节学习过程中的知识收获、情感收获、能力收获。此环节在于培养学生的自我评价和自我补救能力。

"思"：通过知识总结，培养学生的自我总结能力。通过查阅自主学习平台的个人课堂表现记录，反思自己学习存在的问题，思考改进方法并应用于下一次的课堂学习中，培养学生的自我调节、补救措施能力。

(三) 自得

子曰："学然后知不足，教然后知困。知不足，然后能自反也；知困，然后自强也。故曰：教学相长也。"在我的课堂上，"自得"有两层意思：个人所得，助人所得。

课堂是教师与学生相处时间最长的地方，传统课堂上，学生都非常重视个人学习成绩，但在帮助他人、提升自我方面却是存在很大的缺陷。为了培养学生在关注个人的同时，也主动帮助他人，在帮助他人的过程中提升自我，我以合作学习原理为指导，将班内学生按综合学习情况进行分层，引导学生在自愿的前提下按照学生当前的学习状况进行异质结合，让学习成绩、学习能力及行为习惯较好的先进生与学习或品行存在一定障碍的后进生结成互助学习小组。在教学过程中，做到重视引导学生互相监督、提醒、激励、帮助。实践证明，"激励机制"就像一面放大镜，学生的课堂表现被突显出来，个人进步与退步被记录得一清二楚，帮助他人的行为也被记录得一清二楚，学生的学习态度、学习动机、学习成果、团队意识等都发生了喜人的变化。

1. 创建自得制度

我会根据学校教学总体目标、中学生的课堂学习行为习惯等内容与学生一起讨论，进行信息收集、整理、分析，从组长权利与职责、组员权利与职责、课堂表现三个方面入手，制定了"信息技术课堂激励制度"。在之后的每一节课中，实施"激励制度"。师生共建的"激励机制"具有茂盛的生命力和一定的权威性，学生在教学过程中自觉地遵守它的规定，主动参与、乐于参与。学生通过观看与分析记录数据的变化，起到监督与强化自我约束的作用，促进自得成效。

2. 巧设自得契机

在备课过程中，我会在教学环节中寻找合适的位置，加入激励内容，并保证激励内容为学习内容服务，目的是促进学生积极思考，善于寻找，帮助解决问题。如：在讲授粤教版普通高中选修模块二《多媒体技术应用》第五章第二节内容《引导层动画》时，在讲解环节中，我以案例教学法进行讲解，然后，展示3个错误案例，让学生找出错误之处。设计的激励机制是：抢先上台修改错误的学生可获得至少1分的奖励，鼓励学生大胆上台展示；上台修改正确的学生接受大家的掌声激励和教师的大拇指表扬，同时再获得教师2～3分的奖励。

三、我的教学主张——焕发活力，激发动力

（一）让课堂焕发生命的活力

传统教学理论观在实践和教师课堂教学行为中的运用，一般会带来如下的情景："死的"教案成了"看不见的手"，支配、牵动着"活的"教师与学生，让他们围着它转；课堂成了"教案剧"上演的"舞台"，教师是主角，好学生是配角中的"主角"，大多数学生只是不起眼的"群众演员"，很多情况下只是"观众"与"听众"。因此，我的教学追求之一是用动态生成的观念，全面认识课堂教学，构

建新的课堂教学观，让课堂焕发出生命的活力。

首先，课堂教学应被看作是师生人生中一段重要的生命经历，是他们生命的、有意义的构成部分。其次，课堂教学的目标应全面体现培养目标，促进学生生命多方面的发展，而不是只局限于认识方面的发展。最后，课堂教学蕴含着巨大的生命活力，只有师生的生命活力在课堂教学中得到有效发挥，才能真正有助于学生的培养和教师的成长。

例如：在讲授粤教版的选修模块二《多媒体技术应用》第五章第二节《显示隐藏层行为》时，我以毕业于本校的一位歌手的简介为例子，让学生在欣赏该歌手歌曲的同时，浏览精心设计的应用"显示隐藏层"行为的动态网页。让学生在欣赏美的过程中，初次接触本课的知识内容，并适时对学生进行德育教育；之后通过制作"青蛙乐队"简介网页、学生自由组合"自己的乐队"等环节，极大地激发学生的积极性和参与度，课堂活力四射。

（二）激发学生的学习动力

美国哈佛大学心理学家威廉·詹姆士研究发现，一个没有受到激励的人，仅能发挥其能力的20%至30%，而当他受到激励时，其能力可以发挥至80%。"激励"是课堂教学中不可轻视的重要手段。著名的教育家苏霍姆林斯基曾指出："如果老师不想办法使学生产生情绪高昂和智力振奋的内心状态，就急于传授知识，不动情感的脑力劳动就会带来疲惫。没有欢欣鼓舞的心情，没有学习的兴趣，学习也就成了负担。"所以，我的第二个教学主张是激发学生的学习动力。

例如，在讲授粤教版普通高中选修模块二《多媒体技术应用》第五章第二节内容《引导层动画》时。在导入环节中，我设计了一个学生互扔纸飞机的游戏。刚上课，学生一下子就活跃起来，沉浸在游戏当中。此处设计的激励机制是：学生在规定时间内互扔纸飞机，游戏结束后，来个"比比谁最快"的比赛，让小组合作将纸飞机交给组长，再由组长放入指定纸箱中，比一比看哪个小组合作能力最强、完成时间最短，前3个获胜的小组的每个成员奖励2分。在"知识讲解"环节中，我以案例教学法进行讲解，然后，展示三个错误案例，让学生找出错误之处。此处设计的激励机制是：①设计抢答环节，抢先上台修改错误的学生可获得至少1分的奖励，鼓励学生大胆上台展示；②上台修改正确的学生接受大家的掌声激励和教师的大拇指表扬，同时再获得教师2~3分的奖励。

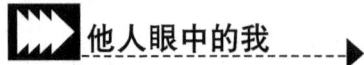 他人眼中的我

良师益友，快乐庄主

一、专家眼中的我

众所周知，信息技术学科在中学是一个小学科，常常被家长、学生甚至学校忽略，但我从不妄自菲薄，坚守在自己的教学岗位上，始终把教书育人贯穿在教育教学中，辛勤耕耘，默默奉献。

她的课堂有2个显著特点：一是精心。所设计的教学内容精挑细选、反复推敲，所设计的教学环节由浅入深、环环相扣，所设计的教学情景引人入胜、寓乐于教。二是精美。她设计的教学资源画面优美、内容丰富、形式多样，利于不同层次的学生自主学习、合作探究。

——珠海市信息技术装备中心主任兼信息技术学科教研员　张伟铭老师

二、学生眼中的我

在我的课堂上，学生兴趣盎然、积极思考、勇于回答、乐于实践。在学校每年的学生评教活动中，我都获得"教学调查学生满意奖"。高效的课堂赢得了师生的赞誉，更是培养出一批有兴趣、有特长的学生。近年来，我先后指导了张璋、李姗桦、陈积翔等80多名学生在"全国中小学电脑制作活动""珠海市多媒体制作竞赛"等活动中屡获佳绩。由于辅导学生出色，我多次荣获"广东省中小学电脑制作活动优秀个人奖""珠海市优秀辅导教师奖"。在担任班主任工作中，所带班班风好、学风正，先后有不少学生被评为市、区优干、团干、三好学生等。

伍老师，您总是以身作则，手把手地教会我们如何做人，如何做事，能成为您的学生是我的幸福。

——学生　林学钦

此外，在学校教学工作中，充分发挥信息技术优势，主动协助班主任，运用网络通信工具与学生进行思想、情感交流，及时与班主任联系，以取得教育共识，时刻关心、爱护、鼓励和感化后进生，帮助他们重新认识自我，改变不良习惯，找回自信，本人也因此被评为"珠海市优秀班主任"。

三、同事、领导眼中的我

在担任学校信息技术科组长期间，带领全科组的老师潜心教研、锐意进取，使得前山中学信息技术科组这个仅仅由3位老师组成的小科组成为全校教研成果最多、级别最高的科组。2012年，所带科组被评为珠海市"中小学信息技术示范教研组"。

伍老师做事太执着了，这种工作热情与毅力是我们学习的榜样。

——科组同事　张巧琳老师

想不到，像你这么一位娇小的女老师，能像春风细雨般把一个后进生最多的班管理成为年级的最佳文明班，真是润物细无声啊！

——前校长　钟德

作为信息技术教师，我结合青年教师实际情况，有计划地组织并开展全校教师的电脑培训工作，开设了课件制作班、动画制作基础班、多媒体制作提高班、微课制作班等培训班。经过长期的坚持，已指导青年教师熟练掌握多种微课和多媒体制作软件，并把所学知识应用于课堂教学，在各类信息化竞赛中喜获佳绩。例如：在2015年"第十九届全国教育教学信息化交流展示活动"中，我指导的英语科组周万乐老师的参赛课例喜获全国一等奖，刷新了学校英语科组参赛成绩的最高纪录。

太感谢您了，没有了您的坚持与帮助，我早就打退堂鼓了，这份成绩也是你的成绩！

——英语科组　周万乐老师

四、同行眼中的我

工作室的学员们都亲切称呼我为"庄主"。因为我营造了一座快乐的庄园，在这里，大家"潜心研究，培养能力；同心协力，快乐成长"！由于学员们大多数是工作1～3年的青年教师，他们有的是精力，缺乏的是经验。我总像一个大姐姐般关心爱护他们，指导帮助他们。有时为了一个学员承担的公开课，我会与她共同备课，共同上课，手把手地传授课堂教学的基本功。

回首工作室的3年，印象最深的是，伍老师像是不会休息的战士，无论什么时候找她，她都会回复。有时晚上1点在QQ上提问，她也会立即回答。我每一次熬夜的时候都有一个人始终跟我共进退，这个人就是我们的庄主——伍老师，她是一个对我人生职业发展起着重要作用的人，一个对教育教学抱有热忱、激情的工作狂，一个年过四十却永远比我们年轻教师更有挑战精神、对自己要求极度严格、追求完美的女老师，一个无论面对多少困难的工作总是面带微笑清爽怡人的女强人！

——工作室学员、珠海市第十一中学青年教师　宋深美老师

我的育人故事

我与一群"熊孩子"斗智斗勇

叶圣陶先生说过：教育就是培养习惯。习惯一旦形成，便成为一种半自动化的潜意识行为，对人生、事业、生活起到永久性的作用。

青少年时期是培养学生良好学习行为习惯的最佳时期，如何培养学生养成良好

的学习、生活习惯？我苦思冥想，构建适合中学信息技术课堂的课堂激励机制来约束学生的坏习惯，培养学生的好习惯。通过"激励机制"的激励与约束作用，我致力于把信息技术课打造成培养学生养成良好行为习惯的理想场所，在教学过程中渗透学生行为习惯的教育，引导学生学会做人、学会做事、学会学习、学会共处，在师生的共同努力下，良好的行为习惯慢慢地形成。

【案例1】一位学生在1个月内带了4次饮料进入电脑室，按"激励机制"的规定，扣了他4分并教育了他4次。他当时并不在乎地说："扣吧，不就是一分嘛！"我并不急着与他较真，一个月后，当我再一次公布"评价统计图"时，他才留意到自己的分数远远低于同小组的同学，惊呼："我的分数怎么会这么低！"（这就是长期实施"激励机制"的二次激励效果）到了再下一次课时，他终于做到有效约束自己，不再带饮料到电脑室了，并在课堂上特别认真听讲，积极举手发言。课后，我问他："这节课为什么这么积极？"他笑了笑，不好意思地说："想加多点分，好把自己的分数拉回去，没这么难看啦！"我摸了摸他的头，在他面前竖起大拇指，说："你能约束自己不再带饮料进来真了不起！老师相信你在课堂上的表现会越来越好的！加油！"

【案例2】在课例"引导层动画"中，我由浅入深地设置了3个层次的学习任务，满足不同层次学生的学习需求。在这个环节中，我设计的激励机制是：①以小组成员全部完成任务为条件，最快完成任务的前3个小组的所有成员加3分；其他完成任务的小组所有成员加2分；②已完成任务的小组，进行作品欣赏，评选出本小组最优秀的推荐作品，上传作品后，被推荐者将获得3分的加分；③已完成所有任务的学生可以主动帮助其他小组的成员，被帮助者学会后报告教师，确认后将获得2分的加分；④教师课后批阅学生作品，再按比例选出本班优秀作品，每位优秀作品的作者将获得3～5分的加分，在下一节课上课前展示部分优秀作品和学生在"课堂评价总表"中的最后得分。

在"激励机制"课堂里，快速完成任务的小组、个人表现出色、主动帮助同伴等都能得到教师的表扬与奖励。这样一来，学生都乐于表现自己，乐于帮助他人，被帮助的学生由于想跟上小组的步伐，会主动寻求帮助。"激励机制"就像一面放大镜，学生的课堂表现被突显出来，进步与退步被记录得一清二楚，退步却又可以通过自身的努力、同伴的帮助发生改变。在"激励机制"的作用下，学生的学习态度发生了变化、学习动机发生了变化，原来个人与集体是可以共同进步的。

【案例3】有一次，当我布置学习任务及讲解奖励方式后，一位学生站起来，大声地问："老师，我帮助了5个同学完成任务，是不是给我加5次的分？"我看着这位急于加分的学生，微笑地说："帮助同伴超过3人，也是相同的奖励分。因为帮助同伴可以巩固你对知识的理解，提升你的沟通与表达能力。但帮助太多同伴，你的能力也就没有得到更高的提升，同时也占用了你的个人学习时间哟！"

因此，在实施激励机制时，我注意做到以下几个方面：第一，激励要有理有据，指明得到表扬的具体内容。第二，激励要及时，使学生能够及时体验被表扬的积极情绪，强化激励的作用。第三，激励要取决于学生自身因素，而不是取决于成绩本身。如：有个别学生基础很差，他经过自身努力取得的一点点进步，我都会给予及时的激励。让学生明白得到激励的原因是自身的能力和努力。第四，不能太过分倚重外部激励，容易造成学生的学习动机源自外部激励而不是自身的学习能力。

▶ 教学现场与反思 ▶

自然流畅，浑然天成
——教学设计"骑行绿道·健康生活——用电子表格自动计算"

一、教学现场

（一）指导思想

新课标强调面向学生的日常学习与生活，让学生在亲身体验中掌握知识，提高信息素养。本课以建构主义理论为基础，突出以"学生为主体，教师为主导"的教学理念，注重教学过程中三维目标的渗透，采用了以学生的学习和发展为中心的网络课堂教学模式，培养学生自主、合作、探究能力，提高学生获取

信息、加工处理和应用能力以及交流与评价能力，进一步提高学生的信息素养。

（二）教材分析

本课的学习内容是广东省初级中学课本《信息技术》第一册下册第三章第三节《用电子表格自动计算》的第一课时。前一节，学生已学会了编辑表格。本节是在上一节的基础上进一步学习电子表格的计算功能，主要内容是通过学习编辑简单的公式和粘贴函数，探究单元格引用的应用格式和作用，让学生体验数据之间的内在逻辑关系。虽然学生在小学曾学习应用文字处理软件制作表格，但对电子表格拥有的强大动态计算功能并不了解，因此，本节的重点之一是让学生学会区分一般文字处理软件中的静态表格与电子表格的动态表格，学会使用电子表格中公式和常见函数的自动计算功能。难点之一是能根据任务需求灵活应用公式或函数进行电子表格的动态计算。

（三）学情分析

本课的授课对象为初中一年级学生。虽然学生在小学曾学习应用文字处理软件制作表格，但对电子表格拥有的强大动态计算功能并不了解。此外，初一级学生对函数的概念还没有建立起来，在应用函数方面会存在一定的学习困难。初一学生在

逻辑推理、知识迁移、自学能力上仍处于初级阶段，需要老师的指引。

（四）教学目标

1. 知识与技能

(1) 掌握公式的书写规则。
(2) 理解"单元格引用"和"单元格区域引用"的含义及应用。
(3) 掌握复制公式的方法。
(4) 掌握常用函数的使用方法。
(5) 能根据任务需求，灵活应用公式或函数进行计算。

2. 过程与方法

(1) 掌握设计公式或选择函数的方法。
(2) 体验电子表格的自动填充功能和动态计算功能。
(3) 能追踪计算结果，主动分析出错原因并采取有效的解决方法。

3. 情感态度与价值观

(1) 初步掌握处理表格数据的技术思想。
(2) 学以致用，养成应用所学知识解决问题的良好习惯。

（五）教学重点

(1) 掌握公式和常用函数的使用方法。
(2) 能根据任务需求，灵活应用公式和函数进行计算。

（六）教学难点

(1) 理解"单元格引用""单元格区域引用"的含义及应用。
(2) 了解电子表格的自动计算功能。
(3) 能根据任务需求，灵活应用公式和函数进行计算。

（七）教学策略

本课以"骑行绿道·健康生活"为主题，将"用电子表格自动计算"的知识内容融入主题中，激发学生的学习兴趣。善于运用由浅入深、层层推进、循循善诱等教学艺术，营造了自主探究、小组协作的学习氛围，设计了"情境导入""自主探究""知识讲解""知识碰撞""协作学习""课堂检测""自我评价""作品欣赏"等教学环节，设计并营造了快乐的学习氛围，激发学生的学习兴趣。本节课采用了以学生的学习和发展为中心的任务驱动教学、主题式教学、启发式教学、案例教学等教学方法，突出了自主、探究、协作等学习方法。

（八）教学环境

(1) 软硬件环境：多媒体电脑室、液晶投影仪、电子教室系统。
(2) 教学资源：主题教学网站、创作素材资源。

（九）教学过程

1. "创设情境"环节

老师：你们去过绿道吗？我们一起欣赏一下"珠海绿道宣传片"吧！

老师提问：我们班上有多少人曾骑车游绿道？

学生打开学习网站【问卷调查】栏目，进行网络投票；学生打开练习文件"骑行绿道练习文件.xls"，把问卷调查统计出的参与人数、未参与人数记录到对应班级的单元格中。

"骑行绿道"人数统计表

	参加过人数	没参加过人数	班级人数	参与率（%）
初三3班	34	23		
初三4班	42	15		
初三5班	37	20		
初一6班	28	15		
初一2班	31	12		
初二8班	25	22		

设计意图：播放"珠海绿道"视频，为后面学习有关用电子表格自动计算的知识创设了有活力的、快乐的学习情境。统计本班喜爱骑自行车的人数是为了增加学生学以致用的能力，激发学生的学习热情。

2. "自主探究"环节

教师提问：有没有又快又准的计算方法统计所有的班级人数？

学生打开学习网站【视频教程】栏目，浏览视频1：使用公式计算班级人数。自主完成"第一站"任务1：基础任务①使用公式求出各班的班级人数。进阶任务①使用公式求出各班参与率。

教师明确本节课的主题和学习目标，巡视、指导，请一位学生上台演示操作过程。

激励机制：最先完成任务的小组加3分，其余小组加2分；上台演示学生所在小组加2分。

设计意图：让学生明确本节课的学习目标，让学生的学习更有主动性。设计分层任务，让不同层次的学生均学有所得，提高教学效率。设计激励机制，激发学生互帮互助能力和团队精神，鼓励学生大胆表现。

3. "知识讲解"环节

教师进行知识梳理：公式的定义，输入公式的方法。

老师操作示范：改变计算公式为"=34+23"与原来的公式"=B3+C3"有什么不同？请一位学生回答；教师改变表格数值，引导学生观察表格中结果相应发生的变化。

教师进行知识讲解：单元格引用，电子表格的自动计算功能。

教师操作示范：使用 SUM 函数一样能求出班级人数。

激励机制：正确回答问题的学生所在小组加 2 分。

设计意图：通过操作示范，学生对公式的使用产生初步的认识；引导学生对比并理解单元格引用产生的特殊作用，理解电子表格的计算特点，展示多种求和的方式，培养学生灵活运用公式和函数进行计算的思想。通过知识的梳理，帮助学生更好地了解公式的定义和输入方法。

3．"任务驱动"环节

学生明确学习任务：基础任务②使用函数求出班级最多参与人数。进阶任务②使用函数求出班级最少参与率。学习平台提供"视频教程"，给学生提供有效的学习脚手架。

激励机制：最先完成任务的小组每人加 3 分，其余小组每人加 2 分。

33	初一4班	32	11	
34	初二12班	27	18	
35	初三1班	38	18	
36	初三2班	40	17	
37	初一14班	32	11	
38	初三7班	36	21	
39	初三6班	45	13	
40	初三10班	37	19	
41	班级最多参与人数：		班级最低参与率：	

设计意图：提供学习网站的视频教程，为学生提供了自主探究的时间与空间，提高学习效率和自学能力。设计激励机制，激发学生互帮互助能力和团队精神。

4．"讲授新知"环节

教师讲授：函数的定义，函数输入方法。之后进行操作示范：常用工具栏中的函数按钮。

引导学生思考：把常见函数与相应的主要功能连线。

激励机制：回答正确的学生所在小组加 2 分。

设计意图：通过操作示范，让学生对函数的使用产生进一步的认识。接着，通过知识的梳理，帮助学生更好地了解函数的定义和输入方法。通过连线练习题，加

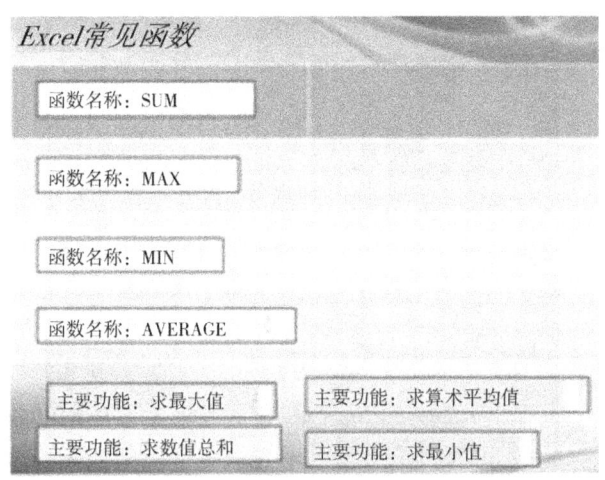

深学生对常见函数的认识。通过激励机制，培养学生积极思考和大胆发言的习惯。

5. "知识碰撞"环节

学生打开文件"改错题.xls"，思考问题并寻找答案。问题1：缺少"="号。问题2：公式错误。问题3：函数错误。问题4：函数区域引用错误。

小组讨论，能找出多少个错误？并尝试修改错误。

学生上台示范。

D	E	F	G
休息时间（分钟）	骑车时间3（分钟）	骑车时间4（分钟）	骑车总时间（分钟）
35	24	29	B2+C2+D2+E2+F2
24	46	18	B2+C2+D2+E2+F3
35	35	80	B2+C2+D2+E2+F4
32	25	22	B2+C2+D2+E2+F5
22	35	24	B2+C2+D2+E2+F6
30	39	12	B2+C2+D2+E2+F7

设计意图：设计改错环节目的是深化学生对公式与函数的理解。让学生上台进行改错操作能更好地检测学生的实际操作能力，同时吸引台下的学生高度集中精神观察与思考，加深学生对相关知识的记忆与理解。

6. "协助探究"环节

学生欣赏视频"珠海绿道景点"。

明确"第二站"任务：设计5个小伙伴一起春游；已知骑车消耗热量大概是156卡/小时，请计算骑车消耗热量的值；请你为每个小伙伴设计他吃过的食品，并计算食品热量；通过数据分析，你得出什么结论？

骑行绿道——运动统计表

编号	小伙伴姓名	骑车总时间（小时）	骑车消耗热量（卡）	食物热量（卡）	运动效果
1		2.4			不达标
2		1.1			不达标
3		2.5			不达标
4		1.4			不达标
5		1.9			不达标
6		2.3			不达标

种类	食物热量（卡）	种类	食物热量（卡）
冰激凌1根	400	西瓜 100g	25
虾味仙1包	432	冰红茶	60
青瓜100g	12	布丁	380
巧克力甜甜圈	281	可乐一罐	145
品客薯片大罐	1072	苹果 100g	45
铜锣烧50g	140	雪梨 100g	38
牛奶太妃糖100g	366	草莓 100g	35
雪碧汽水250ml	135	鲜牛奶 250ml	163

学生协作探究，老师巡视。同伴互相察看，检查对方计算结果是否正确。

教师点评学生作品，提问：分析数据后你得出什么结论？

激励机制：掌声鼓励；完成任务的小组加4分；帮助同伴发现错误并修正的学生加2分；大胆回答问题的学生所在小组加2分。

设计意图：通过欣赏"珠海绿道景点"，营造"第二站"任务情景，给学生带来快乐、轻松的学习氛围。"第二站"学习任务中"设计小伙伴姓名"和"分析数据得出结论"的设计带有一定的故事情节，给学生带来学习的新意与乐趣，培养学生的创新思维。计算"骑车消耗热量"和"食品热量"的任务设计检验学生是否灵活应用所学的公式与函数知识。激励机制能更好地激发学生的学习积极性、互助精神，培养学生的合作能力和交流能力。

7. "知识总结"环节

知识回顾：公式的定义、函数的定义、单元格的引用、单元格区域的引用、电子表格的自动计算功能、灵活应用公式和函数进行计算。

学生完成网上自测题：5题，并根据电脑批改结果查找出错原因。

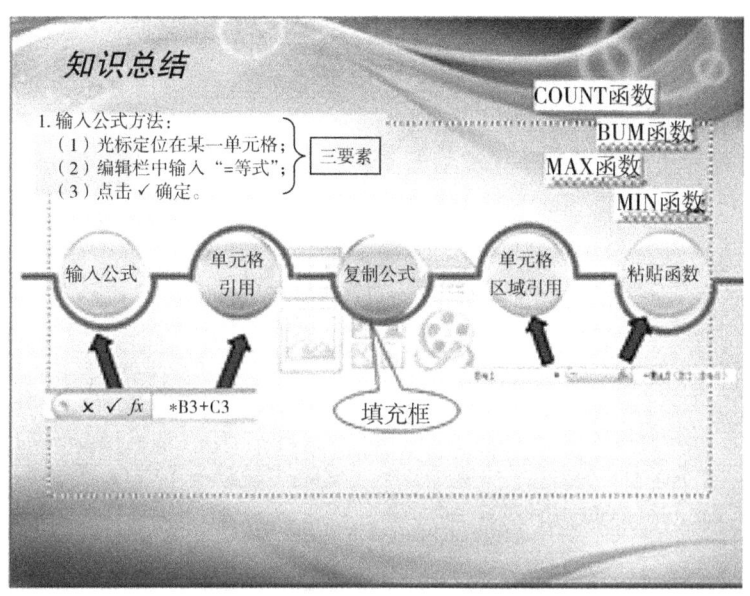

一、单项选择题(每题 20 分,共 100 分)
1. 下列属于 Excel 中单元格引用的是（　　）？
   A. 23+15　　B. C8+C9　　C. D5/#10　　D. $4+2
2. 假设 B1 为数字"100",B2 为数字"3",则 SUM(B1:B2) 等于（　　）。
   A. 300
   B. 100
   C. 103
   D. 97
3. 准备在一个单元格内输入一个公式,应先键入（　　）符号。
   A. $
   B. (
   C. >
   D. =
4. 要计算出 A2 到 A6 区域数值的最大值,可以先把光标定位在指定单元格中,输入（　　）。
   A. =MAX（A2，A6）
   B. = MAX（A2：A6）
   C. MAX（A2，A6）
   D. MAX（A2，A6）
5. 在编辑栏中输入"=20/4"后,下列说法正确的是（　　）。
   A. 显示为 5
   B. 显示为 =20/4
   C. 显示为 20
   D. 显示为 20/4

激励机制：计算小组内满分的学生个数，并加分。
设计意图：总结本节课的知识内容，帮助学生构建用电子表格自动计算的知识体系；通过网络测试平台，快速了解学生的掌握情况。有利于学生进行知识体系的构建。

8. "评价拓展"环节

学生通过学习网站展示本节课的学习评价表，并引导学生对自己本节课的学习进行评价。

评价标准	评价指标	自评（互评、点评） A为优秀、B为较好、 C为一般、D为有待进步
学习评价	学会根据任务要求，确定计算公式。	○A ○B ○C ○D
	熟练掌握公式的输入和复制。	○A ○B ○C ○D
	熟练运用函数统计数据。	○A ○B ○C ○D
	理解单元格引用、单元格区域引用这两个概念。	○A ○B ○C ○D
	学会验证计算结果是否正确，并能修改正确。	○A ○B ○C ○D
	能积极帮助同伴，小组合作能力强。	○A ○B ○C ○D

你学会了什么知识？

你的小组合作、学习态度等课堂表现如何？

你有什么感想？

[提交] [重置]

评出最优秀小组。

引出下节课学习内容：学习更多的函数使用方法。

激励机制：掌声鼓励优秀小组。

设计意图：通过评价平台，从学习内容、课堂表现、课外知识等方面引导学生进行公平、公正的评价，培养学生的自我反思习惯；展示更多的函数，开阔学生的视野，引导学生在课外继续探究有关函数的知识，也为下节课留下伏笔。

二、教学反思

（一）教学风格：自然

本节课采用学生熟悉的珠海本土文化："骑行绿道·健康生活"作为主题，源

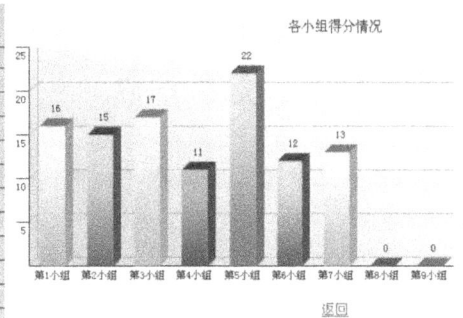

于自然，用于自然。学习情景贴近学生的生活，让学生产生强烈的亲切感，受到学生的欢迎。整节课的教学流程，本身就是一场美的享受，让学生自然而然地融入学习过程中，同时起到培养学生关注社会，健康生活的作用。

（二）教学风格：自主

本节课充分展示了信息化手段，精心设计了有利于学生自主学习的网络平台，平台设置了丰富的自主学习栏目：学习目标、知识讲解、任务引领、课堂检测、交流评价、拓展延伸、视频教程、问卷调查、绿道掠影。所设计的网络教学平台和视频教程微课、编辑的视频资源、分层任务素材、问卷调查、激励制度、作品评价、练习检测等丰富的教学资源，切合课堂实际教学需求，扩充了课堂教学的容量，提高了质量，给学生提供了良好的自主学习空间。

（三）教学风格：自得

本节课设计的学习评价表能很好地引导学生对自己本节课的学习进行自我评价和小组评价，最后还评选出最优秀小组。如把掌声送给最优秀的小组，最乐意助人的同学。

本节课设计的激励制度贯穿整个教学流程，让学生在学习过程中得到及时的反馈，学会自我调控，了解本节课的自我所得，帮助同伴的助人所得，同时也很好地培养了学生的互助意识、沟通能力、表达能力，整体提升了学生的综合素养。

信息有根，技术有魂

● 珠海市第五中学　周莉萍（初中信息技术）

▶ **导读语**

如果用词语来形容信息技术的发展现状，那么"翻天覆地、革故鼎新、日新月异"都是颇为恰当的。如此大环境下，信息技术女教师的形象将是怎样的英姿飒爽？

我是珠海市第五中学周莉萍，一位深信"信息有根，技术有魂"的初中信息技术高级教师。从教以来，一直追梦于信息技术教师专业成长道路的"诗与远方"。先后获得广东省特级教师、广东省中小学教师工作室主持人、广东省信息技术学科带头人、珠海市名教师等荣誉称号，担任广东省中小学教师信息技术应用能力提升工程专家库成员、广东省初中信息技术教材编写专家组核心成员。

岭南文化的"开放创新、经世致用、多元共生"浸润着我成为粤派名师的追梦历程。

作为践行者，重在教育自觉且开放创新。我与时俱进更新教育教学理念，教学课例获全国教学比赛一等奖，被广东省教育厅评为"一师一优课、一课一名师"活动"省级优课"，连续2年获得广东省初中信息技术教学比赛"大满贯"，获广东省教育技术研究与教育信息化优秀成果一等奖。

作为思考者，重在思考有形且经世致用。主要研究方向为信息技术与学科教学融合。参编由广东高等教育出版社出版的广东省初中《信息技术》教材4册，在省级以上刊物发表论文10余篇，主持和参与国家级课题2项、省市级课题7项。

作为引领者，重在率先垂范且多元共生。担任广东省、珠海市、香洲区3个教师工作室主持人，尽心尽责培养学员，其中1人被评为广东省"百千万"名教师培养对象、1人被评为市名教师、5人被评为广东省信息技术学科带头人。

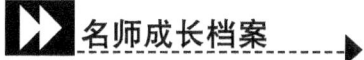

名师成长档案

走过拔节成长的历程

常言道：学无止境。无论处于哪个发展阶段的教师，想保持对职业的热情、对学生的热爱、对自身发展的追求，离不开3个核心要素：学习、实践、思考。

学习，给予我成长的知识，开拓了专业视野。学习的面很广，理论知识来自书籍、期刊、讲座、见闻；实践知识来自听课、评课、参加各类教育教学竞赛。每一次学习，都是积沙成塔的宝贵机会。

实践，给予我成长的体验，锤炼了教学技艺。实践的途径很多，课堂教学实践、教科研实践、带团队实践、承担研讨活动实践等等，每一次实践，都会带来新的启迪，新的提升。

思考，给予我成长的经验，丰富了教学智慧。思考的形式多样，教学反思、论文写作、课题研究、经验分享等等。每一次思考，都是集腋成裘的逐步积累。

曾被一句话打动：要想得到一年的收获，就种谷子；希望得到十年的收获，就去栽树；要想得到一生的收获，就去育人。我将此铭记于心，视为图景。成长宛如竹子拔节，虽然缓慢，最终也会参天。细数我的成长历程，犹如倾听拔节的声音。

一、困心衡虑的践行者——"变则通，通则久"

2002年以前，为了让学生能掌握更多的信息技术知识与技能，课前我费尽心思制作让课堂容量满满的作品范例，课上手把手地领着学生学，学生亦步亦趋地认真完成依葫芦画瓢式的作品，课后我则重复批改大同小异的作业……虽然我很用心教学，但很少见到让我眼前一亮的学生作品，课堂上难以见到学生因为自行钻研成功后的欢欣。周而复始的教学方式方法，日益让我觉得教学枯燥乏味！新兴的信息技术课堂何以没有焕发激动人心的生命力？我意识到自己的教学陷入了困境。

问题出在哪里？经过抽丝剥茧，静心思考，我发现，虽然学生会因为学会运用电脑制作作品而高兴，但是我的课堂就像电脑培训班，运用一成不变的"讲—练"结合的教学方式，教会学生如何维修电脑、如何使用各种应用软件。信息技术教学停留在单纯"给问题、给方法、给结论"的技能讲授，即使提前、超额完成教学任务，我在课后也难以找到令自己回味的快乐，学生更是没有体验到"发现问题、寻找方法、形成结论"的求知快乐！

如何改变呢？著名教育家苏霍姆林斯基给我指明了改进的方向："人的心灵深处，都有一种根深蒂固的需要，这就是希望感到自己是一个发现者、研究者、探索者。"我迫切地希望能学习更多先进的教育教学理念,用先进理念指导我的课堂成为让学生思维生长的课堂、有深度学习发生的课堂。

(一)博观而约取,厚积而薄发

在被现状缚住的万般苦恼之际,我很幸运地赶上了面向一线教师的2002年全国教育硕士招生考试。就像在迷航中看到了灯塔一样,我毫不犹豫地前往华南师范大学报名。2003年1月,当我拿到华南师范大学教育技术系的录取通知书时,整个人都开心得灿烂起来!

3年的教育硕士学习生涯,是理论知识系统的不断更新和快速积累期。我不仅汲取了高校的丰富教学资源,还阅读了大量的专业书籍,这些先进的教学理念、前沿的教学模式,大大开拓了我的视野。尤其写硕士论文那一年,结合自己的信息技术主题学习活动实践,扎扎实实地开展"初中综合实践活动课程中学生研学能力的发展性评价"研究,将所学的理论付诸实践研究。随着我的硕士论文被评为优秀论文,我的专业成长之路步入正轨,而且越走越宽。

攻读教育硕士的3年,让我得以解惑,为后来的发展奠定了理论基础。从那时起,读书已成为我不容改变的习惯!当通过读书、求学丰富了自己的专业理论基础,我的内心一直在涌动:把文字的内涵转化为教学实践!纸上谈兵,在教学中是行不通的!

(二)纸上得来终觉浅,绝知此事要躬行

以新课改的三维目标为指导,借鉴各种教学模式的优点,我开始摸索适合自己的课堂教学形式。好课需有好设计,为生成有助于学生的课堂,我花大量时间做好每节课的教学设计、准备教学资源,情境教学法、任务驱动法、Webquest教学法、"自主—合作"学习等教学方法逐渐出现在我的课堂。我不仅经常写教学反思、教学论文,还经常外出听各学科教师的课,因为教学技艺需多方面借鉴、多角度锤炼!

当一步一个脚印地向前走着,我又很幸运地遇上了一个发展契机。2006年,广东省教研室在佛山南海桃园中学举办了广东省初中信息技术教学交流活动。我的教学课例"我音我秀"注重情境创设,贯穿教学全程,各环节的教学情境相互关联、互为依托,得到了一众评委的认可。当我以教学课例、教学设计、教学资源均获一等奖的"大满贯"身份站在领奖台上时,我确定"寓教于情境"是正确的!

2007年,广东省教研室在珠海金海岸中学举办了广东省初中信息技术教学基本功大赛。为了验证自己探索的"信息技术主题学习"教学思路是否正确,我上了综合应用课"小名片秀风采"。教学内容涉及图片、艺术字、自选图形和文本框的插入、编辑等多项操作技能,而且学生都已经掌握了这些技能的基本操作。为了避免单纯的技能操作教学,让学生可以领略Word 2000文字处理技巧在实践层面的延伸，我以"为自己制作名片"为活动主题开展创作活动，并结合社会上某些不正常的名片使用现象开展交流讨论活动，以专题讨论的形式落实情感态度和价值观的培养目标。当我又一次以教学课例、教学设计、教学资源均获一等奖的"大满贯"身份站在领奖台上时，我确定"寓学于主题"也是正确的！

确定了发展方向后，我很快乐，因为借助情境创设、主题学习活动，我看到了学生眼中透出的兴奋；在批改学生作品的过程中，我感受到了学生思维的灵动与创新；当学生通过研究发现规律，找到解决问题的方法，我感到非常喜悦。

二、研精致思的思考者——"学而不思则罔，思而不学则殆"

美国心理学家波斯纳提出教师成长公式：成长＝经验＋反思。这一公式表明，教师的专业成长是一个总结经验、反思实践的过程。叶澜教授说："如果一个教师仅仅满足于获得经验而不对经验进行深入的思考，那么即使是有20年的教学经验，也许只是一年工作的20次重复。除非善于从经验反思中吸取教益，否则就不可能有什么改进。"受此启发，重积累、勤反思、常思考成为我的成长历程关键点。我在"静心研究学生，潜心研究课堂"的思维沉淀中积累经验、提升教育教学能力，思考什么是我的教学风格、我的教学研究方向走向何方以及如何开展研究。

为了使教学研究具有推广价值，我意识到需要基于教学实践构建理论框架，形成具有个人特色的教学观，课题研究成为我开展教学研究的抓手。2010年至今，我一直努力做教学的有心人：直面问题、寻求突破，留心日常的教学活动，从中发现问题并把问题转化为课题，开展深入研究成为我的工作常态。围绕"寓教于情境"，我独立主持了教学生涯的第一个课题，是由珠海市香洲区教育科研培训中心立项的"初中信息技术课堂问题情境的设计研究"。虽然是区级课题，但是我倾注了大量时间和精力进行研究。研究带来的收获是：通过广泛阅读，我开阔了视野，逐步完善知识结构；经过课堂实践，我逐步提升专业能力和专业自信；借助对不同研究方法的实证研究，让我学会多角度思考问题、有了专业见解、形成自己的教学观。

课题研究的过程是不断思考的过程。思考让我逐渐领略到了教科研工作带给我的专业质变。8年来，我担任主持人的立项课题从区级起步，逐渐到市级、省级、国家级，我的思考方向从关注教师的教到关注学生的学、从关注课堂的设计与落实到关注课程的建设与实施、从关注教学目标的达成到关注学科教学思想的渗透、从关注学生的评价到关注师资队伍的建设。每一次的研究体验都是难得的成长历程，理论素养得到提高，实践能力得到加强，教学经验得到积累，促使我一直保持更大的动力去思考如何进行新一轮的课题研究。

课题研究让我在专业成长过程中保持了积极的自主学习需求、意识与行动，自觉把教育教学活动纳入研究的轨道。曾看到一个专业术语：教育自觉。教育自觉是指一个人对教育或者对育人的一种自我意识、自我认识、自我觉悟和自我行动。教育自觉具有4个显著特征，即目的性、自主性、反思性和实效性。我不断思考、不断研究的过程恰恰在无意中践行了教育自觉，从而得以提升运用教育理论分析研究问题的能力，形成了自己的教育观，并用以指导自己的教育教学实践。

三、诱掖后进的引领者——赠人玫瑰，手有余香

一个人的力量，毕竟单薄。想当年，我多少次为别人帮助自己解决了教学疑难而心存感激。曾经的我为了自己的成长之路走得更远，非常渴望得到专业的支持和帮助。做课题是我的最佳选择。因为做课题的过程中，专家的指导、同伴的互助促使我在专业成长的路上走得更有目标、更有动力。一路走来，很感恩我的课题团队，支持我逐步由经验型教师成长为科研型教师，实现了个人教育历程的根本改变。由于成长过程中经历过困惑、迷茫、无助，当我作为课题主持人看到年轻教师因为加入了我的研究团队而快速地成长，我内心的喜悦油然而生。

如今，信息技术教学有了很好的大环境，许多专家、学者、一线教育工作者可以多途径为青年教师的成长提供指导、指明方向。俗话说"赠人玫瑰，手有余香"，我希望还可以为青年教师的成长提供更多支持和帮助。2012年至今，我担任广东省、珠海市、香洲区3个级别的工作室主持人，联合了更多有影响力、有经验、乐奉献的老师组成名师团队，给青年教师更全面、更细致、更到位的指导和帮助。

为人师者要有大爱，为人师者要志存高远，我的工作室研修效应注重在践行教育自觉中勇于担当。我与工作室团队责无旁贷地承担起引领、示范的义务，致力于区域内外的辐射影响。工作室全体成员在专业成长过程中不仅为个人发展全力以赴，还为学科发展、区域信息化发展竭尽全力，形成雪球效应。工作室好几位成员在学校里担任信息技术科组长职务。彼此间交流科组建设经验，更好地带领自己的团队发展，推动学校信息化建设，是非常有意义的事情。令我欣喜的是，工作室以团队的力量，把每位成员精心打造为学校信息化建设核心教师。他们过硬的专业素质、勤勉奋发的品质，在学校里就是一面面旗帜，发挥着学科引领作用，促使科组越来越多的教师不断向高标准发展。

"木欣欣以向荣，泉涓涓而始流。"团队中，个人和集体是"和而不同"的，回顾信息技术工作室6年多来的点点滴滴，每个人与团队的建设协调一致、和谐发展，充满收获的快乐与幸福！一个勤学、善思、笃行、有担当的团队在实现全体成员自我超越的同时，引领本区域的信息技术教师共同成长！

▶▶ 我的学科教育观 ◀

一、我的教学风格解读：寓教于情境，寓学于主题

我的教学风格是"寓教于情境，寓学于主题"，即"教学过程中，教师创设贯

穿课堂全过程的教学情境主线，学生通过主题学习活动完成知识建构"。

受学生欢迎的教学风格不仅要关注学生特点，还要符合教育教学规律、符合学科特色、融合地域文化。

（一）教学风格的理论依据

教学风格是教师教学观的最佳体现。有理有据才能让教学风格既体现个人教学思想和特征，又具有科学性，值得推广。经过深入研读教育教学理论，结合多年实践、几经思考，我最终形成了"寓教于情境，寓学于主题"的教学风格。

"寓教于情境"的理论依据是情境学习理论、杜威思维五步法。知与行是交互的，知识的情境性影响着学生对知识的理解。我注重在知识实际应用的真实情境中呈现知识，把学与用结合起来。

"寓学于主题"的理论依据是认知发展理论、意义建构理论。强调学习情境与真实世界相符合的学习。我希望能在教学中培养学生终身学习的能力：自主探究、合作交流。

（二）信息技术学科特色

信息技术的发展日新月异，学科特色是具备综合性、实践性、应用性。综合性体现在信息技术课程是一门知识性与技能性相结合的基础文化和基础工具课程，兼有基础文化课程、劳动技术教育和职业教育的特点，也兼有学科课程、综合课程和活动课程的特点。实践性体现在信息技术教学要着眼于学生的发展，营造有利于学生主动创新的学习氛围，引导学生亲历利用信息技术发现问题、分析问题和解决问题的过程，培养学生对信息技术发展的适应能力和良好的技术行为习惯。应用性体现在信息技术与各学科课程的融合，使学生在学习各科知识的过程中用到和学到信息技术。信息技术如同人类的自然语言一样，在各种应用场合随用随学，随学随用，学用并举。

（三）学生特点

初中生的特点是好奇心强、惯用经验型逻辑思维、空间想象力日渐增强。学生大都喜欢上信息技术课，在他们心目中，信息技术课堂是好玩的，学习的感觉是快乐的！对此，我既欣慰，又倍感压力。因为学生的兴趣与求知欲何其宝贵！信息技术教学的新课程理念强调培养核心素养，信息技术学科的核心素养由信息意识、计算思维、数字化学习与创新、信息社会责任四个核心要素组成。我把"在乐中学、以用带学、以用促学、学以致用"的教学思想渗透于"寓教于情境，寓学于主题"的课堂。

"寓教于情境"源于学生的学习是一种思维活动，思维贯穿于学习活动的始终这一理念。因此，我把教学情境创设贯穿在整个课堂教学当中，通过教学情境引领，促使学生借助探究等活动完成知识的意义建构和信息技术应用能力的发展。

"寓学于主题"源于两方面：一是由于信息意识、信息社会责任的教育达成需要比较长的周期，我把体现情感态度价值观的教育渗透到日常教学过程中，使目标实践的行为条件情景化，通过熏陶感染、潜移默化的方式，让学生对待信息技术的态度、使用习惯以及在信息活动中表现出的信息意识和信息社会责任在体验的基础上习得；二是信息技术已成为拓展学生学习能力必不可少的工具。我将教学内容的重点、难点融进源自学生日常学习与生活的主题学习活动中，让学生在明确目标任务的前提下，通过教师、同学、教学资源的帮助，以"自主探究，协作交流"的方式完成主题学习活动，实现知识向能力转化。

（四）岭南地域文化

岭南文化历史悠久，最值得传承的是：开放创新、经世致用、多元共生。我根据"寓教于情境，寓学于主题"教学风格来构建了"创设情境→知识建模→探究活动→互动交流→应用反思"综合学习课例模型，该模型注重问题设计开放化，体现学生自主性、培养学生的创新意识和能力；注重学习活动的应用性，选题源自学生的学习与生活；注重评价标准多元化，尊重学生个体差异，促进全体学生发展。该模型已在珠海信息技术学科乃至全省都有一定影响。2017年9月，《教育信息技术》杂志以"网络学习空间应用研究"为题对我进行专访，详尽介绍了本人带领工作室团队开发、应用网络学习空间进行教学改革创新的具体做法，充分发挥示范、辐射作用。

二、我的教育主张：信息有根，技术有魂

我的教育主张提倡"信息有根，技术有魂"。信息技术教学离不开信息的获取、分析与加工。依据信息技术学科核心素养的标准，我在教学中培养学生的信息意识注重获取信息的来源真实——有根据；培养学生的计算思维注重信息的分析科学——有条理；培养学生的数字化学习与创新注重源于实际需求——有方法；培养学生的信息社会责任感注重信息的技术加工合理——有情怀。所以通过有机融合情境创设、主题活动来践行我的教育主张。

（一）创设贯穿课堂的教学情境主线

学习情境是学生参与学习的具体现实环境。建构主义认为，知识不是通过教师传授得到的，而是学生在一定的情境下，借助老师和同学的帮助，利用必要的学习资源，通过意义建构的方式获得。①

学习过程中的意义建构，是学生把当前学习内容所反映的事物尽量和自己已经知道的事物相联系，并对这种联系加以认真的思考。"联系"与"思考"是意义构

---

① 《建构主义学习理论》，百度文库，http://wenku.baidu.com/view/8a56da0b581b6bd97f19eaba.html。

建的关键。① 教师在教学过程中，通过创设适宜的教学情境，让学生开展"自主—协作"探究活动，促使其在新旧知识之间建立联系，通过深入思考实现"意义建构"，完成学习任务。

如何增强教学过程中各个情境内涵之间的联系，创设一条贯穿整节课的教学情境主线，以提高情境创设的有效性？整体设计思路需要关注以下几方面。

1. 准确定位情境创设的功能

情境创设是一个涉及素材选取、内容组织与呈现的过程。要实现其为教学服务的功能，需要做到两点，第一是提供认知停靠点（认知背景），第二是激发学习内驱力（情绪背景）。

（1）提供认知停靠点。

教学情境是服务并服从于内容主题和学习目标的。教师所选择的情境素材应指向明确、具体的学习目标，在学习活动与学习内容之间搭建平台，同时将教学重点、难点转化成若干个小的知识点，以知识点之间的联系为主线，顺理成章地把各个情境串联成整节课的教学大情境，让学生在每个教学环节顺利完成知识建构。

（2）激发学习内驱力。

第一，一个好的教学情境要做到符合中学生的心理特点。从心理学角度分析，虽然初中学生的好奇心强、接受新知识的能力强，但是他们的心理有惰性因素。如果学生在学习过程中，从情感到行为都能融入教师所创设的教学情境中，就能引发学生的认知冲突和学习兴趣，内化出主动思考的心理倾向，有针对性地理解和掌握情境所内隐的知识和技能，也很容易领悟和挖掘教学情境中所蕴含的观点和价值，促使学生积极参与学习活动。

第二，教学情境的设计要考虑学生的前置经验和潜力发展。学生对知识的意义建构，会受到原有知识的影响。因此，创设教学情境要注重立足学生的现实生活，挖掘和利用学生原有的知识、生活经验，不仅针对学生发展的现有水平，还针对学生的"邻近发展区"，将教学情境与知识产生的过程、学生思维展开的层次进行有机结合，使学生在教师或同学的协助下产生继续学习的愿望，发挥潜力。

2. 深刻理解情境创设的本质属性

有价值的教学情境有很多特征，比如说趣味性、生活性、问题性、真实性、学科性等，但最本质的属性是学科性。情境创设要体现学科特色，体现学科知识发现的过程、应用的条件以及学科知识在生活中的意义与价值。如果不考虑教学内容，过于追求情境内容生活化、呈现形式活动化，冲淡了情境所蕴含的学科主题，那么再精心设计的情境，对课堂教学效果只是适得其反。

---

① 陈越：《建构主义与建构主义学习理论综述》，http://www.being.org.cn/theory/constructivism.html。

3. 正确把握情境创设的基本要求

情境的创设不只是为了"激趣",还要考虑"维趣"。从导入的"激趣"教学环节开始,到最后总结,根据教与学的实际需求创设各种情境,并在情境中设置学习任务,每一个环节的情境都是前一环节的延伸,每一个任务都在上一个任务的基础上进阶。多角度、多样化、分阶段进行的教学情境相互联系,优化组合后取得教与学的最优效果。

4. 提供情境创设的认知架构

有效的问题情境要立足于激发学生的认知投入与情感投入,教师要给学生提供必要的认知架构,帮助学生搭建思维活动的支架,完成知识建构。为了让学生经历"情境—建构—应用"这一重要的学习活动过程,情境设计思路具体细化为:问题情境—建立模型—探究活动—互动交流—应用反思。

(二) 通过主题学习活动完成知识建构

信息技术教学不再是单纯的技能课,为了体现信息技术工具性的特点,需要与其他课程知识相结合,以主题学习的方式开展教学活动,帮助学生完成知识建构,提高信息技术综合应用能力。

1. 主题设计

信息技术主题学习通过一个个项目来展开,在解决问题的过程中获取各方面的知识,提高各项能力。主题设计从以下两方面考虑:

第一,主题的设计要基于学生已经具备的知识和能力,帮助他们了解自己所处的世界,了解他人并促进与他人的沟通,了解如何将书本上学来的知识运用到真实的生活情境中,学会寻找信息与资源的本领,在生活体验中学习新的知识。

例如,学习"利用互联网获取与交流信息"这一章。考虑到青少年处在一个特殊成长时期,阅历相对简单,社会经验不够丰富,鉴别是非的能力也较弱,容易受到自然灾害、意外事故和社会不良行为的伤害,我们开设了"生命之盾"自护教育专题学习活动。为了帮助学生集中、有效地了解与掌握自护知识与技能,我们设计的网络环境为互联网与网络教学资源相结合,网络教学资源从法律权益维护、自然灾害防护、意外伤害防护、野外生存锦囊、远离毒品、心理健康、生活健康、急救方法、安全标志等方面为学生提供了详细的学习帮助。

学生根据自己的兴趣、爱好、经验、能力等实际需求选定活动内容,运用信息技术手段分析问题、收集与处理信息、解决问题,进而运用 Excel、Powerpoint、Flash 等软件统计分析学习数据、制作电子作品进行成果发布;借助留言板、BBS 等信息技术工具进行网上讨论与交流。主题学习活动结束后,学生既学会了有助于安全生存的本领,又提高了综合运用多种信息技术技能的能力,同时还增强了网络文明与安全的意识。

第二,主题学习虽然是以学生为中心的学习,但是不能过多地超越教师的知识结构和能力水平。确定主题时，教师一定要对本主题的相关知识进行了解，查找相关的资源以及获得资源的渠道，还要预测主题学习活动过程中可能遇到的问题。否则，主题学习过程中教师不能很好地帮助学生，失去了辅导者的作用。

2. 策略应用

在主题学习活动中，以多媒体和网络技术为核心的信息技术已成为拓展学生能力的创造性工具。运用信息技术开展主题学习从以下几方面考虑：

（1）把信息技术作为学习内容和学习资源的获取工具。

在资源丰富的环境下学习，可以培养学生获取信息、分析信息的能力，让学生在对大量信息进行筛选的过程中，实现对事物的多层面了解。

教师可以在课前将所需的资源整理好，保存在某一特定文件夹下或做成内部网站，让学生访问该文件夹来选择有用的信息；也可以为学生提供适当的参考信息，如网址、搜索引擎、相关人物等，由学生自己去互联网或资源库中搜集素材。相比较来说，后者比前者更能培养学生获取信息、分析信息的能力。

（2）把信息技术作为知识建构和创作实践的学习工具。

开展信息技术主题学习主要培养学生的信息加工、信息分析能力和思维的表达能力，强调学生在对大量信息进行快速提取的过程中，对信息进行重整、加工和再应用。

例如，针对目前青少年面临的网络道德、安全危机，我们开展了"健康快乐网上行"的网络文明与安全主题学习活动，让学生从自身的真实体验出发，结合教师设置的问题、提供的任务，收发电子邮件，登录、浏览、分析相关网站、论坛、聊天室。在网络遨游的过程中，正确理解网络交往的两面性，掌握必要的网络交往规则，以及网上自我保护的知识，从而形成自己的观点，并对经过筛选的图片、动画、文字等资料进行加工处理，创作出宣传画、电子报刊等作品。

在活动中，学生将信息技术作为知识构建工具，达到对大量知识的内化，在内化的过程中还开展通信和交流，完成了"担任角色—理解角色—体验角色—表现角色"的活动流程，提高了在信息技术环境下对信息进行思考、表达和交流的能力以及对信息的应用能力。

（3）把信息技术作为信息交流与反馈的工具。

信息技术为实现协作式学习提供了良好的技术基础和支持环境。学生可以借助Email、BBS等网络通信工具，参加各种类型的对话、协商、讨论活动，实现相互之间的交流。

教师可根据教学的需要或学生的兴趣开设一些专题或聊天室，如：我需要帮助、我有新的提议等。同时，教师也可以赋予学生自由开辟专题和聊天室的权利，使他们在课后有机会对课程的形式、教师的优缺点、无法解决的问题等进行充分的交流。教师可以由此得到及时的教学反馈，从而及时调整教学策略。

他人眼中的我

周莉萍老师教科研意识强，善于以教育教学中遇到的问题为切入点扎实开展课题研究，并形成有借鉴价值的研究成果，是一位教育教学的有心人。

——珠海市香洲区教育科研培训中心科研部主任　李万涛

周莉萍老师有"三心"：上进心、责任心和爱心。上进心促使她在专业发展路上一直保持饱满的学习热情和谦逊的学习态度，积极进取，与时俱进；责任心促使她工作兢兢业业，潜心教学，积极教改，专业能力强，教学效果好；爱心促使她在课堂上关爱每一位学生，既尊重学生差异又重视全体学生发展。

——珠海市理工职业学校校长、周莉萍教师工作室顾问　张伟铭

周莉萍老师的专业造诣和教学风采吸引着许多青年教师加入她的工作室。

周老师是睿智的，有很强的驾驭课堂能力，善于调动学生的主动性，善于激发学生的创造力，能机智地处理教学过程中的问题。

周老师是严谨的，以课题研究为例，既广泛查阅资料认真进行文献调研，又注重多途径收集数据、多形式对比分析进行实践验证。

周老师是乐于助人的，无论是不是她工作室的学员，只要前来请教，她必悉心指导。我们的工作室团队自2012年成立至今，硕果累累，已培养了5位广东省信息技术学科带头人。

周老师的团队是这样的：悉心指导，琢玉成器，名师效应，绽放光彩！

——珠海市第五中学信息技术科组长、周莉萍工作室成员　吴泽铭

周老师的课很有意思。学习任务与我们的学习或生活相关，既可以学习信息技术知识，又拓展了我们的视野，还提高了我们应用知识解决问题的能力。

——学生　陈家致

我的育人故事

两句话的力量

一句让我心生喜悦的话："老师，我希望可以想画多少个圆就画多少个圆，怎么才能做到呢？"

一句让我心生内疚的话："这学期一定能学到吗？"

对我而言，学生的心声极为宝贵。曾经，我的学生A无意间说过两句话，直击我的内心，让我决定尽我最大的努力重构我的课堂。

在一次课上，我教学生编程画一个圆。像往常一样，在我讲授完基础知识后，学生根据我的方法开始编程画圆。如我所愿，学生们掌握得很好，每位学生的电脑屏幕上完美地出现或大或小的一个圆。正当颇感欣慰的时候，我发现平时学习很棒

的学生 A 眉头紧蹙地看着电脑屏幕，我不禁一愣："奇怪了，这孩子怎么还没完成？"我走到他旁边一看，不禁又愣了一下：电脑屏幕上显示的程序与我课堂上所教的内容很不一样。还没等我发话，A 问了我一句让我心生喜悦的话："老师，我希望可以想画多少个圆就画多少个圆，怎么才能做到呢？"当我答复接下来的课程会解决他的疑问，A 马上又很迫切地问了我一句让我心生内疚的话："这学期一定能学到吗？"看着他急切的眼神，我再次一愣，马上给了他肯定的回答。

看着 A 满意地关机离去，我开始反思：面对不同学习能力的学生，我该如何设计教学任务才能让他们在我的课堂上学有所获，而不是期待而来，茫然而归。从那时起，我开始进行生本教育的研究。感谢 A，让我学会了因材施教。不同的课型、不同的教学内容，我都会用心设置问题情境、精心设计分层的学习任务，这是我的教学风格"寓教于情境，寓学于主题"的雏形。

有了学生 A 这类学生的激励，后来的我一直走在教改的路上，丝毫不敢松懈。在我的指导下，A 创作了信息技术与语文、物理相融合的电子绘画作品《寒山寺的钟声》，获得了广东省中小学生电脑作品制作大赛省一等奖，我连续两年获得广东省初中信息技术教学比赛一等奖大满贯。这就是"教学相长"的最好诠释吧！

教学现场与反思

"我们读书吧 —— 用图表直观表达数据"教学案例

一、教学现场

（一）指导思想

信息技术已经走进人们的日常生活，渗透到社会生活的每一个角落。新课程理念下的信息技术教育体现了一定的时代性、基础性、选择性、操作性、创造性、综合性、开放性，同时还具有一定的人文性、文化性，强调构建健康的信息文化。因此，信息技术教学不仅要注重学生知识的主动探究，注重学生综合能力素质的培养；还需要渗透人文教育。本课借助全国国民阅读调查情况的数据，以"我们读书吧"为活动主题，引导学生运用图表相关知识解决信息表达的问题，形成数字化阅读与传统图书深度阅读相互补充并保持平衡的阅读态度。

本课例的设计主要依据广东省初级中学课本《信息技术》第一册（下）B 版第一章第六节《用图表直观表达数据》第一课时的内容。

（二）教学目标

1. **知识与技能**

（1）能列举出常用图表的类型和优势。

（2）能读懂图表所表达的信息。

（3）能根据数据表达的需要，选用合适的图表类型。
（4）能根据数据表达的需要，创建图表。

2. 过程与方法

（1）通过了解不同类型图表的优势，懂得合理使用图表表达数据。
（2）通过创建图表，懂得根据表达信息的需要修改图表选项。

3. 情感态度与价值观

（1）通过体会数据图形化带来的直观感染力，明确图表是直观表达数据的强有力工具；
（2）通过分析全国国民阅读调查情况的数据，形成数字化阅读与传统图书深度阅读相互补充并保持平衡的阅读态度；
（3）通过开展"自主—协作"的学习活动，养成"自主—协作"的学习习惯，提升学习力。

（三）教学重点、难点分析

1. 教学重点

（1）常用图表的类型、优势和适用场合。
（2）使用图表向导创建图表。

2. 教学难点

（1）根据数据表达的需要，选用合适的图表类型。
（2）根据表源数据的呈现方式，正确选择"系列产生"方式。

3. 突出重点、突破难点

为了突出重点、突破难点，本课例尊重学生的认知差异，因材施教，将教学内容的重点、难点融进以"我们读书吧"为主题的创作活动中，让学生在教师、同学、微课、导学指南、ITtools教学网站的帮助下，通过"自主—协作"的方式分析全国国民阅读调查数据，根据表达需求，分析问题、解决问题，从而完成学习任务，逐渐掌握学习内容，达成学习目标。

（四）学情分析

本课例的教学对象是七年级学生。

1. 学生的现有知识结构

学生能够较为熟练地运用 Excel 软件进行数据处理和统计，在数学课上对选择图表类型已有初步了解，为本节课学习奠定了知识基础。

2. 学生的心理特征

学生活泼好动、思维活跃、好奇自信。虽然具备一定的自主、协作学习能力，但是自控能力不强。而信息技术教学活动要求学生要有较高的自觉性和良好的学习习惯，才能完成规定的学习任务。

在学生利用ITtools教学网站进行"自主—协作"学习的过程中，教师通过巡视、指导、调控课堂秩序的方式来帮助学生完成学习任务，目的是在教学过程中既注意培养学生的意志品格，又注意训练学生的行为习惯，增强学生自主学习、协作学习的意识。当然，这都是长期、系统而细致的工作。

3. 学生的认知水平

学生求知欲较强，具有喜欢主动尝试、追求独立等特点，能够对抽象、表征性的材料进行逻辑推论，但是仍然需要感性经验的直接支持。而且由于目的性不够明确，无意性和情绪性比较明显，思维仍带有片面性和主观性，还不能客观或全面地分析问题。因此，对七年级学生进行情感态度价值观教育，关键在于诱导、疏通与渗透。

本课例的教学内容中，根据中国新闻出版研究院全国国民阅读调查结果，选择图表类型的知识浅显易懂，学生通过自学很快就可以明白；创建图表的方法和技巧则有一定难度，学生需要借助教师点拨、微课、导学指南等学习资源的帮助，在实践过程中逐步了解、逐渐提升；对国民阅读调查数据信息的分析、理解仍然需要教师在教学过程中动态把握，适时引导、提炼、升华。

4. 学生的学习力

进入初中以后，学生在学习上的独立性逐步增强，能够直接从各种传播媒介中获取信息和知识，从而能够感受到不同的文化价值观。但是，他们的学习体验、学习力各不一样。

学生是否愿意学习、是否会学习远比掌握具体知识与技能更重要。为了帮助学生掌握学习方法、提高学习力，教师在切入"自主—协作"的学习方法指导时，注意及时发现并表扬学生学习过程中的亮点，以达到对学生自我判断力、计划力和自我控制力循序渐进的培养。

（五）教学策略设计

1. 教学方法的选择

本课采用任务驱动法进行教学，给学生设置梯度递进的任务，提供微课、导学指南、ITtools平台等学习资源，使学生更深入地在选定的学习领域内进行探索，把"在乐中学、以用带学、以用促学、学以致用"的思想渗透在整个学习过程中，在明确目标任务的前提下，充分发挥主体作用，完成知识向能力转化的过程，在具体的应用中巩固和提高已形成的技能。

2. 学习方法的选择

学生借助微课、导学指南、ITtools教学网站等教学资源，进行"自主—协作"学习。整个学习过程学生根据不同的学习任务进行个人自主学习，以及小组协作的学习活动，任务完成后借助ITtools教学网站进行作业批阅，实时了解学习情况、并在线观看题目解析，完成知识建构。

3. 小组内的自主协作评价机制

(1) 自主学习。

独立浏览微课、导学指南、ITtools 教学网站，进行自主学习。

(2) 协作学习。

鼓励组内互助，学习力强的学生协助有需要的同学完成学习任务，以小组学习力评价促进组内互助学习氛围的形成与发展。

（六）教学过程（见下表）

环节	教师活动	学生活动	设计意图
情境激趣 主题导入 (4 分钟)	运用 ITtools 教学网站"情境导入"模块： (1) 图片展示：2015 年 4 月的月历，让学生明确 4 月 23 日是"世界读书日" (2) 学生分享：我为什么读书 (3) 提问：我们为什么要读书 视频欣赏：世界读书日宣传片《人为何读书？》 (4) 对比展示：在 PPT 中，运用数据表、图表两种形式展示"各国国民人均纸质图书阅读量" 提问：数据的两种表达方式，哪种更直观	(1) 学生观看、思考，与教师互动 (2) 明确学习目标，进入教学主题	(1) 创设情境，激发学生兴趣 (2) 让学生领悟"读书是一种精神力量"，引出全民阅读 (3) 引出课题：用图表直观表达数据

续上表

环节	教师活动	学生活动	设计意图
目标展示 明确流程 （1分钟）	运用ITtools教学网站"学习目标"模块： （1）能列举出常用图表的类型和优势 （2）能读懂图表所表达的信息 （3）能根据数据表达的需要，选用合适的图表类型 （4）能根据数据表达的需要，创建图表	（1）专心听讲 （2）明确学习任务	赋予学生明确的学习方向
精讲点拨 指点迷津 （3分钟）	（1）学生自学：常见图表类型和优势 （2）阅读P29—30，结合以下2个问题，对表中数据进行分析 （3）根据表达需要，选择合适的图表 （4）这个图表表达了什么信息 2014年我国成年国民阅读满意度 	评价意见	满意	一般	不满意	其他
人数	25.8%	47.6%	16.3%	10.3% | （5）师生互动： ①学生进行自学反馈 ②知识梳理：图表的类型与优势 一、图表的类型和特点	（1）根据思考题，看书、思考 （2）与教师互动，回答问题	（1）培养学生自主学习能力 （2）让学生懂得：同样的数据，从不同的角度考虑，选用的图表不一样

续上表

环节	教师活动	学生活动	设计意图
在线练习夯实基础（4分钟）	运用ITtools教学网站"基础任务"模块：学生练习：围绕中国新闻出版研究院《2014年全国国民阅读调查结果》设计基础任务的习题，学生借助教学网站进行在线练习，完成基础任务	借助ITtools教学网站进行在线练习	（1）帮助学生进一步了解我国国民阅读现状，促使学生热爱读书，体现情境创设的延续性 （2）帮助学生进一步了解常用图表的类型和优势，为后续创建图表的学习活动夯实基础
	练习评析： （1）教师借助ITtools教学网站的实时批阅功能，了解练习情况 （2）教师根据练习情况进行点评、解析	运用ITtools教学网站的实时批阅功能，了解自己的答题情况，并阅读答题解析	（1）实时反馈学习结果帮助学生及时发现错误 （2）提供正确答题解析，帮助学生解决疑难

续上表

环节	教师活动	学生活动	设计意图
精讲点拨 指点迷津 （2分钟）	（1）图表展示：信息不明晰的图表1 提问1：这个图表，能清晰表达信息吗 （2）对比展示：信息明晰的图表2 提问2：对比图表2，图表1应该补充什么内容 （3）师生互动： ①知识抢答：借助PPT触发器功能，在图表2中圈出重要的图表组成要素 ②知识梳理：图表组成要素可根据表达需要，进行取舍	（1）根据思考题，看书、思考 （2）与教师互动，回答问题	（1）让学生体验信息不明晰的图表，无法直观表达数据，引出"图表的组成要素" （2）加深学生对组成要素作用的了解，懂得根据表达需要选择图表组成要素

续上表

环节	教师活动	学生活动	设计意图
自主协作 实战提升 (15分钟)	(1) 运用ITtools教学网站"进阶任务"模块：布置进阶任务，明确学习指南 (2) 学生进行"自主—协作"学习，完成进阶任务 ①每位同学借助学习指南自主完成任务；学习过程如果遇到困难，小组内协作完成 ②任务完成后，将作业提交到教学网站进行"自助批阅"，及时了解自身的学习情况，并认真阅读解题分析，解决疑难	(1) 借助微课、导学指南、ITtools教学网站等教学资源，进行"自主—协作"学习，完成进阶任务 (2) 任务完成后借助ITtools教学网站进行作业批阅，实时了解学习情况、并在线观看题目解析	(1) 分组布置进阶任务，有助于学生在整体了解全国国民阅读调查结果的基础上，进一步着重读懂某一方面的调查数据信息，并根据数据表达需要创建图表，循序渐进地完成学习任务 (2) 提出思考问题，目的是关注学习难点，有针对性突破 (3) 学生借助教学网站的"实时批阅"功能，及时批阅作业、及时反馈答题情况，既显示作业错误的原因，又提供正确答案的解析，帮助学生及时解决学习疑难，提高学习效率

续上表

环节	教师活动	学生活动	设计意图
自主协作 实战提升 (15分钟)	(3) 反馈数据，针对性点评 ①教师借助教学网站查阅学生答题情况 进阶任务（表1） ②师生互动：教师根据答题情况，结合任务完成过程中需思考的3个问题，选择有共性疑难的知识点，进行解析、点评，组织学生互助修改；结合教学视频，解读进阶任务中3种图表所表达的数据信息		(4) 教师借助教学网站统计学生答题情况数据，便于有针对性进行辅导、点评 (5) 解读图表信息，既提高学生的读图能力，又促使学生思考数字化阅读与传统图书深度阅读的关系，懂得两者相互补充并保持平衡，让自己在碎片化时间的阅读更有价值
释疑解难 突破难点 (3分钟)	(1) 知识抢答：结合创建图表的操作难点、易错点设计习题，有效突破难点 (2) 知识梳理：创建图表过程中，根据表达需要设置"图表选项"	（1）思考、回答问题 （2）与教师互动，完成知识梳理	关注学习难点，有针对性地突破

续上表

环节	教师活动	学生活动	设计意图
小结梳理及时巩固（3分钟）	（1）常见图表的类型和优势：借用比喻手法，形象说明图表的类型和优势 （2）创建图表的步骤：运用鱼骨图和PPT的拖曳功能，梳理创建图表的步骤	与教师互动，理清思路	运用灵活多样的方法帮助学生对所学知识进行归纳总结，提高学习效率
在线检测查漏补缺（3分钟）	（1）学生检测：学生借助教学网站进行在线检测，完成学习检测 （2）检测评析： ①教师运用教学网站实时批阅功能，了解检测结果 ②教师根据检测情况进行点评、解析	（1）借助ITtools教学网站进行在线检测 （2）借助IT-tools教学网站实时了解学习情况，并在线观看题目解析	（1）实时反馈学习结果，帮助学生及时发现错误 （2）提供正确答题解析，帮助学生解决疑难

续上表

环节	教师活动	学生活动	设计意图
评价反馈 知识迁移 (3分钟)	(1) 评价反馈：根据学习力排行榜得分，选出优胜小组；精彩亮相，掌声鼓励 (2) 知识迁移：学习力排行榜是否属于图表 (3) 范例欣赏：展示图表美化的范例，初步了解图表美化知识，激发学生对新知识的兴趣	(1) 参与小组评价反馈 (2) 思考、回答问题	引出下一节学习内容"图表美化"

续上表

环节	教师活动	学生活动	设计意图
总结延伸情感升华（3分钟）	（1）教师分享感言：读书，是一种精神力量 （2）学生齐读"世界读书日"主旨宣言	（1）倾听、思考 （2）齐读"世界读书日"主旨宣言	在教学中渗透情感态度与价值观的教育，信息技术课堂应有人文情怀。

二、教学反思

（一）优点

本课教学目标明确，三维目标定位合理，教学环节完整流畅，教学效果好，主要体现在如下方面。

1. 围绕主题学习活动，教学情境贯穿始终

本课以"我们读书吧"为主题创设情境，引导学生通过制作图表，分析中国新闻出版研究院发布的全国国民阅读调查结果数据，让学生热爱读书，知道数字化阅读应该与传统图书的深度阅读相互补充并保持平衡，让自己在碎片化时间的阅读更有价值。

2. 梯度设置学习任务，循序渐进开展学习活动

在教师精讲点拨的基础上，学生首先通过自主学习完成"根据表达需要选择适用图表"的基础任务，感知图表的类型与优势；再通过"自主—协作"方式，让学生将理论运用到实际问题当中，联系实际问题大胆尝试进阶任务，完成图表的创建，实现把课本上的知识与技能转化为提高解决问题能力的迁移。

3. 运用"自主—协作"学习方式，引导学生形成主动学习、团结协作的学习态度

完成任务的过程中，鼓励学习能力强的学生担任"小老师"，激励他们既充分发挥较强的学习能力尽快完成任务，又主动帮助有困难的本组或他组同伴完成学习任务，达到知识共享。课堂中学生的主体地位突出，教师的主导作用明显，学生的自主探究和小组协作精神得到充分发挥，形成"自主—协作"的良好学习氛围。

4. 借助教学网站，及时反馈学习数据，提高学习效率

借助教学网站的"自动批阅"功能，及时批阅学生作业、及时反馈学生答题情况，既显示作业错误的原因，又提供正确答案的解析。不仅帮助学生及时解决学习疑难，提高学习效率，还为教师提供学生答题情况的分析数据，有助于教师有针对性进行辅导、点评。

（二）有待改进之处

本课体现了分层教学思想，但任务的难易程度设置还可以更为细化，让学生能够根据自身学习能力自主选择不同梯度的学习任务。

育粤韵艺术之苗，长智慧快乐之果

● 广州市第一中学　伍鸣彪（初中音乐）

▶ **导读语** ▶

回首自己多年来一线的音乐课教学经历，心里不断地萦绕着一个问题：我在教什么？是艺术的本身吗？终于有一天，我发现，我是要使大家拥有艺术的眼睛、耳朵和灵魂。艺术的美、音乐的美存在于我们的一举手、一投足之间。

我是伍鸣彪，广州市第一中学高级音乐教师。毕业于华南师范大学音乐教育专业，获武汉大学数字媒体艺术专业硕士学位。广东省音乐家协会会员，曾任广州市音乐家协会理事，广州管乐学会理事、部长。曾主持中国教育学会"十一五"规划课题子课题、省"百千万"专项课题、广州市荔湾区教育局专项课题；参与广东省教育科学"十二五"规划课题等课题研究；编写出版九年级《艺术》教材的教学参考书、《优秀歌曲竖笛伴奏选集》曲集等书籍；撰写和发表《奥尔夫教学法中的中学生音乐核心素养的培养》等论文，共10多万字。曾任广州市荔湾区教育局首届名教师音乐工作站站长，培养多位年轻音乐教师成为工作站研究员、广州市骨干教师、荔湾区教育局音乐教研会理事等。曾指挥广州一中竖笛乐团获全国一等奖、合唱团获广州市一等奖；多次组织广州一中艺术团队参加亚太管乐节、台湾管乐节，赴香港参加庆回归十周年现场表演等交流活动，效果良好。曾获"器乐教学先进个人"称号（广州市教育局教育研究院）；"羊城优秀音乐家"称号（广州市音乐家协会）；"广州市优秀音乐教师""荔湾区名教师"称号；荔湾区政府嘉奖；被中国音乐学院考级委员会评为"优秀辅导教师"（中国音乐学院考级委员会）；广州市音乐教研会中心组成员。积极参与广州市、区教育局教研室举办的教育科研活动，如执教香港、广州两地的"一课两讲"公开课"利用音乐软件创作音乐"，获得圆满成功并发挥了积极的示范带头作用。

名师成长档案
做自己喜爱做的事，艺术与智慧共生

我年少时的梦想就是每天都能做自己喜爱做的事。中学时期，理工科文化背景的父母给读文科的我限定了高考的专业选择方向：第一，不考师范类；第二，不考艺术类。最后的结果让人都不满意——两样都粘上了。但这是我自己争取回来的！我希望将来有一天，我能带着和我一样喜爱乐队演奏的学生们在音乐的王国里自由飞翔！陶行知先生明确倡导"教育要爱满天下"，教师要平等地对待每一位学生，要坚持有教无类的教育原则。在我初中学习期间，就遇到过一位让我一生难忘的音乐老师，他每天都很早到校，赶在早读之前抓乐团的基础训练，下午放学后很晚才走，也在抓乐团的排练，年复一年地坚持下来。他对基础不好的学生很有耐心，从未见过他嫌弃这类型学生，着实是很让我佩服和感动。

一、成长的基石与动力源泉——不断地学习

（一）理论积淀

在工作过程中，我勤学习，积极钻研，参加各级各类研讨和进修活动。常阅读劳元煦的音乐教育纪实《不同凡响》《中小学音乐教育》、陈璞的《让心灵伴着歌声成长——22位音乐名师的教育智慧》、柳苏凌的《平民音乐教育家费承铿》等有关书籍，从中掌握教学的发展动态，集百家所长，有系统地充实自己的基础理论和专业知识；多阅读《教育导刊》、李镇西的《爱心与教育》、魏书生的《班主任工作漫谈》、戴尔·卡耐基的《人性的优点》、周弘的《如何赏识你的孩子》《小故事中的大智慧》系列丛书等心理学、教育学方面的书籍，以掌握和运用心理学、教育学和教学法的基础理论知识去指导实际的教学教育工作。经过不断的学习，我基本形成了对中学音乐教学系统性的理解和运用能力，并了解到学生在中学阶段的成长发展过程及其心理变化过程，在工作实践中逐渐探索出一套美育育人的有效方法，使我能揣摩学生心理，因材施教，结合艺术所特有的能效，有效开展工作。

（二）实践提高

我和我的集体团结奋进，有幸在老教师的悉心帮助和指导下，在如何理解教材以进行教学设计，如何有效提高课堂效率，如何听课、评课，如何进行课后反思、论文撰写等方面都有了较大提高。在一次全市的异地教学公开课中，分别由我和香港的陈老师通过网络视频进行异地同步授课，是同课异构。上课地点分别在广州市第三中学和香港浸会大学附属学校，上课对象是两地的初中二年级学生，上课的课题是"利用电脑创作音乐"。当时需要克服电脑装机的音乐软件、摄像录像、音响

等的应用差异，面对学生的音乐基础差异，利用电脑平台收发作业，普通话、英语和粤语转换及评价等的困难。很幸运，我得到了兄弟学校老师和同学们的热情帮助，顺利完满地完成了创新与试验，收获了宝贵的经验与信息。

这次活动给我留下深刻印象的是备课过程，虽然遇到了很多困难，但在同事们的帮助下都逐一解决了，整个过程充实而快乐。我感觉每次活动，都是对自己业务能力的一次提升，我很欣慰。我积极参加各种学习，通过不断地充实自我，我的教学能力不断提高，同时在教学上有疑必问，虚心请教其他老师，征求他们的意见，改进工作，博采众长，提高教学水平。

二、成长的关键与保障——不断地实践

我通过解决教学中遇到的困惑问题，关注自己的实践，不断反思自己的经验，并在和领导、同事相互探讨中不断提高自己的业务水平。最优的方法不是什么特别的教学法或教学手段，而是在教学规律和教学原则的基础上，教师对教育过程的一种目标明确的安排，是教师有意识的、有科学根据的一种选择（而不是自发的、偶然的选择），是最好的、最适合于该具体条件的课堂教学和整个教学过程的安排方案。用这种观点来考虑教学方案时，教师不是简单地从各种各样的教学方案中选出一种进行试验，而是信心十足、深信不疑地选择最恰当的课堂教学方案或课堂教学方法。

（一）师之精业，唯有定力

定力：伏除烦恼妄想的禅定之力。

做好一名教师，要靠定力。有定力，方能坐冷板凳，耐得住寂寞，经得起挫折；有定力，方可博览群书，潜心著述，有所成就。无定力，便会为浮名近利所诱惑，被本能欲望所驱使，心神旁骛，意不在学，或半途而废，或止于小成。

20世纪90年代中期，因为待遇问题，大量教师下海经商，我们学校里跟我年龄相仿的男教师都离开了，只剩下我一个，走还是不走，纠结着……

21世纪初，除了一个新建的棘手的团队——管弦乐团，其他所带过的几个艺术团队在省市都有过奖项。带乐团，意味着相同的付出不一定会有相应的回报，同样纠结着……

10年前，成为中学高级教师后，我感觉可以歇会了，但今后的路在何方还未知……短暂的纠结过后，心里还装着理想的我一路走过来了。走过来的过程中收获不断：

（1）武汉大学硕士学位让我在新的专业高度上要求自己、审视自己；

（2）广州市荔湾区政府嘉奖、区"优秀教师"称号让我努力之后再开始一个又一个工作的新里程；

（3）"羊城优秀音乐家"让我的工作进一步融入南粤社会服务中；

（4）广州市"优秀音乐教师"荣誉让我能更进一步与优秀的教师们学习和看到更高远的目标；

（5）广州市荔湾区名师工作站主持人让我拥有进行教学研究实验的团队与平台；

（6）成为广东省新一轮"百千万人才培养工程"名师培养对象让我拓宽教育思维和视野；

（7）广州市荔湾区人民政府教育督导室督学让我明白了社会中教育的根本需求。

（二）定能生慧，静纳百川

《大学》有云："知止而后有定，定而后能静，静而后能安，安而后能虑，虑而后能得。"古人又云："定能生慧，静纳百川。"

定是慧体，慧是定用。教学实施的整个过程需要教师的锻炼定力；与此同时，教研的思维需要加强教师的智慧，教与研相结合，相得益彰。

清静的心，自然能够容纳万物，清化污浊，博大而深沉，豁达而明朗；我们的工作需要的是扎扎实实，清清白白，安安静静，以一种淡泊的心态来面对纷纭的世事，不被世俗、名利、地位迷离双眼。教学工作是艰苦的，也是快乐的，教学研修之路、教学理论提升之路不仅需要清静的心，更需要它博大而深沉。我喜欢音乐，更喜欢进行工作以外的探索！20世纪90年代初，我成为一名音乐教师。这一职业给予了我充分施展才华的平台，也为我打下了坚实的专业基础。毕业分配到广州市第一中学后，我就开始跟这里的大大小小的文艺活动结缘，每天都忙碌在课内外的音乐教学事物当中——累并快乐着！能让学生学会快乐生活，从中培养自己良好的兴趣和爱好，让他们将来在快乐和有追求中工作与生活，是我的教学理想。

定下来就包含着是静下来，静下来的我在教学上的成长，得益于身边的师傅、导师们的指导，特别值得一提的是前几年有幸参加省强师工程培训班的实践和学习，更是大开眼界，醍醐灌顶。培训课堂上导师的深入讲解和指引，都给我留下了深刻的印象，为我的教学智慧和职业发展起到了重要作用。

三、成长的环境和后盾——必须感恩的学校

从入行至今，我在学校领导、老师们的指导和帮助下一路走来，虽磕磕绊绊，但收获颇丰。我的成长离不开学校领导每次精心组织的青年教师培训，离不开师傅对我的陪伴、指导与鼓励，更离不开科组教师们和学校领导们对我工作的支持。我觉得我们这批教师是幸运的、是荣幸的，我们的成长背后都是学校为我们精心地铺路指引，一节节名师公开课让我们开阔眼界，一场场沙龙让我们反思进步，在这里我代表全体教师再次感谢学校领导为我们提供的成长机会！我们一定会且行且珍惜。

年华似水，岁月飞逝，回顾走过的20多个年头。我深深地感受到个人成长离不开自信、钻研、毅力，更离不开学校环境和教师群体所形成的强大的精神后盾。在专业发展的过程中，教师需要在实践中处理好教育工作与教学工作、亲身经历与借鉴经验、自觉学习与敢于实践等关系，还应在以下几方面努力：加强文化修养，提高自身综合素质；在实践中历练，在历练中学习，在学习中反思，在反思中提升；提高驾驭课堂的能力，从而使课堂教学张弛开合自如。

▶▶ 我的学科教育观 ▶

一、我的教学风格——"寻美、启迪和快乐"

在追求快乐教育的同时，经过不断思考与实践打造理想课堂，我形成了自己的教学风格。

（一）教学过程——"寻美"

1. 美的范畴

音乐美分为优美、壮美、崇高美、欢乐美、悲剧美、戏剧美等6个基本范畴。

审美教育在我们中小学音乐教育里，是作为核心的目标要求，要带领学生在日常生活中、学习过程中发现、区分和感受美。这是实施过程与方法的铺垫，为推动情感价值观和技能的进一步发展提供了相应的基础。

音乐美是极为丰富多彩的，其外部动态主要表现为音乐作品的体裁与形式；而其内在的本质则更多表现为音乐的内在性格与情感态度。

2. 踏歌粤韵

在一次上歌曲欣赏课时，课后有几个小孩提出不想听老师准备好的、课本上的歌曲，认为课本所列出的示范音乐都不怎么好听。我问道：那你们想听什么呢？他们说：我们想听BEYOND乐队使用粤语演唱的《海阔天空》《光辉岁月》。我说：那下节课给10分钟你们分工介绍一下《光辉岁月》这个作品好吗？他们连声说："好！"我说："除了听音乐，你们需要介绍音乐的创作背景和音乐特点。"他们说："没问题！"

第二节上课前，他们准备了大量音乐资料：

《光辉岁月》的部分歌词："钟声响起归家的讯号，在他生命里，仿佛带点唏嘘。黑色肌肤给他的意义，是一生奉献肤色斗争中。""可否不分肤色的界限，愿这土地里，不分你我高低。缤纷色彩闪出的美丽，是因它没有分开每种色彩。年月把拥有变做失去，疲倦的双眼带着期望。今天只有残留的躯壳，迎接光辉岁月，风雨中抱紧自由。一生经过彷徨的挣扎，自信可改变未来，问谁又能做到。"

创作过程：1990年，BEYOND乐队远赴肯尼亚，目睹了饱经战争和灾荒的非洲人民的苦难生活。回国后，BEYOND的主唱黄家驹在报纸上读到被困狱中的曼德拉的故事，他内心产生了强烈的共鸣。在黄家驹看来，曼德拉的精神内涵是关于抗争与希望，这与BEYOND在香港艰辛打拼的背景不谋而合，于是黄家驹就创作了《光辉岁月》这首歌曲。

3. **文化拓展**

歌曲中的背景故事：在施行种族隔离制度的南非，争取自由、平等的斗争风起云涌。这些进步性的运动难免会遭到一些失败和挫折，南非黑人领袖曼德拉就被关押长达15年之久，经过艰苦的斗争，在1988年出狱。出狱后，曼德拉继续领导南非的反种族隔离运动，终于在1994年成为南非第一任黑人总统，标志着这场斗争最后取得了胜利。BEYOND在1990年创作的《光辉岁月》正是歌颂了曼德拉伟大而光辉的一生，也表达了自己对种族歧视的厌恨。

作品意义：《光辉岁月》纪念南非前总统曼德拉的精神。①顽强：白人专制我抗争，黑人专横我同样抗争；②宽恕：当我迈出囚室走向通往自由的监狱大门时，我已经清楚，若不能把痛苦与怨恨留在身后，那么其实我仍在监狱中；③民族和解：我们面向未来的，应当是正义而非报复。《光辉岁月》是香港摇滚歌手黄家驹献给南非黑人领袖曼德拉的一首对自由的颂歌。

4. **乐理解读**

音乐的表现类型属于音乐中的摇滚风格。

他们没有浪费这10分钟，也很享受这10分钟，享受音乐中的壮美、崇高美。当然，轮到我接过话题来讲述"什么是摇滚"的问题时，他们的参与活跃度和关注度也是我所期待的。

诚然，孩子们对音乐美的感受有不同的基础，跟家庭文化熏陶、生长环境条件和早教开发都有很大关系，但在基础音乐教学里，从来没有所谓的优秀生和差生，我认为现在每一个孩子都是有音乐美感的，不能忽视对每一个孩子审美感受的发掘与引导，也不是单纯的音乐技能的学习。孩子的创造力不能仅仅局限在某一方面。

（二）教学方法——"启迪"

唤起学生创造的欲望和激发学生学习的兴趣及热情，使学生产生求知内需，求异思路，极大地发挥学生的内在动力，很有利于学生创造思维的开发。在教学中发挥学生的主体作用，让学生全身心地融入教学的全过程，自主探究、发现知识，创造性地运用知识，就能充分地激发学生的创新思维能力，为全面提高学生的审美素质、培养出具有创新能力的人才作出有力的保证。

1. **名人的策略**

巴尔扎克说过："打开一切科学的钥匙都毫无疑义的是问号。"好动、好奇、好胜是中小学生的年龄特征，勤学善问是学生进行学习需要具备的重要品质，因而教师在进行教学时，可以通过一些设疑来启发学生探究、质疑，以培养学生自主学习的能力。作为普通教育阶段的音乐教师，要注意思考的是：什么样的问题能启发学生强烈的探究意愿？怎样提问能有效地带动学生进行审美思考？

音乐课堂上的提问，是启发式教学的一个重要组成部分，也是组织课堂教学的重要环节。它不仅能启发学生思维，活跃课堂气氛，而且有利于激发学生的学习兴趣，培养学生的语言表达能力。因此，提问效果往往成为一堂课成败的关键，而决定提问效果的根本因素在于把握课堂提问的技巧。

课堂提问，深浅要适宜，在教学实践中，问题设计有2个极端：一是问题大而玄，如检查性提问，上节课我们讲了什么内容？二是问题细而明，学生不假思索，"是"与"非"脱口而出。这2个极端有共同的弊病：不能激发学生思维活动。前者大而玄，后者细而明。因此，设计问题应紧扣教学重点难点，靠船下篙。要让多数学生跳一下就能摘到树上的果子，这样才能启发学生的思维，发展其智力。

2. 引领和探索

在学习传统古曲《十面埋伏》时的提问设置：

音乐分析：《十面埋伏》是一部著名的大型琵琶曲，气势雄伟激昂，艺术形象鲜明，是琵琶武曲的顶峰之作。它结构完整，用音乐叙事的手法完美地表现了名闻古今的楚汉之战。琵琶的演奏手法在此曲中得到了淋漓尽致的发挥，那激动人心的旋律令听者无不热血沸腾、振奋不已。直到现在，在各种类型的音乐会中，《十面埋伏》都是最受欢迎的琵琶曲之一。

故事背景：秦朝末年，各诸侯国和势力为了推翻秦朝而发动战争。各诸侯国和势力以楚国为主导，楚王曾说，先攻占咸阳者为关中王。刘邦率领的汉军率先攻占咸阳，但楚国项羽势大，不想让刘邦称王，双方开展了4年的征战。最终，项羽不敌刘邦，自刎于乌江岸边，爱妾虞姬亦自刎。

如何让学生有效地欣赏这一曲古典民乐类作品，以及从中获得应有的启迪呢？

我设置了几个问题：

（1）电影、戏曲作品《霸王别姬》中的霸王与虞姬长什么样？单凭音乐能否刻画人物形象？为什么？

（2）图《乌江自刎》配的是哪一段音乐，如何表现人物的心理活动？

（3）音乐中哪一部分是对应表现列队、行进、埋伏？

当前面几个问题得到有效解决后，学生能很好地理解音乐作品的语言和表现手法，欣赏音乐的基本问题也就很容易解决了。

设计的问题应当由浅入深，同时要利用各门类艺术表现手法与呈现效果上的通感，来激发学生的发散思维和创造性思维，并且要有一定的层次感，不要在一个水平上盘旋，要具有梯度，学生的思维活动才不会中止。也比如通过阶梯式问题，启发学生追根溯源，寻求答案，课上学生的思维活动就不至于中止、迁移，从而达到启迪学生的教学效果。

（三）教学效果——"快乐"

1. 快乐的作用

音乐学习会带给学生欢愉的生活感受，这是应该做到的。音乐教学中，教师在课堂上应围绕本课的教学内容和教学要求，充分调动学生学习的主动性、积极性、自觉性，让每个学生都能在轻松愉快的氛围中学习音乐、理解音乐、感悟音乐、表现音乐，真正给学生一个展示的舞台、一个锻炼的机会、一次成功的体验。因此，在音乐教学中选择"快乐教学"是一种有益的形式。

2. 基础的建设

首先要创建和谐的课堂氛围。我认为，教师应营造一种民主、自由、轻松、愉快的氛围，创设良好的师生关系。大多数时间教师可以走到学生中间，缩短和学生的距离。如果教师与学生之间能形成友好信赖的关系，学生就可能更愿意和教师相处，接受教师的教诲。在音乐教学中，教师可根据音乐课轻松、愉悦的特点，给学生充分表达情感的机会。想说就说，想唱就唱，有疑就问，有问必答。对学生一些离奇古怪的想法和问题，教师应给予鼓励、支持，调动全体学生共同讨论、合作解决。这样，同学与同学之间越来越相互尊重和理解，每个学生也都乐于畅所欲言，音乐课堂上就形成了一种友好、宽松的学习氛围。

3. 快乐的策略

音乐是一种情感艺术，它在诸种艺术中是最具感染力，最能广泛地影响人们的情感领域的。音乐教育的主要任务是培养和提高学生对自然美、社会美和艺术美的感知能力、鉴别能力、欣赏能力和表现能力，树立正确的审美观念。在中小学课堂教学中，音乐课堂应该是一个快乐的音乐天堂。

在学习了《快乐老家》《幸福快车》这两首作品后，我发现单纯的技能型的学习已经满足不了学生在理解上的需要。我问道："什么是快乐？什么是幸福？"生："能够看一部好看的电影。""可以跟爸爸妈妈在一起唱卡拉OK。""可以去长隆野生动物园旅游。"

快乐就是觉得满足与幸福。德国哲学家康德则认为："快乐是我们的需求得到了满足。"的确，快乐是一种美好的状况，也就是没有不好或痛苦的事情存在，你觉得个人及周围的世界都挺不错。那幸福又是什么？你穷，有人跟着你，这就是幸福；你病，有人照顾你，这就是幸福；你冷，有人抱着你，这就是幸福；你哭，有人安慰你，这就是幸福；你老，有人伴着你，这就是幸福；你错，有人包容你，这就是幸福；你累，有人心疼你，这就是幸福。

在学生学习掌握音乐技能的同时，对音乐文化内涵的理解能否升华，是我一直探索的问题，这也是形成我的教学风格的重要原因！

二、我的教学主张——育粤韵艺术之苗，长智慧快乐之果

我认为，教育的根本意义并不是让学生掌握多少书面知识，而在于文化的育人

作用。

文化育人于举手投足之间、于屋檐下、于大海边、于丝竹言谈间，春风化雨、润物无声。在南粤大地上，在平常课堂中，引导解读当地文化现象、学习本土艺术作品都能让学生更深入地理解和掌握文化现象。

而教育的根本目标就是让学生学会生活、懂得生活、快乐生活、幸福生活。

作为音乐教师，我希望每一位学生都能学会用心感受和欣赏身边的事物，去发现美、创造美。例如，通过讲音乐故事，潜移默化地让孩子在快乐中领悟做人的道理；通过音乐剧创作，让孩子在快乐的活动中，感悟知识的运用和创造性的作用等。

高尔基曾说："照天性来说，人都可以是艺术家。他无论在什么地方，总是希望把'美'带到他的生活中去。"罗丹也曾说过："美是到处都有的。对于我们的眼睛，不是缺少美，而是缺少发现。"

如果人们不仅能够执着地追求美，而且能够敏锐地发现美、自觉地创造美，那么，不仅他们自身会变得更加完美，而且整个社会、我们周围的一切，也都会变得更加完美。

我校的教学特色是"阳光睿智，强健博雅"。

据此，在历练与研修路上，我提炼出自己的教育主张："发现美＋创造美＝我的快乐教育"。

在艺术实践上，我以星光艺术团的建制为依托，以"丰富学生生活，弘扬校园文化"为宗旨，提高学生综合素质、活跃学生课余生活、营造和谐校园文化、推进校园文化建设。丰富多彩的文化艺术活动充分发挥学生的主动性和创新精神，努力提高学生的审美能力和审美格调，发展学生的艺术特长，提升学生的整体素养，使学生在文化艺术实践中，自觉增强集体荣誉感、责任感、认同感和团结协作的集体主义精神。广州市第一中学星光艺术团主要由以下几个团体和学生社团组成：混声合唱团、童声合唱团、管乐团、管弦乐团、舞蹈队、美文诵读队以及街舞社、吉他社、歌词社、国标社、B-BOX社、PEN-BEAT社等。社团活动贯穿于课内外，服务于学生的审美实践。

他人眼中的我

伍老师在学生面前非常和蔼，从没有见到他因为学生的调皮而生气暴怒，他会用一些故事和比喻来吸引和感化学生，歌声也很好听，很能吸引住学生。

——广州市第一中学教师　杨老师

伍老师做事具有典型的广府人特点，少说多做，注重实效；但是做出来的成果要注意总结和升华，一定要宣传出去。

——广东省第二师范学院教授　吴惟粤

您拥有动人的嗓音，让我怀念您，要保护好您的嗓子啊！

——初一学生 李玥影

我的育人故事

春风化雨，美丽人生

在任管弦乐指导老师期间，我成功地转化了沈某、萧某等后进同学。

其中，沈某同学的情况较为典型。她家庭环境一般，但人长得聪明伶俐，双簧管也吹得很好，曾经多次参加文艺比赛并获奖。但父母忙于工作，疏于监管，家里房子不宽敞，将她安排在父母房子楼下的一个梯间独住，而双方又缺乏必要的沟通。该生久而久之与社会不良青少年有较频繁的接触，到初二下学期，她与父母的关系发展到非常糟糕的地步，曾多次出走和夜不归宿，成绩刚刚有点起色，又一落千丈。

看到这个情况，我作为专业指导老师积极与班主任一起家访，加强了与其家庭的沟通，第一时间了解更多的情况，共同分析原因，通过多次家访、谈话、组织乐团的同学共同关心、帮助她，巧妙地为她精心设计了小型的音乐分享会，让她和同学们能在一帮有共同爱好的同学当中找到了乐趣和自我的价值。后来她还主动要求参与艺术节的组织策划活动。

在其家庭、身边同学、校德育处、社区等人员的共同努力下，沈某同学终于醒悟过来，最终顺利参加了中考，考入自己喜爱的中专学校，很快成为学校文艺骨干成员，并且学会了合理规划和管理自己的生活。

成功转化后进生的过程使我充分体会到作为一名教育工作者、一名艺术老师的乐趣与成就感。

教学现场与反思

一、教学案例：音乐欣赏课"彩云追月"

（一）教学背景分析

1. 学习内容分析

《彩云追月》由任光先生于 1935 年创作，是一首广为流传的具有广东音乐风格的民族器乐合奏曲。这首器乐曲有一个特点：主旋律由五声调式的上行旋律作为动机创作，旋律轻快、舒缓。在伴奏的编配上，作曲家采用了十分有特色的探戈节奏，并放慢了一倍作为固定的伴奏音型，使这首浓郁的中国音乐融入了西方的探戈曲风格。既传统又现代，既古典又流行，雅俗共赏，深受人们的喜欢。后改编为歌曲，并填入适合中学生学唱的歌词。歌曲为 D 宫调，4/4 拍，慢速，二段体结构。

彭修文重新配器的《彩云追月》以富有民族特色的五声调式上行旋律，笛子和二胡的轮番演奏，弹拨乐器轻巧而又清晰的节奏，低音乐器独有的空旷音色，形象而生动地描绘出一轮明月高挂夜空，文人墨客赏月、颂月之景。

2. 学生情况分析

初二的学生对民族管弦乐有初步的认识，但是对于如何欣赏一首民族管弦乐曲还是没有概念的，这就需要老师一步一步由浅至深地进行引导，不能让学生独自去聆听；另外，学生在聆听的过程中很容易会走神，老师要适时地进行提醒，让学生专注聆听。

3. 教学方式与教学手段

本课主要以欣赏为主，通过聆听、提问、学唱、对比欣赏等教学手段进行教学。

（二）教学目标

（1）在学习民族音乐作品《彩云追月》的过程中，感受幽淡的夜幕下，云月追逐相映成趣的意境。

（2）通过聆听、律动、图谱，引导学生自主探究音乐的节奏类型，感受音乐的旋律特点，利用人声去表现音乐。

（3）体会民族器乐合奏曲《彩云追月》的艺术魅力，热爱我国的民族民间音乐。

（三）教学重难点

通过听、唱、析，引导学生感受音乐的风格特点。

（四）教学准备

多媒体课件、音频以及视频资料、表格。

（五）教学过程（见下表）

教学环节	教学活动	设计说明
1. 导入	课前播放音频《彩云追月》选段 师：同学们，你们认为刚才聆听到的那段音乐在表现什么啊？ 生：惬意、优美…… （出示课题） 师：刚才的那段音乐就是我们这节课要欣赏的民族管弦乐作品、20世纪30年代创作的广东音乐《彩云追月》。	课前播放音频，营造上课氛围，并通过设问激发兴趣，从而引出课题
2. 回顾民族管弦乐队的配置	师：上学期我们曾接触过一首民族管弦乐作品，同学们还记得民族管弦乐队都有哪些乐器吗？ 生：吹管乐器、拉弦乐器、弹拨乐器及打击乐器。 师：现在我们一起来回顾一下。 （课件展示）	回顾民族管弦乐队的配置，为接下来的完整聆听做铺垫
3. 完整聆听	师：接下来我们一起来完整聆听乐曲，想象一下在明亮的月光下是怎么样的场景？ （在聆听的过程中，在乐段与乐段间，老师可做适当的提示，并引导学生说出听到的乐器） 生：（略） 师：刚才我们听到的这首乐曲的作曲家是谁？同学们知道吗？ 生：任光。 师：《彩云追月》由任光先生于1935年创作，是一首广为流传的具有广东音乐风格的民族器乐合奏曲。这首器乐曲有一个特点：主旋律由五声调式的上行旋律作为动机创作，旋律轻快、舒缓。在伴奏的编配上，作曲家采用了十分有特色的探戈节奏，并放慢了一倍作为固定的伴奏音型，使这首浓郁的中国音乐融入了西方的探戈曲风格。既传统又现代，既古典又流行，雅俗共赏，深受人们的喜欢。 师：聆听完轻快的乐曲，你们觉得在月夜里，人们或者动物们，植物们都在做什么呢？ 生：很惬意的时光，月光下，人们在聊天，孩子在玩耍……	完整聆听乐曲，让学生对乐曲有初步的感受，并通过设问与老师的提示，引导学生更投入地聆听音乐；学生在体验音乐后，并了解作品背景的前提下，引导学生自己创设情境

续上表

教学环节	教学活动	设计说明
3. 完整聆听	师：乐曲的旋律舒缓优美，把人带进了"皎洁明月动，彩云紧相随"的诗画意境之中，下面我们一起来欣赏完整的民族管弦乐队演奏的广东音乐《彩云追月》。在欣赏的过程中，请同学们感受作品的节奏、情绪、速度是怎样的？ (生欣赏，师提供学生选择的答案： 节奏：平稳的、多变的、自由的 情绪：雄壮的、抒情的、活泼的 速度：中速、稍慢、较快)	
4. 分段聆听	师：思考乐曲的节奏跟什么音乐相像，及由几个部分组成？ 生：探戈、节奏、音乐、3个部分。 师：曲式结构是单三部曲式。共分呈示段、中段、再现段三个大部分。请为乐曲划出基本指挥图式，探索旋律的强弱规律，判断出该乐曲是否为4/4拍；再听该乐曲，探讨乐曲中的固定节奏： (课件出示 ×. × × ｜ × × × × × ｜ 　　　　　　6 i̲ 6 5̲3̲ 5 ｜ × × × × × × × ｜ 引导学生写出固定节奏型，用手拍节奏，及划出基本指挥图式) 师：该曲运用了拉丁美洲音乐的探戈节奏，并在此基础上将节奏放慢。 生：(略) 师：呈示段第1—30小节，又可细分为引子、呈示段、间奏三部分，引子部分为1—8小节，弱奏。那么我们来听听作曲家是如何表现这一场面的？首先请欣赏呈示段表现什么样的场景。 (播放呈示段第1—30小节。可细分为引子、呈示段、间奏3部分) 生：引子和呈示段时而紧凑，像是在诉说心事，时而舒缓，又像是在深深地叹息，作品的南国风韵也体现得淋漓尽致。 师：同学们，我们所认识的乐器中，哪些在这里出现了？	分段聆听，引导学生围绕着音乐要素进行分析，使学生更好地理解作品。通过学唱音乐主题，用人声来体验音乐，熟悉音乐主题

续上表

教学环节	教学活动	设计说明
4. 分段聆听	生：笛子、二胡…… 师：那么我们来听听中段第31—46小节，表现的是哪个场面？ （播放中段主题） 生：优美抒情、描绘开阔，营造温馨与浪漫，不知不觉中把我们引向月夜的温婉中，与作品的标题《彩云追月》所体现的幽静景色相协调。 师：同学们，你们有没有注意到，当曲笛演奏主题旋律中段，主题第二次出现时，二胡对它进行了模仿，我们一起来听听加进了二胡的模仿，音乐的氛围变得怎样了？ 生：（略） 师：中段主题的旋律热情奔放，表现了祥和的场面。现在我们也来学唱一下。 （师教唱简谱） 师：请同学们在演唱的过程中打着拍子。 （师示范，边唱边打着拍子） 6 i 6 5 3 5 | 6 i 6 5 3 5 | 3 - - - | × × × × × × | × × × × × × | × × × × × × | 生：（演唱） 师：接下来我们来听听再现段第47—69小节，逼真地描绘了月亮穿梭在云朵间若隐若现的形象。音乐主题反复出现了多次，同学们要仔细听，等一下我请同学说说这几次有什么变化？你认为作曲家为什么要这样做？是想表现什么？ （播放再现段） 生：（略） 师：请再次聆听，乐曲的伴奏中，有一个节奏贯穿全曲，是什么节奏？是哪类乐器演奏的？ （再次播放） 生：弹拨乐器。 师：很好，同学们的音乐知识储备很丰富。	

续上表

教学环节	教学活动	设计说明
5. 完整聆听	师：同学们，通过分段聆听，我们了解了各个乐段所表现的内容，现在我们分成4个小组，每组选个组长，接下来我们会完整地聆听音乐，听完后小组讨论，把以下的表格填好，所以同学们要边听音乐边思考问题。	通过完整聆听，进一步加深学生对音乐的印象
6. 课堂小结	师：现在每个小组长都有一份表格，按照之前分好的组进行讨论：这首乐曲有哪些令你们印象深刻的音乐主题？这些主题表现的是什么场面？如何用音乐来表现的？有什么特点？小组长负责组织讨论并填写表格，等一下我们看看哪一组填写得最好。 （师对表格做相关说明） 生：（填写表格） 师：（点评）	通过小组讨论的方式，让学生巩固学过的知识，并提高学生的自主性及团队协助能力
7. 结束语	师：这首乐曲生动明快，音乐形象鲜明，深受音乐家们的喜爱，音乐家们把它改编成了民乐合奏、电子琴独奏等其他器乐作品，每个版本都有它自己的特色，同学们课后可以搜集更多不同器乐的演奏版本，进行对比欣赏，看看你们更喜欢哪个版本，回来和老师、同学进行交流。	提示学生进行对比欣赏，拓展知识，并提高音乐审美能力

附：表格

班级： 组别： 组长：

音乐主题	表现什么场面	音乐有什么特点？

二、教学反思

整节课下来，总的效果还不错，学生能跟着老师的引导去感受和体验音乐，课堂的气氛活跃，学生的积极性较高。

本节课在备课时是设计好提问和答案的，但学生的回答经常出乎意料。根据每个教学年级学生的不同特点，后来我开始灵活改变发问的方式，把学生的思路引导到理解音乐的方向上。

学生对打节奏的兴趣很高，他们在玩的同时掌握了他们要学习的知识。我在课前这样设计的目的是让学生在娱乐中学习枯燥的乐理知识，在学生掌握知识的同时，也锻炼了学生的相互协作能力、听力、强弱控制能力，这是一种很好、很有效的练习方法。学生主动参与到教学的各个环节之中，深入体会作曲家对作品的处理，情绪情感的表达。

本课教学过程中，各个环节的衔接还要精心修改；在教学实践环节中，学生还需要更多实践练习的过程。

座位的安排也很重要，由于这节课是男女生分开自由坐，一些爱说话的学生坐到了一起，影响了课堂的纪律。虽然有些活动需要男女生分组配合，但也可不必分开坐，按照平时课室安排的座位坐纪律较好。

本课所介绍的作品具有广东民族音乐的特点，应该加大对广东音乐的一些特点进行简单介绍，如高胡在广东音乐中的使用情况与作用、粤曲唱腔等知识。

此外，本节课中体验活动较多，教师需充分了解学生的学习程度和接受能力，合理安排好教学时间，才能保证每项教学活动顺利开展和实施。

教学风格是靠长时间建立起来的，为教育教学服务。教育是用细微的润物细无声的教学过程来提升学生的核心素养，而核心素养的培养不是一朝一夕的。

对音乐教师来讲，无论什么样的教学风格，都必须满足一个条件，就是通过自身的教学特点，尽可能地让学生爱上音乐课，乐意接受音乐课，你才能有机会引导他们学习和提升核心素养。要想让学生真正爱上音乐课和音乐的本身，教师就要真的了解学生；教师通常需要借助知识测验或表演与学生交流，了解学生的学习准备情况；教师也需要借助巧妙的心理测量，来了解学生的认知风格和认知特点；教师同样需要借助心理学知识，了解一定年龄阶段的学生的共性心理特征和心智发展规律；教师更需要借助师生交往，了解学生的文化和精神世界。

因此，教师所确立的教学风格也必须同时考虑接地气——很强的适应性与实用性，同时教师的艺术气质、博学与良好的修养能打动学生们的心，让他们不断地增强对美的感受力，促进他们对审美有更高的追求——最终成为热爱生活、珍惜生活和享受生活的小天使。

揪喙自新求真知　幸福咖啡香满屋

● 广东实验中学　胡金兰（初中政治）

▶ **导读语** ▶

胡金兰，广东实验中学高级教师，初中道德与法治教师，广东省新一轮"百千万"名教师培养对象，广东省名教师工作室主持人。

我的粤派教学风格——回归生活、达成认同、知行合一。这是在广州这片改革开放的热土中，在培养我成长的广东实验中学的教育教学活动中形成的。它是我24年教学生涯形成的特色，也是我的教学

追求。务实求真的工作态度受粤派文化的影响，延伸为"回归生活"的教学风格，哲学系的学习经历奠定"达成认同"教学风格的基础，丰富的工作经历尤其是多年的德育工作经历形成"知行合一"的教学风格。"回归生活"符合道德与法治的学科特点，契合我"生活即德育"的教学思想。"达成认同"是永远的教学追求，"知行合一"是我身体力行并希望学生也能践行的社会主义核心价值观。"回归生活""达成认同""知行合一"三个方面是统一的，统一在一个字——"真"上。2017年6月，我主持的省级规划课题"应用SOLO分类评价法提升学生思想品德学科能力的实践与研究"顺利结题，此课题充实了达成认同的途径。2017年11月，获得广东省特色教材一等奖的"幸福咖啡屋"是我的教学风格"回归生活"之大成。

▶▶ **名师成长档案** ▶

一、务实求真的工作习惯延伸为"回归生活"的教学风格

20多年来，领导、同行、学生对我评价的第一条都是"工作务实求真"。"务实求真"的工作态度受粤派文化影响。广东精神是"敢为人先、务实进取、开放兼容、敬业奉献"。新时期，广东精神又增添了"厚于德、诚于信、敏于行"的内

涵。无论哪个时期的广东精神，都藏着一个词——"实在"。谢有顺在《关于"粤派批评"的三个感想》中说："珠江流域主要是出实业人才，而但凡做实业的，都比较重视面对具体的问题，解析具体的现象，照着自己设定的目标去做，一步步走，踏踏实实，不太迷恋空谈。这个特点是鲜明的。"广东人不像上海人讲究穿着，我第一天到广东实验中学（以下简称"省实"）宿舍，见到冯思义校长，穿的是普通老人穿的白色背心。饮食文化上，广东菜多突显食材的本色，突出食材的鲜，讲究真材实料、实实在在。

工作中"务实求真"还与我遇到的精神导师有关。我是褟锦科老校长在华东师范大学校长班培训时招进省实的。工作中受老校长影响极大。褟锦科校长是位专家型校长，工作严谨务实，亲力亲为，注重抓好管理中的每一个细节。他在省实和广东实验中学附属学校（以下简称"省实附中"）管理上的经典案例是经常检查厕所。

务实求真的工作习惯延伸在日常的教学工作中就是追求道德与法治（2016年前名为"思想品德"）。教学是真实的教育。我极不愿意道德与法治成为虚伪的学科，希望道德与法治教育能回归现实生活，能对学生的生活起到作用，学生能把课堂上学到的大道理运用到实际生活中，知行合一。

二、哲学系专业学习奠定了"达成认同"教学风格的基础

本人毕业于华东师范大学哲学系，在母校哲学系就读时有3年半的时间学习形式逻辑、数理逻辑、辩证逻辑等一系列逻辑学的课程。当年我更喜欢西方哲学，西方哲学强调概念界定的清晰。这种专业学习对我最深的影响就是教学严谨、逻辑严密、思维清晰。做课题、写论文时要求自己对基本概念一点都不能含糊，不断去界定概念的内涵、外延，以及概念间的逻辑关系。哲学专业学习使我喜欢反思，把思考的问题变成一个系统全面分析。这种思维的习惯延伸到道德与法治课堂内外，对学生的要求就是认真、严谨对待道德与法治学科的每一个概念、观点，我作为教师就不停地思考如何设问、衔接、引导、讲解，才能形成学生对社会主义核心价值观的情感、价值、知识上的认同。

三、丰富的工作经历形成"知行合一"的教学风格

省实是广东省重点中学，其间大师云集，老师们教学理念先进。在省实工作24年以来，受此大氛围影响，从我工作的第一年开始，就是"两手抓"——一手抓学生的学科成绩，一手抓学生的学科素养。虽说在工作的前10年，我和所有年轻老师一样研究高考和中考，用学生的分数证明自己。但是，我从来没有单纯只抓成绩。2002年开始，我开始更喜欢品德修养好的学生。随着时间的推移，我对自己的教育理想日益坚定，即让思想品德教育直抵人心，追求给学生终生有用的东西，师生知行合一。2002年12月，在学校全省公开日那天，我在初三（3）班上

了一节特别成功的公开课"我们是国家的主人",当时我用了一件教具——广东实验中学高中部模型,让学生对即将创办的省实高中部提出自己的建议,让学生真正当了一回学校的主人,让思想品德课回归到学生真实的校园生活中,彻底实现知行合一。

我的工作经历比一般老师丰富、复杂一些。6年半的高中教学经历,17年半的初中教学生涯。其间6年半班主任经历,2005—2011年在省实附中担任学生处主任兼校长助理。由于思想品德(2016年之后改为道德与法治)课程是以引导和促进初中学生思想品德发展为根本目的的综合性课程,班主任和学生处主任的工作是学校的德育工作,二者只是工作的方式和场景不同,立德树人是学科教学和德育工作共同的根本任务。这样随着工作的深入和个人的反思,学科教学和育人逐渐走向了融合,更追求自己和学生在生活中去践行课堂教学的内容,知与行统一起来。

在省实附中2010届初三(15)班、2011级初一(15)班,我尝试了先预习后上课的教法,省实附中的学生在预习中问出非常多的好问题,如"当有人不尊重你时,你是否还要尊重他呢?""过度地看重自己是不行的,过度地自卑也是不行的。如何把握好这个天平上的自己?""怎样才能有效地完善自己?"等。虽说问题的提出不等于践行,但它是"知"的开始。这些问题的提出使我对十二三岁学生的品德修养能力信心大增。也就是说在合适的教法下,初中学生是可以把思想品德的大道理运用到现实生活中的,因为学生面对的现实有不少活生生的道德的困局,考验着幼小的心灵,他们本能地用课本知识去观照社会。

关于知行合一,我曾经采访过省实2018届初一(7)班的一个同学,我问她:"你是否真的把思想品德课教的知识运用到实际生活中呢?"学生没嫌我的问题问得太大,她举了个例子,说:"有的。比如我借饭卡给同学,我想过她如果不还钱的问题,犹豫了一下,但觉得还是要帮助别人,就借给她了。"孩子们是在生活小事中修行,虽然他们说不出大道理。关于品德的修养途径,2015学年我给自己的学生归纳了几条:做好人、反思自己的行为、见贤思齐、在做作业中培养等。

2015年9月开始至今,是我的揪傺自新阶段,真正去实现自己"回归生活,达成认同,知行合一"的教学追求。在国家课程的主课堂,我通过补充最新的时政、现实材料、文段阅读、"每日智慧"、介绍老师的个人故事等多种途径,让思想品德教育回归到生活。我还开展了3次非纸笔测试和一次分享会,在"知行合一"的道路上进行了有益的尝试。这3次非纸笔测试的内容分别是:小组合作设计班徽、小组表演展示高雅的生活情趣、"今天我掌勺,明天我自立"单元测试。其中"今天我掌勺,明天我自立"测试要求学生利用周末时间为父母做一顿饭,最低标准是"两菜一汤",买菜、择菜、做菜、做饭、洗碗一条龙服务,认真为父母做一回他们千百回为孩子做的事。要求过程完整,尽可能详尽,细节真实,并且贴上过程和结果的照片。测试评价由父母和老师完成。学生们积极参与这次测试,真正把"自立"落实到一菜一汤的烹调中。即使晚熟生吴子睿等也积极参与其间，测试作业完成得非常好。我还在初一（6）班开展了分享会，部分家长参加。很多家长在"父母评价"中说，自己的孩子在买菜、择菜、洗菜、做饭、洗碗的过程中感受到父母平时为自己做饭的辛苦，促进了亲子关系，提高了孝敬父母、感恩父母的意识，是一次非常好的"做中学"的测试。

我的学科教育观

思想政治学科的核心素养，是学生通过高中思想政治课的学习，获得具有学科特点的学业成就；是课程育人价值的集中体现，包括政治认同、理性精神、法治意识和公共参与等要素。

我国公民的政治认同，就是坚持和发展中国特色社会主义，就是坚持和践行社会主义核心价值观。中国特色社会主义是中国共产党和全国人民长期实践取得的根本成就，社会主义核心价值观是中国特色社会主义道路、理论体系、制度和文化的价值表达。只有认同中国特色社会主义和社会主义核心价值观，才能形成全国各族人民的共同理想，坚持中国道路、弘扬中国精神、凝聚中国力量，为实现中华民族伟大复兴的中国梦而奋斗。青少年的政治认同是他们创造幸福生活的精神支柱和价值追求，并影响着中国未来的走向；学生发展政治认同的素养，旨在树立中国特色社会主义理想信念，成为有信仰的中国公民。

"政治认同"不仅是高中思想政治的核心素养，也是初中道德与法治学科（原称"思想道德学科"）教学的核心内容。围绕着政治认同问题，我在多年的教育教学生涯中形成了"生活即德育"的教育思想。我希望道德与法治教学是真实的教育，我们应该给学生回归到现实生活中的理念，达成政治认同的思维和思想。教养修身，要落实在生活点点滴滴的小事中。

教学风格"回归生活、达成认同、知行合一"是教育思想"生活即德育"的外显，也是自己教育理想的凝练。

一、回归生活

2011年版思想品德课标指出："思想品德课程是一门以初中学生生活为基础、以引导和促进初中学生思想品德发展为根本目的的综合性课程。"本课程的特性主要有四个方面的要求，其中实践性的要求是："从学生实际出发并将初中学生逐步扩展的生活作为课程建设与实施的基础；注重与社会实践的联系，引导学生自主参与丰富多样的活动，在认识、体验与践行中促进正确思想观念和良好道德品质的形成和发展。""回归生活"就是我特别注重思想品德学科的实践性特征，体现学科的德育主渠道的性质，让教学生活化。

（一）基于学生

"回归生活"首先是以学生为本的教学，即思想品德教学要尽可能与学生生活实际结合，形成以课堂教学为轴心，向学生生活的各个领域开拓延展的教学生态，全方位地把学生的学习感悟同他们的学校生活、家庭生活和社会生活有机结合起来。

（二）还原生活

其次，"回归生活"意味着在课堂上情境设置时尽可能还原真实的生活，既有正面素材，也有负面材料。我们的道德与法治课常年给学生以假、大、空的印象，就是因为我们设置的课堂情境多是真、善、美，少有假、恶、丑。还原生活就应该不回避生活中的假、恶、丑，要教学生在面对生活中的假、恶、丑时仍能坚守真、善、美。

（三）体验幸福

苏霍姆林斯基说："教学大纲和教科书规定了学生的各种知识，但却没有规定给予学生的最重要的一样东西，这就是幸福。"我们的教育信念应该是："培养真正的人！让每一个从自己手里培养出来的人都能幸福地度过自己的一生。"学生把所学回归到生活中去，教与学的最终目标都是体验生活的幸福。

二、达成认同——情感认同、价值认同、知识认同

达成认同包含情感、价值、知识的认同。也就是在这个价值多元化的社会中，我追求在自己的教学中，学生能逐步在情感态度价值观上认同社会主义核心价值观。

三、知行合一

（一）格物致知

格物致知是《礼记·大学》"格物、致知、诚意、正心、修身、齐家、治国、平天下"八目之一。道德与法治的知识要通过师生的推敲、格物而获得，不是盲目地灌输、接受。

（二）以知导行

在学生的品德形成的过程中，知、行是彼此联系、相互影响、相互促进的。"知"的培养是基础；"行"的实现是关键和标志。

（三）身体力行

在学生思想品德知行合一的过程中，格物致知是基础，以知导行是中介，身体力行是结果。身体力行就是说学生具有一定自觉修身的意识和能力，在生活中自觉涵养品德，学以致用。

回归生活、达成认同、知行合一不是割裂的，这3个方面是统一的，统一在一个"真"字上（见下图）。我追求的思想品德教育是最真实的教育，不是虚伪的教育，所以是能回归生活的教育，是可以达成认同的教育，是师生知行合一的教育。

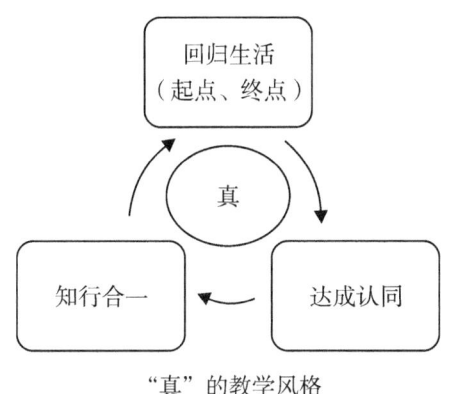

"真"的教学风格

"回归生活"是思想品德教育的起点和终点,"达成认同"是生成的过程,"知行合一"是师生品德修养的结果。

由于多年对教育理想的坚守且坚持不懈地努力,我收获了学生、同行、领导的高度评价。2015 届省实初三毕业生邓皓予同学的评价是"胡老师相较其他老师,教学很注重真正的做人道理,不单单为了应付考试"。广东实验中学陈晓葵老师说:"有爱——因为有爱,才能温暖人心。胡老师并非性格刚烈、要求严苛的老师,但据我所知,学生们都敬重她,敬重她对后进生的不抛弃不放弃,佩服她对优秀生进行悉心培优。幸福课堂的理念让胡老师的课堂充满人性的美丽,她用实际行动告诉我们年轻教师,思想品德课并非枯燥地照本宣科,而是让知识回归生活,让学生真正去爱己爱人爱生活。"广大附中政治教师吴宗保老师评价:"作为科组长,不论是科研还是教学,胡老师都有强烈的钻研精神、务实求真的态度,是年轻老师学习的榜样。"

禤锦科老校长评价:"胡金兰毕业于华东师范大学,具有扎实的基础理论和专业知识,到省实后长期坚持在育人第一线,积极参与教育教学改革和科研,以生为本,教书育人,讲求实效,成绩显著。主动参与创办省实附中,历时 6 年。经过在民办中学和重点中学的轮岗,教育视野更开阔。她从教以来,经过从班主任、科组长到学生处主任、校长助理等多个岗位的历练,具备了较强的管理能力,更具有主持教育科研(课题)的领导力。希望她进一步提高现代教育的理论水平,凝练教学风格,在实践中做到精细、精准,追求更高的教育理想,争取成为专家型教师。"

我的育人故事

我和小陈同学的故事要从 2018 届初三上学期的"辅助后进"开始。小陈同学漂亮温柔,但成绩不太理想,在高手云集的 2018 届初三(5)班中倍感压力。初三刚开学，我要求她和其他两位思品成绩不理想的学生每周必须来找我一次。

一次她拿着她做的知识框架来找我，问："怎样提高做知识框架和思维导图的能力？"她只是简单写了课、框、目的题目，对知识的掌握处于很浅显的阶段，还没有把握知识的内核。我就教她从找大概念开始，她也听得很认真。我还借给她一本做思维导图的书。第二次，她的知识框架的作业就有了很大的进步，我在全班表扬了她。从此，孩子对我高度信任。其余两个孩子没有做到每周来找我一次，她却坚持做到了。

小陈同学的父母都是知识分子，孩子是在过度保护的氛围中成长的。2018年过完年后，小陈同学的母亲决定到北京工作。我对家长和孩子说："这不是坏事。当保护伞移开，孩子能成长得更好。"我还不时找小陈同学谈话，让她与自己比，还教她做大题时如何找对知识点，树立她学习的信心。我还建议她发挥自己的芭蕾舞特长，在毕业典礼上表演。她二模没考好，与我分析原因说："老师，我只是没按你教我的方法答题。我找了一些大题的答案，考试时老想着抄那些答案，没有自己去思考设问。"她淡然一笑："下次我不这样了。"从她淡然的笑容中，我意识到她并不以这次考试的失误来评价自己的能力，孩子的内心已经成长起来。

2017年12月，我上了公开课"跟着胡老师真的学思品"。在展示了（5）班去福利院和养老院的图片后，我用"我和大家一样，把思想品德所学内容学以致用"进行衔接，展示了和韶关关春中学江志豪同学的合影，号召大家一起去帮助外来务工人员的孩子，倡议捐衣物、鞋子。过两天，小陈同学告诉我想一起去助学。

寒假前，我在初三（4）班、（5）班再次号召捐衣，收集了一批衣物。2018年1月25日，小陈同学及家长跟着我去了关春中学。那天小陈身体不适，仍然克服病痛坚持去，身体力行地践行了社会主义核心价值观的"友善"。

2018年7月，小陈同学的妈妈发来微信："告诉你一个好消息，政治中考74啊！！历史最高分。她自己也不敢想象，胡老师功力深厚啊！"不仅政治考出她历史最好成绩，中考总分也比一模高了56分。更重要的是，孩子在高手云集的（5）班不断进步的经历是她宝贵的精神财富，她的内心将不断强大起来。这真是培养学生践行社会主义核心价值观的完美结局。

在小陈同学的教育故事中，首先，师生建立了高度的信任关系。"亲其师，信其道"，之后，才有她对我助学的追随，始终跟着我的教学方法走。其次，我始终关注孩子心灵的成长。最后，家长的配合也十分重要。在小陈同学的教育过程中，我始终保持与家长的密切联系，有些话通过家长说更有力度。

▶ **教学现场与反思** ▶

一、课程资源开发——幸福咖啡香满屋

广州一直是改革开放的热土，并且不排外、兼容并包。省实一直努力"做广东基础教育的领头羊"，我浸润其间，深受影响。

2015学年，我反思近10年的生活经历和5年的育儿经历，开设了实验性校本课程《平衡幸福课咖啡屋》（后改名为《幸福咖啡屋》）。此课程是我教学风格的集中体现。首先彻底回归、还原学生的生活。每节课围绕一个与学生幸福感有关的话题设置情境，如学习成绩与幸福感的关系等，展开讨论。其次，达成情感价值认同的过程是生成性的。上课时，教师成为导师，不时引领话题方向，不灌输、不考试，期末只做调查。上课主要以"世界咖啡"这种深度讨论的形式作为主要的上课形式，引导学生看到自己思维和思想中的纠结点，学会倾听同伴、老师与自己不同的观点，尽可能找到切合自己实际的解决办法，达成某些生活智慧的认同，希冀学生能在平衡中找到幸福。最后，因为情境、话题完全来自学生生活，知行合一也水到渠成。

期末调查卷中，学生都说让自己想开了一些事情，幸福感增强。很幸运，在此课程上形成的校本教材《幸福咖啡屋》2017年荣获广东省教育研究院颁发的广东省特色教材一等奖。

二、教学现场

道德与法治人教版5.2《网上交友新时空》是2017年11月1日在枫洋初级中学初一（1）班上的异地公开课。

随着互联网的普及，网上交友已经成为中学生生活的常态。小部分中学生在现实中缺少关爱、缺少朋友、缺少成就感，于是到网络上寻找寄托和慰藉，沉迷网络。他们热衷于与陌生网友见面、交往甚至网恋，这部分中学生只看到网络带给我们的便利的一面，没有充分认识到网络的虚拟性和隐蔽性。由于没有鉴别网络信息和网友的基本能力，他们很容易受到不良影响，甚至受到伤害。

学生需要学会辩证认识网上交友给自己带来的影响，用慎重的态度对待虚拟世界的交往。

依据学情我确定以下的教学目标：

慎重对待虚拟世界中的交友，不沉迷于虚拟世界；重视在现实世界中与同伴交往。"信息意识"是中学生发展的核心素养之一；能分析网络交往与现实交往的不同，在网络交往中能理性辨别、慎重选择，增强自我保护意识和防范意识，不迷恋虚幻的网络人际圈，积极建立现实的朋友圈，珍惜生活中的朋友；归纳网络交往的利弊；学会如何慎重结交网友；依据学情和教学目标把教学重点确定为慎重结交网友，增强自我保护意识和防范意识；依据学情和知识的难度把教学难点确定为不迷恋虚幻的网络人际圈，积极建立现实的朋友圈，珍惜生活中的朋友；依据学情、教学目标、教学的重难点选择PBL教学模式（问题教学法，problem-based learning，英文缩写为PBL)、情境教学法作为教学的方法。

由于是异地教学，我事先发放学案给学生，请学生自行预习书本和话题，了解课堂讨论活动的要求和规则,并向枫洋初级中学班主任了解学生网上交友的情况,及时调整教学设计、学案和课件。

(一) 教学过程

1. 调查网上交友,导入新课

师:今天我们来学习第五课第二框《网上交友新时空》。(出示 PPT)讲到网上交友,我们先来调查一下,哪些同学有网上交友的经历?比如说 QQ、微信、微博,还有什么群聊、b 站之类的。

生:(举手)

师:只有极个别的同学没有用过啊!我们绝大多数同学都有网上交友的经历。在网上交友中,有没有网友呢?

生:(少数人没举手)

师:大概也有 80% 的同学,那么你是怎样认识你的网友呢?

生:有共同爱好,加微信认识。

师:你在现实生活中见过面吗?

生:没有。

师:确实是网友。非常棒!你们网络交友的能力比我强,也就是说这方面的内容应该是你们来教我而不是我来教你们,我只用引导大家。我们就用小组讨论的形式学习这课吧!

2. 介绍讨论的规则和话题

讨论规则(PPT 展示)

(1) 8 人一组,组长负责在白板上记录及发言。

(2) 组长记录时,分点列要点,蓝笔画关键词。

(3) 讨论时间为 5 分钟,讨论时可以离开自己的座位。

(4) 每人可以以"10 分"为满分打分。老师有加减 20 分的权利。

(5) 上交及时、安静聆听的小组,加 20 分,否则扣 5~20 分不等。

(6) 下课前上交评分表,科代表统计各组得分,评出优秀小组。

讨论话题

Q1:小悦在线下和线上为何有如此不同的表现呢?网上交友的利弊有哪些呢?

NO.1、NO.2:(略)

Q2:可以应邀见网友不?

NO.3:可以见网友,只是需要注意……

NO.4:不可以见网友,因为……

Q3:网络交往可以代替现实交往吗?

NO.5:网络交往可以代替现实交往,因为……

NO.6:网络交往不可以代替现实交往,因为……

3. 学生讨论，老师巡视（在4：48时，伴随Victory的音乐中进行）
4. 展示成果，生成知识
（1）6个小组把讨论成果写在磁质白板上，时间到，都贴到黑板上。
（2）回顾情境，第一、二小组展示讨论成果，老师引导生成知识。

师：（带领学生回顾情境，圈出了关键词句"经常让人忽略她的存在""很喜欢在网上交友""天南地北""楠天并不会察觉"）我们的疑惑是："小悦在线下和线上为何有如此不同的表现呢？网上交友的利弊有哪些呢？"我们看看第一小组讨论的结果。

生：小悦在现实生活中比较内向，不爱说话也不敢表达自己的主见，不敢主动交友，而在网络里谁也不认识谁，所以就没什么好怕的。在网上交友的优势就是把天涯海角、素不相识的人连到一起，容易交到好多朋友。弊端是如果不理智，就容易上当受骗。

师：第一小组有没有补充？我们说，同学上台展示讨论成果后，要怎样？

生：（齐鼓掌）

师：我们来看第二小组的讨论成果。

生：小悦和同学交往不够好，但会在网上交往，因为网上交往不用面对面，即使说错话，删掉就好。

师：在网络上说错话，也没太大问题。小悦在网上和现实生活中交友很不同，有她的个性问题。回答得很好，还补充了刚才讨论中没写出来的东西。

生：（齐鼓掌，第二次完全不用提醒鼓掌礼仪了）

师：第一、第二小组都讲到一些共同的东西，他们都认为小悦的个性是，（边在磁质白板上板书"个性"）"闷骚"型，所以小悦在现实生活中和线上大不一样。第一组讲到在网络交往中"谁也不认识谁"；第二组讲到了，我们就算讲错话了，你也不用担心，那么相对来说，网络交往与现实交往相比，尤其对小悦那种"闷骚"型的人来说，好处在哪里呢？

生：她能放得开。

师：也就是说，我们在网络上很自由，比较平等的。不用面对面，你看不到对方的表情，对方也看不到你的表情。（在磁质白板上板书"自由""平等"）我们经常说网络是什么样的一个空间呢？

生：虚拟空间。

师：（在磁质白板上板书"虚拟"）网络交往具有虚拟、自由、平等的特点，即使"闷骚"的小悦也"认识了许多天南地北各个知识层次的网友，有大学生、外国友人和老师"。网络超越时空的限制，把天涯海角、素不相识的人连在一起，开辟了人际交往的新通道，让我们有更多机会结交新的伙伴，拓展交往圈。在网络交往中，虚拟是不是就等于完全不真实呢？

生：不是。

师：有可能不真实。如果不真实的话，我们就容易上当受骗。你看网上交友的时候，材料中小悦"也可以发送一个微笑的表情，楠天并不会察觉"。网上交友不能像我们现在这样面对面看到对方，看到对方的表情、眼神，听到对方的语气。网络交往没有现实交往这种贴切、真实的感受。

（师出示PPT的板书）

①网上交往的特点：虚拟、平等、自主等。

②网上交友的利弊有哪些？

利：超越时空限制，拓展交际圈。

弊：没有真实贴切的感受。

（3）第三、四小组展示讨论成果，老师引导生成知识。

师：让我们再回顾一下小悦交友的过程。（师出示PPT的图示）

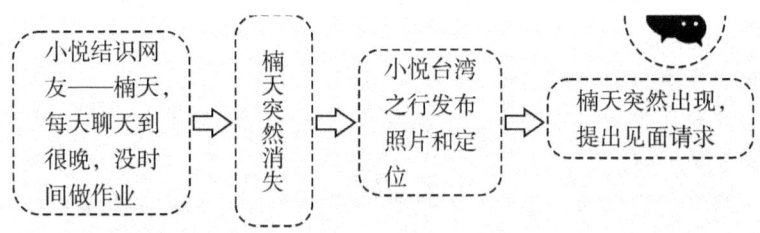

我们的疑惑是："线上交往"可否变成"线下朋友"？请第三组的同学来分享讨论成果。

生：我觉得可以见网友。第一，需要注意安全因素；第二，需要彼此愿意将真诚的自己坦露给对方。

师：喔，想到一个安全问题，还要看他愿不愿意把真实的自己坦露给对方。非常棒！有请第四组同学！

生：我觉得不可以见网友。

师：为什么呢？

生：虚拟世界有许多不确定的因素，见面有可能会对双方的关系有负面影响。要有自我保护的意识。

师：哪些信息不能够透露给网友呢？

生：家庭住址、经济情况、姓名等。

师：我们通常在网上用的是网名，他马上想到有很多隐私信息不能坦露给网友。非常机智！

生：热烈鼓掌。

师：我们这两组同学的观点有点像一个辩论题。还有没有同学进行补充呢？第

三、第四小组的同学？其他小组的同学也可以补充，照样可以加分。比方说，我和网友在网上聊得很投机，我很喜欢网友，很想见网友，在什么情况下可以见网友呢？

（一女生主动走出来）

师：你赞同谁的观点，你觉得要怎么样才能见网友？

生：我赞同第三组。可以见的，但是，需要父母的同意，因为如果父母不同意，就会有很多不确定、不安全的因素。然后是见这网友的基础必须是网上和现实的差距并不是很大，即使他们俩见面了，对方也不会特别失望，就是跟自己想象的一样。

师：这位女生非常勇敢，她讲到了两点非常棒！（在第一小组的磁质白板上加5分）。第三、四小组讨论的问题要分条件讨论，可以说在相应的条件下都是对的。在监护人允许，保证安全的情况下，我们是可以见网友的。因为虚拟空间有太多不确定的因素了，我要保护自己，你也可以选择不见。在材料中，小悦光顾着跟楠天聊天，都没时间写作业，这说明我们在网上交友的时候要注意什么问题？

生：安全问题。

师：光顾着聊天，没时间写作业了，说明网上交友要注意什么问题？

生：时间问题。

师：要把握时间问题，考虑对自己生活和学习的影响。材料中说"出去玩的时候马上就在朋友圈里分享了自己的动态，并附上了照片和定位"，对不对？

生：不对。

师：为什么？

生：安全问题。

师：总结。（出示PPT板书）

如何谨慎结交网友？

①需要考虑对自己学习和生活的影响

②需要有一定的自我保护意识

③将网上的朋友转化为现实的朋友需要谨慎

　　不要晒身份证；

　　不要晒火车票、飞机票、登机牌；

　　不要晒护照、家门钥匙、车牌；

　　不要晒快递单；

　　不要晒孩子和家中老人的照片及姓名；

　　不要晒定位。

（4）第五、六小组展示讨论成果，老师引导生成知识。

师：好，我们解决了第三、四组约见网友的问题，进入到第五、六组的讨论成果分享。

Q3：我们可以只进行网络交往，不在现实中交朋友吗？如果网络交往可以代替现实交往，那是因为什么？网络交往不可以代替现实交往，那又是因为什么？掌声欢迎第五组的同学！

生：我觉得网上交友可以代替现实中的朋友。因为在现实生活中，一些朋友们对自己很冷漠，但是在网上，一些朋友对自己很热情。

师：第五组的立场很难讲的，谢谢你！可能你也是在现实生活中很内向的男生。第六组的同学？

生：我觉得网上的朋友不可以代替现实中的朋友，因为网上的毕竟有些是假的，现实中的你是可以看得到的。现实中的都是比网上的要好得多。网上的朋友有可能是假的，不能判断真假。现实中的朋友呢？我们可以判断真假。

师：现实中的都是比网上的要好得多吗？我们可以反驳，还有一点点时间。

生：我觉得网上交友不可以代替现实中的交友，因为网络是虚拟的，难以分辨，现实具有真实性。虽然网上的朋友对你嘘寒问暖，但是也不能代替现实的同伴交往。要增加真实贴切的感受，为友谊注入可靠的基础。

师：简单地说，他的立场就是我们还是要以现实交往为主，掌声鼓励！（在磁质白板上给第三组的同学加5分）

师：刚才我们说第三、四组的问题是分条件的，可以约见网友，也可以不见。第五、六组的问题，我们的网络交往，是否可以代替现实交往？请大家举手表达自己的立场。可以代替的同学举手？

生：一位女生举手。

师：嗯，你觉得可以代替。觉得网络交往不可以代替现实交往的同学举手。

生：绝大多数同学举手。

师：看来绝大多数同学赞同网络交往不可以代替现实交往。反过来讲，现实交往可以代替网络交往不？比方说有些老人家，不喜欢也不会用微信、QQ，就这样过一辈子，坚决不碰网络的东西？这种观念对不？

生：不行。因为他们落后于时代，网络为我们的交往提供了一个便捷的平台。

师：网络交往、现实交往不能够互相取代。我们主张以现实交往为主，适度的网络交往。最后我们播放一个小视频《不沉迷手机》。

5. 总结归纳，提升能力

师：今天我们是用讨论的形式来学习的，你学到了什么呢？请同学们自己总结一下。先请政治科代表。

生：网络交友有自己的利弊。

师：很好！怎样对待网络的利弊呢？

生：可以约见网友，也可以不见网友，关键看自己的选择。

师：我们来总结一下，今天所学。（出示PPT）
①网上交友的特点
网上交往具有虚拟、平等、自主等特点
②网上交友的利弊
③如何谨慎结交网友
需要考虑对自己学习和生活的影响
需要有一定的自我保护意识
将网上的朋友转化为现实的朋友需要谨慎
④不能只停留在虚拟世界，学会现实中的交往，增加真实而贴近的感受
（同时在黑板上写出课题"网上交友新时空"，关键词：网上交友的特点——"虚拟、平等、自主"、利弊、慎重结交网友、不沉迷、以现实交往为主）

师：（边讲边在黑板板书）网上交友的特点与网上交友的利弊是何种关系呢？什么样的特点，决定了网络有这样的利弊？虚拟空间决定了网络是有利弊的。我们慎重结交网友、不沉迷、以现实交往为主是交友的什么东西呢？翻开第五课，标题叫什么？

生：交友的智慧（板书）

师：上节课李红秀老师给我们讲的是在现实生活中交友的智慧，今天我们讲的是网上交友的智慧。现在我们再继续提升一下，这个网络交往的利弊由我们选择，那么我们究竟以网络为主，还是以我们为主呢？网络是我们的什么？

生：工具。

师：（边讲边在黑板板书）以我为主、工具。孩子们，在我们这个网络时代，我非常希望你们能够很好地冲浪，不沉迷于这个网络的世界。尤其是我们习总书记提出要建设社会主义强国，要实施创新驱动发展、科教兴国的一系列举措，希望你们在这个网络的世界里面很好地交友，也能为我们建设社会主义强国，能够为国家做出贡献。

谢谢各位！

最后，科代表汇总分数，老师叮嘱科代表分发奖品。

（此教学设计的主干内容是由广东实验中学万蕊、谢伟彬、石晓芸备课组一起设计出来的。在枫洋中学异地教学，为了传播省实最先进的教学模式，在他们设计的基础上，根据学情我有较大修改，尤其是结尾部分。根据教学录像记录，略有删减。）

三、片段设计说明

异地公开课教学设计和修改充分说明我"回归生活"的教学风格。同时也说明了只有回归生活，以学生为本才能真正上好课。

在4次课堂调查中发现，95%学生使用过社交软件，80%以上学生的朋友圈有

未见过面的网友。数据说明，初中生使用、学习信息技术比我们成年人要快得多。这种小组讨论的学习方式是研究了学情，回归到学生生活的正确选择。小悦的故事也是反复与学生交谈修改成型的。

2017年10月31日，我在枫洋初级中学试讲此课后，该校教务处主任苏主任提出："设问太高深，能否改得直白、浅显一点？"省"百千万"同学李红秀有同样的看法，她还认为"视频是英语，感觉不太好"。我也认为最后的视频未能起到升华学生情感的作用，感觉很生涩，这是在广东实验中学3次磨课都未出现的情况。符合学生真实的生活，才能让自己的课深入人心。我当晚就修改课件，发动广东实验中学年轻教师吴锦涛、万蕊、卢妙帮我寻找视频。最后改成：第二组设问"可以应邀见网友不？"第三组讨论"可以见网友，只是需要注意……"；第四组讨论"不可以见网友，因为……"视频改为"不沉迷手机"。

第二天，教学效果明显比试讲时要好，省"百千万"同学颜镇丰老师评价"是在交心对接的课，让学生真正动起来的课，过渡无缝的课，活用知识、就事论事和接地气的课，思辨培养的课"。其中"接地气"就是对我在教学设计时充分考虑学生的学情，回归学生生活的教学效果的评价。

此次公开课的结尾也充分说明了我"达成认同"的教学追求。在总结课本知识后，我问了学生一个问题"网络交友的利弊"，好处是拓展了交友的时空，给我们提供了一个便捷的平台，弊端是没有像现实交友那样真实贴切的感觉。那么网络的利弊是由网络的什么特点决定的呢？学生回答："虚拟。"我又接着问："网络对我们发挥'利'还是'弊'？由谁决定呢？"学生回答："我们自己决定。"我接着问："那也就是说网络是什么？"学生回答："工具。"我说："孩子们，在我们这个网络时代，我非常希望你们能够很好地冲浪，不沉迷这个网络的世界。尤其是我们习总书记提出要建设社会主义强国，要实施创新驱动发展、科教兴国的一系列举措，希望你们在这个网络的世界里面很好地交友，也能为我们建设社会主义强国，能够为国家做出贡献。"

以"学习信息技术，为建设社会主义强国做贡献"的高度结束，我事先完全没有设计，是当时的情景激发，水到渠成，达成"爱国"社会主义核心价值观。这种神来之笔是长期"达成认同"教学追求的必然结果。

不懈努力趣味相生，修己惠人善美相行

● 韶关市一中实验学校　李红秀（初中政治）

导读语

一枝独秀不是春，百花齐放春满园

我是一个湘妹子，三湘四水的灵动多彩，孕育了至刚又至柔、有趣又有味、优雅又知性、善良又灵活的我。王小波曾说："一个人只拥有此生此世是不够的，他还应该拥有诗意的世界。"因此，我努力让自己的课堂成为趣味的诗意课堂。2009年，我来到韶关，韶关是一座善美之城，民风淳朴、热情好客、诚实友善、乐善好施的品德深深地影响着我，扎根在粤北山区这片沃土上，散发芬芳，无私奉献，无怨无悔，在最好的年华把精力放在最爱的教育事业，紫荆盛放，扬帆起航，诚心育人，不负韶华，"不懈努力趣味相生，修己惠人善美相行"是我一生所求。

柔弱而坚强的我在教学上从不服输，从教21年，我担任学校的科组长，被评为广东省特级教师、省名教师工作室主持人、省中小学新一轮"百千万人才培养工程"名教师培养对象、市学科带头人、市三八红旗手。工作家庭两不误，被评为市"优秀书香之家"，把儿子培养成清华大学的优秀学子。不仅教学成绩优秀，还于2016年、2018年分别带领科组成为韶关市"减负增效"先进典型示范教研组和"市巾帼文明岗"，真是"一枝独秀不是春，百花齐放春满园"。多篇教学论文和教学设计在省、市论文评比中获奖和并发表在全国中文核心期刊上，教学课例获市评比一等奖，主持过市和省课题，获市级教学成果二等奖。

名师成长档案

莫嫌海角天涯远，但肯摇鞭有到时

时节不居，岁月如流，回首而视，在教育这个行业里耕耘了 21 个年头了。在每一个与孩子为伍的日子里，我都感受着喜悦的幸福，脸上总是有着美美的笑容，心中总是装着满满的快乐。我把自己的那一份愉悦，那一颗爱心，那一种执着都无私地奉献给孩子们，我相信"莫嫌海角天涯远，但肯摇鞭有到时"。

一、努力坚强教师梦、安稳平淡度年华

我出生在湖南省郴州市宜章县的一个偏僻的小山村，父亲是一名农村小学教师，他勤劳、朴实、善良的性格影响了我，使我从小就立下了当一名教师的理想。父母只生了我们姐妹俩，在偏僻的小山村，重男轻女的思想特别严重，因此很多人都看不起我们，但是父亲却从没有抱怨过，从来没有与他人发生过冲突，用他的善良和坚强告诉我们要努力读书，回报他人看不起的最好方法就是让自己有出息，能够有一份体面和安定的工作。初中我在湖南省宜章七中就读，学校离我们家很远，要走 40 多里山路，从家里去学校要从早上 8 点多走到下午 5 点多，相当于一个马拉松。学校实行月假，每个月回家一次。由于 20 世纪 80 年代还没有实行双休日，我是周六上午上完课后吃完午餐回家，要从 12 点多走到晚上七八点，到家后天全黑了，走得双脚肿痛，筋疲力尽。父母看到很是心疼，烧好热水给我泡脚，然后帮我擦上红花油，疼痛会慢慢缓解。第二天早上吃完早餐又要去学校，再经历一次马拉松，到学校已经下午四五点，瘦小的身躯还要带上一个月的口粮，辛苦疲惫可想而知。求学路的艰苦，没有让我失去学习的动力，我更加努力地学习，中考时考入了我们县最好的高中宜章一中。经过 3 年的努力，终于在 1994 年考入了衡阳师专，虽然是个专科，我们家也很开心，毕竟是我们村走出的第一个大学生。1997 年，也是香港回归的那一年，我毕业分配在宜章县第四中学，一所乡镇的高中，成为一名高中政治教师。有了所谓的"铁饭碗"，跃过了"龙门"，觉得没有必要认真努力了。这些想法让我一点压力都没有，没有认真学习、没有追求。学校要求不高，也没有举办过什么教学研讨和教学比赛，更没有参加县里的教学比赛，完全是"躲在小楼成一统，管他春夏与秋冬"。就这样，"努力坚强教师梦、安稳平淡度年华"。

二、上下求索不服输、有趣有味有心人

很快步入了 21 世纪，世界各国人民满怀希望、昂首阔步迎来新世纪的曙光，我也有了自己的千禧宝宝。为了孩子能够接受更好的教育，我开始思考要考入县城学校，给孩子一个好的教育环境。2005 年，我考入了宜章八中，那是一所县城的

完全中学。进入新的学校,学校安排我担任初三和高二的政治科任教师,任务重、机会多。10月份,有全县的高中思想政治教学比赛,领导对我寄予厚望,派我参加比赛。我心中非常忐忑,担心辜负领导的信任。因为参加比赛要制作PPT课件,要运用多媒体技术上课。可是因为我的不努力,我对PPT的相关知识了解甚少,对如何制作、操作、美化等一无所知。一是当时乡镇的高中没有多媒体设备,也没有用这些技术上课;二是自己的原因,教学观念陈旧,教学手段单一,一根粉笔一块黑板,总是在自己的世界中满足于现状,不学习新的教学理念、教学方式,不钻研新的教学手段,更没有与时俱进,成了井底之蛙,我深深地为"安稳平淡度年华"后悔。但我是湖南人,湖南人骨子里"不甘于落后,上下求索,勇为人先"的精神再次激励着我。为了不辜负学校,我向学校的信息技术老师求教,一边学一边做,终于做成了精美的PPT。我的课堂师生和谐互动,趣味并存,在与重点中学的老师的比赛中,我获得了高中组的一等奖。那一刻,我热泪盈眶,深切地体会到,只要"上下求索不服输、有趣有味有心人",一定会缩小与县城重点中学的优秀老师之间的差距。

三、闷闷不乐受打击、善美之城启心扉

2008年是改革开放30周年,我们国家成功举办了奥运会,改革的浪潮推动着每个人前进,我也在不断学习与进步,所带的班在2006年、2009年中考中表现优异,学生的平均分、及格率、优良率都居全县前列,连续2年获得宜章县政府嘉奖,我沾沾自喜。2009年,为了解决两地分居问题,我从原来的公办学校辞职,放弃了公办编制的"铁饭碗",考入了韶关市一中实验学校,在这个民办重点学校,我也感到了很大压力,一来学校领导给予我重任,安排我上九年级的课,成绩是学校的立身之本,如果教不好,就会失去这一份工作,打破了铁饭碗,我还能高枕无忧吗?于是,我不断地运用我的中考秘籍最大限度地提高学生的分数。每次看到学生拿高分,我就会由衷地感到幸福。这样,我在这里一直教了7年的初三,也一直做着一个幸福老师的梦。

可是这种幸福有一天却被无情地击碎。临近中考,我找学生背书,学生非常开心,说:"老师,我还有一个月就不用学政治了,太好了。"我问:"为什么?"他说:"政治太难背,太难学,太没有用。"我吃惊地说:"不对,你们高中也要学。"他开心地说:"不用,我学理科。"我说:"学理科也要参加会考。"他说:"会考很简单,不用背。"我说:"读大学也要学,是公共科目;考研究生也要学;考公务员也要学。"他说:"那以后再说。"我非常震惊!我带给他们的不是幸福感与成就感,而是无奈与折磨,所谓的高分,又带给了他们什么?我不断地反思,韶关这座善美之城,民风淳朴、热情好客、诚实友善、乐善好施的品德深深地影响着我;六祖慧能的"本来无一物,何处惹尘埃"的智慧点化了我,使我明白了教育的目的不是学生考出了多少分,更重要的是能够影响他的可持续性发展,获得人格的健全

和精神的成长，培养学生的责任感、使命感及创造美好生活的主人翁精神。

四、感受广东好政策、学习实践来提升

党的十八大报告提出全面建成小康社会的宏伟目标，并把教育放在改善民生和加强社会建设的首要位置。广东欲创建教育强省，打造南方教育高地，为此连续5年每年拿出5亿元专项资金实施"强师工程"，用于加强教师队伍建设。在这样好的教育政策下，我享受到了来自广东省在教育改革上带来的教育福利，于2014年和2015年被评为广东省首批骨干教师培养对象和广东省新一轮"百千万"初中文科名教师培养对象，2017年被评为广东省名师工作室主持人，2018年被评为广东省特级教师。我工作室的理念也总结为"精研细琢、修己惠人"。在学习中参加了在北京、浙江、广州等地各种高级培训班的学习，开阔了视野，更新了理念。同时，我也在全国各地培训学习的地方不断地进行教学实践，先后多次参加省市级的示范课和开办专题讲座，在每一次示范课和讲座中，自己都受益匪浅，也在这个过程中得到了不断的提升与超越。这些讲座体现和贯穿了我的教学风格"趣味相生、善美相行"。

在教学中，我采用以学生为主体的教学方式，如采取小组合作学习方式，每节课我针对重点和难点，设计相应的情景，让学生进行合作探究，设计由易到难的具有思辨性的问题，通过辩论赛，开拓学生的高级思维，通过正能量的故事，培养学生的核心素养，让课堂达到趣味相生、让学生做到善美相行。

"春蚕到死丝方尽，蜡炬成灰泪始干。"虽然教育事业是孤独寂寞的，但是我甘于平淡与寂寞，认真做好每节课的研究，成功不是追求别人眼中的最好，而是把自己能做的事情做得最好。我相信"莫嫌海角天涯远，但肯摇鞭有到时"。

 我的学科教育观

不懈努力趣味相生，修己惠人善美相行

一、我的教学主张——让道德与法治课成为趣味生活、善美相行、知行合一的平台

（一）问渠哪得清如许，为有源头活水来——联系生活阅读，唤起课堂"趣味"

1. 联系生活，游戏教学，唤起课堂的"趣味"

部编人教版初中《道德与法治》采用多种方式，打造趣味课堂，强调"以初中学生生活为基础，善于开发和利用初中学生已有的生活经验，紧密联系初中学生逐步扩展的生活经验，尽量满足初中学生对各种生活的关切，充分运用现实生活中丰富的教学资源"。因此在教学中，要运用贴近学生生活的实例进行教学，引导学

生自己思考问题，自己去发现和矫正错误的心理状态，可以改变一味灌输的教学模式，打破沉闷的课堂气氛，提高教学效率，让学生品出生活的真味。我每一节课上课之前，都会搜集贴近学生生活的时事材料和热点话题，进行授课准备。

游戏教学是"寓教于乐"的具体体现，既适合青少年的心理特点，又能达到事半功倍的效果。为了上好七年级的《学会合作》这一课，我采用了游戏体验法"合作抬单杠"，首先，出示要求和规则：①选两组同学站在讲台上，面对面站好；②请所有人都伸出食指，并放在胸前的位置；③老师把单杠轻轻放在所有人的食指上，要求所有人的食指都必须轻轻托着单杠；④不许用手勾，每个人的食指都不能离开单杠，然后把这根单杠放到膝盖的位置，如果有人的手指离开单杠了，就算违规，必须重新开始；⑤谁最快完成这项目标，谁就是优胜者。其次，提出问题合作探究：①成功的一组说说胜利的感受及原因；②输了的一组说说输了的感受及主要原因；③说说游戏给我们的启示。

学生们热情高涨，都争着要上台来做游戏，没有被选上的还不高兴。到谈感受时，学生发言如涌泉之水，有思想、有创意，课上得生动、成功。没有选上做游戏的同学，下课后还要求给他们机会做一次。

2. 多多读书，多讲故事，提升课堂品位

提升课堂趣味和品位最好的办法就是从书中汲取源泉，我订阅了《中学政治教学参考》，每周都会阅读里面的文章及优秀课例，其中一些优秀课例为我的课堂教学提供了好素材。另外，我购买了具有时代气息和生活气息的书，如白岩松的《白说》《你幸福吗》《行走在爱与恨之间》、曾国藩的《家书》系列，还有台湾著名作家龙应台的《亲爱的安德烈》《孩子你慢慢来》《野火集》《目送》等。

其中一些文章对提高课堂趣味性有很大裨益，如我在讲到《科教兴国》一课时，在科技方面，我国与发达国家还存在一定的差距的原因，我就想到了《白说》里的一篇文章《做点无用的事儿》，我问学生："中国人被苹果砸到了，会有什么样的反应？"同学们说："吃掉。"我说："在中国，人民的第一反应是骂骂咧咧，会抱怨苹果砸伤了自己。因此，不会出现第二个牛顿。还有人说，如果一个外星人掉入地球，掉到其他国家命运可能相同；掉入中国会有不同的命运，并且还要看他掉入哪个省。如果掉到陕西，人们就会把他埋上，一百年后再挖出来；如果掉到浙江义乌，人们就会用他来制造一批模型；如果掉在东北，他被训练训练就上二人转舞台；要是掉到北京，更搞笑了，人们可能会赶紧问下是什么级别，不然不好接待；如是掉到广东，一般都是做汤喝了。"学生大笑。同时还看一些历史方面的书，如《明朝那些事儿》，讲一些与课堂有关的知识，或者是让学生讲他们所读到的书中与课堂内容有关的人物或者事件，学生的兴趣和积极性极大提高。

(二)"随风潜入夜，润物细无声"——传递善美理念，达成知行合一

1. 尊重关爱，与生交流，传递善美

近代教育家夏丏尊说："没有爱就没有教育，教育的形成如同水池，惟有情和爱才是池里的水，没有情和爱，教育就成了无水之池，任你形状各异，总逃不出一个空虚。"在许多调查中显示，广大学生认为"好老师"的条件是："理解、尊重、公正、平等、慈祥、热爱儿童……"其实，在理解和尊重学生，公正和平等对待学生等行为中，关爱学生是前提，没有爱又谈何理解、尊重？教育事业是爱的事业，教师要尊重关爱每一名学生，关心每一名学生的健康成长和学习，以真情去教育和影响学生，努力成为学生的良师益友，成为学生健康成长的指导者和引路人。

虽然一个星期只有 2 节课，但我要教 200 多个学生。为了引导学生学会做善美之人，我要求自己每天要找一个学生谈话；一个星期与一个孩子共进午餐；一个月对一个孩子进行家访；并且建立孩子的成长档案。特别是对一些学困生，我给他们提出符合实际的目标，在他们达成了目标之后，给予精神和物质的奖励；在他们生日之际，献上生日祝福，送上一些小礼物。他们特别喜欢，因此也很认真对待我布置的任务，师生关系和谐，孩子们不断进步。

2. 学习榜样，观看传递，践行善美

要践行"善美"，还要靠老师充分利用课堂教学阵地，传递正能量，践行善美，让学生在生活中真正做到善美相行，知行合一。

每年都有"感动中国"人物的评选，这正是我们的精神食粮。"感动中国"人物的评选，也正是培养核心素养中社会责任、实践创新、国家认同等的最好契机。每当《感动中国》播出后，我会用一节课的时间给学生看"感动中国"人物的颁奖典礼，再让学生谈他们看完视频的感受，打算如何以实际行动向他们学习。

有同学说："谁说人间没有真爱，谁说社会缺乏信任，谁说物质高于一切，谁说中华传统美德已经沦丧？他们就是最好的榜样。"有学生说："《感动中国》让我们知道人应该懂得关爱和感恩，懂得坚强和坚持，我们要多参加志愿者活动，我们要为需要的人捐款捐物。"有学生说："《感动中国》激励我们前行和进步，在生活中我们要从小事做起，在家里关心孝敬父母，在学校尊敬老师，与同学友好相处，要平等待人，尊重他人，与人为善；我要去做志愿者，关爱弱势群体……"通过这样来引导学生做到善美相行。

有人说："有境界就有高度，有修养就有深度、有责任就有方法，有追求就有创新，有坚守就有收获，有付出就有快乐。要教育他人，自己首先要受到教育，要感染别人，自己首先要受到感染。始终恪守传统的人无法融入时代，始终故步自封的人无法体验快乐。无法发现问题的人终日无所作为，无法接受约束的人终日困境丛生。"我相信，我只要不断付出，不断进步，不断学习，一定可以让道德与法治

课成为趣味生活、善美相行、知行合一的平台。

二、我的教学风格解读——趣味相生、善美相行

"趣味相生、善美相行",指的是我在道德与法治课上通过创设各种情境让课堂充满趣味,让学生细细品味,让趣味和品味相互交融,同时在课堂上传递真善美的正能量,使学生在生活中也能够运用所学的知识践行、传递善美,达到"知行合一、过积极有意义的健康生活"。

趣味相生:"趣"指的是"意趣、情趣、理趣",就是课堂的"趣味性";"味"指的是道德与法治课要"上出真味、让学生品味、结果是隽味"。"趣味相生"指的是趣味和品味的有机结合,让课堂教学活色生香,回味无穷。为了达到目的,我采取多种教学方式,自主合作探究,辩论赛,创设问题情境,开展游戏竞赛,设置有思辨能力的问题,从而激发学生的兴趣和求知欲,让学生体验成功,培养学生的思辨能力。同时我关注生活,关注每天的新闻,上课让学生进行新闻播报、漫画解说、猜谜语大赛等,趣味的课堂让学生不知不觉地"亲其师,信其道"。

善美相行:韶关是一座善美之城,"善"是中华传统文化中最重要的特质和核心价值,"积仁善之德,培身心之美",善美文化是教育的本质追求。"美"指的是唯美之意,崇德有礼心灵美,教育需要追求把人性培养得更美好,指引孩子追求幸福,而丰富完美的人生教育离不开审美教育。善美相行是指引导孩子们在生活与学习中能够明辨是非,善于发现生活中的真善美,在生活中践行真善美。"随风潜入夜,润物细无声",为了达到善美相行的教学目标,我在课堂上通过引导学生看道德先进人物的故事,感悟身边的优秀人物的优秀品德,践行优秀品德,从而传递践行生活中的真善美,做到知行合一,成为社会主义的合格的公民。

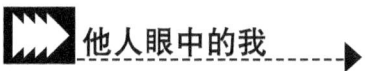他人眼中的我

善解人意巧育人,美丽优雅领头羊

对我来说,秀姐是完美的,完美到无可挑剔!

秀姐的闪光点在于她对学生的关心,对学生学业的谨慎、重视!中考前夕,我被题目、错误、别人的成绩比我好的压力压得喘不过气,濒临崩溃边缘,甚至上课也恍恍惚惚,哭着对老师发脾气。其他老师没有发觉,或者忽视了我。但是秀姐没有,秀姐在放学后找到了我。她坐在我旁边,用慈母一样温柔舒适的语气排解我的苦闷。夏季的燥热将课室焖得像一个烤炉,但秀姐吐出的每个字眼都好像舒服清爽的凉风,将我包围。啊!那一瞬间,我释怀了,一切的愁苦都烟消云散了……你见过哪个不是班主任的副科老师下了班也会在晚自习时来为学生解疑吗?有老师会在

中考前细心地写好一张张祝福与鼓励的纸条交给学生吗?放学铃响后,还有老师会一个一个地针对学生情况制定计划,详细指导吗?

如果把这种老师称作贤师的话,毫不夸张地说,秀姐是无论如何也躲不过这个荣誉了!

秀姐的教学也是有一套的。即使只给她一本知识提纲,她也能讲解、简化,教得出神入化,便于记忆,令人入迷。思维导图,判断改错题,考试技巧的归纳(这个简直神了),经典题目的改编等,秀姐将最枯燥的政治课总复习教出了新花样、实用的花样。没有她讲不到,只有你记不住!(对做题)秀姐的解释也是一绝!你还在钻牛角尖吗?你还不理解题目吗?你还抓不住题目重点吗?只要寥寥几句,秀姐便会让你心服口服。

秀姐的亮点还有好多……

这就是我对秀姐的评价,真实到没有一字虚假!

秀姐就是如此完美!

——2015届毕业生、全大市中考状元 刘铭羽

我很荣幸能与李红秀老师成为同事,并成为与之并肩作战三届中考的战友,她一直是值得我们尊敬的老师。不仅因为她温柔的外表、美丽的容颜,更是因为她在教学中、工作中的热心、用心、巧心,使我们深深佩服。

她在生活中是一位知心的大姐姐,经常在生活中为我们排忧解难,我们亲切地称她为秀姐。工作中,她在平凡的工作岗位中做出了不平凡的业绩,她是我们科组的领头羊,更是学校第一位高级老师。她严于律己,凡事都走在最前列,专业上独树一帜,具有丰富的中考备考经验,科研方面硕果累累。对年轻教师,她更是不遗余力地传帮带,帮助很多年轻教师也包括我站稳了讲台,成了学校的骨干教师。她是一面旗帜,作为年轻老师,我们一直以她为榜样,不断突破自我,勇往直前。

——学校优秀青年老师 焦立梅

 我的育人故事

巧用数学新解,打开学生心扉

我任教八年级(5)班,有个学生叫小周,个子比较矮小,上课不听课,不是睡觉就是看小说,其他老师对他想了很多办法,可是依然没有多大的效果。我看到网络上一些关于数学新解的故事,我决定利用这个故事来教育他。

课后,我对他说:"小周,你今天上课没有睡觉,在看书,还是很爱学习的。"他笑着说:"老师,你就是讽刺我吧!我又没有看政治,又没有听课,还没有背书。"我一听,知道他误会了,因为有的学生是会比较敏感,于是马上解释说:"小周,你误会了。高尔基说:'书籍是人类进步的阶梯。'培根也说过:'读书给

人以快乐、以光彩、才干。'狄德罗也说过：'不读书的人，思想就会停止。'你刚刚在看数学书，老师就出几道数学题考考你。"听我这样说，他很是兴奋，不相信一个政治老师会出数学题，他马上说："好，你快出题吧！"我在一张 A4 纸上写下了"$0+0=1$、$1\times1=1$、0000、333555、$1\div100$、3322、2233、23456789、12345、5、10、$1=365$、$1/2$、$1=2=3$、3.5……"拿给他说："请你发挥想象，说出这些数字对应的成语，并且连成一段话。"

他一看有些傻眼了，着急地说："老师，不对吧！这不是数学题，而是语文题。我语文水平不行，你就饶了我吧，你出个计算题。"我说："这个题是考你的数学思维和语文表达能力，你要是做出来了，有什么要求尽管提。"

他一听还可以向老师提要求，就精神了，说："老师，一言为定，你不能反悔。"我一听，知道他想要挑战，可是又没有十足的把握，但是又有机会向老师提要求，是一次满足他的成就感的机会，我说："好，一言为定！"我们一起拉钩，一个小小的约定就这样达成了。

他马上坐下来思考，聚精会神地拿出笔在纸上画呀画，写下了"三三两两的七八个人，一起上山去打老虎，结果是一无所有，一只也没有打到"，我一看笑了，说："不错，思路也很清晰，如果再多写出几个会更好。"他不好意思："老师，我实在想不起来了，我以后听你的，上课认真听讲，尽量不看课外书。"我说："看课外书是对的，但要有所选择，要分时间和地点。上正课的时候不能看，课外的时候可以。看过以后还要进行思考，学问也是相通的，语文、数学、政治也是相通的，每年中考的语文题中很多是政治题，也有数学题，我们要善于从多角度思考。你再看这些数字，还能够新解成什么成语，我们来研究一下，$0+0=1$，两个零加起来就是一，本来没有的，可是变成了一个'一'，你再想想有什么成语呢？"他说："没有变成有，那不是无中生有吗？"我说："太棒了，那0000呢？"在我的引导下，他一下子说出了好多成语，连他自己也不相信自己能够说出这么多成语，如："一无所有、无所事事、四大皆空、三五成群、一五一十、百里挑一、接二连三 、三三两两、三心二意、七上八下、缺衣少食、屈指可数、一分为二、不三不四……"

我语重心长地对他说："小周，你在这里学习，每天的学习生活可能是一成不变的，但你不要浪费宝贵的青春，不要与同学三五成群地讲话、聊天、放纵自己，也不要三心二意，三天打鱼、两天晒网，整天无所事事地玩手机、看小说或者睡觉。青春就是用来吃苦的，不然你 3 年后、5 年后、10 年后，可能会变得一无所有。由于没有学会一技之长，有可能会变得缺衣少食。老师希望你创造奇迹，要有创新精神，能够做到无中生有，在学习生活中有所创造与发明，让自己变成屈指可数的精英，让自己成为百里挑一的人，让自己的人生不留遗憾。"

听我说完，他沉思了一会，终于抬起头，用坚定的眼神看着我，说："老师，我以后一定要好好学习,认真反思,不辜负您的希望。"看到他离开的背影,我笑了。

教学现场与反思

"岂无实践者,兹焉当反思"

一、课堂实录一:"自觉维护正义"

(一)课堂导入

师:同学们,你们看过哪些传承中华优秀文化的节目?

生:有中国诗词大会、中国成语大赛、汉字听写大赛……

师:同学们很热爱学习,能做中华文化的传承者、弘扬者,那老师考考你们,能否在方框中快速地找出4个成语?

生1:舍生取义。

生2:义正词严,义无反顾。

生3:见义勇为。

师:成语中有一个相同的"义"字,能否说出这个字的意思?

生:义有几种意思:①指的是公正合宜的道理或举动:正义;②合乎正义或公益的:义举、义务、义愤、义演、见义勇为;③情谊:如无情无义;④通"仪",仪容状貌……

师:真佩服你们,知识面广,老师要向你们学习,中国的文化博大精深,今天我们就来学习自觉维护。

设计意图:通过设计猜一猜这个活动,课堂变得有趣有味,学生对中华优秀传统文化产生深厚的兴趣,以积极的状态投入学习。

(二)课题:自觉维护正义

师:今天的学习通过小组竞赛的方式来进行,最优秀的两组可以获得正义善美的奖品,同学们准备好了吗?是否有信心拿我的奖品?

生:我们准备好了,充满信心,期待挑战。

师:好样的!请看环节一:"观看视频:议正义"。下面播放视频《快递员蹭车被甩6耳光,事发地占道现象严重》。

①请你说说视频中哪些行为是非正义的行为?

②你认为开小车的司机是否可以打骑电动车的快递小哥?为什么?

③事发地占道现象严重,说明了什么?给我们什么启示?

生1：开小车的人辱骂快递员并且殴打他。

师：你观察得很仔细，真是个细心的人。

生2：旁边看戏的人不帮忙说话，是不关心他人的表现。

师：不是看戏，是真实的，你是说围观的人很冷漠对吗？能从不同的角度看问题，不错。

生3：快递小哥只道歉不给钱。

师：快递小哥道歉了，说明他认识到了自己的错误，也准备承担自己的责任，这是正义的行为。不给钱可能有其他原因，是司机没有给机会，一直在谩骂和殴打；还有是交警没有处理。同学们能从不同的人身上找到非正义的行为，具备多角度思考的品质。因此，有正义感的人首先要学会明辨是非，辨别哪些是正义行为，哪些是非正义的行为。这个问题上节课学习了，做有正义感的人首先要明辨是非。

1. 做一个有正义感的人

（1）要学会明辨是非。

生1：第二个问题是开小车的人不可以殴打他人，因为这样是侵犯了他人的生命健康权。

师：说得很好，你法律部分的内容学得很好，很有维权意识。

生2：我觉得还侵犯了他人的人格尊严权，因为在殴打时还进行了谩骂，并且打人也是对他人侮辱的表现。

师：不仅侵犯了他人的生命健康权，还侵犯了人格尊严权，是一种违法行为，轻者要受到道德的谴责，重者要承担相应的法律责任，甚至受到刑法的处罚。因此，我们一定要遵守法律，法律禁止的坚决不做。

师：开小车的人有钱，但是他不能打人。法律是否只保护快递小哥？

生：不是，因为规则和法律是面向全体社会成员制定的，每个人都必须遵守，无人可以例外。

师：说得真好，法律面前人人平等，不论是权贵、有钱人，还是平民百姓，只要违反法律就必须承担相应的法律责任。因此，自觉维护正义首先要遵守社会规则和法律。

（2）做有正义感的人，要遵守社会规则和法律。

因为制度是面向全体社会成员的，它要求每一个人都必须遵守制度、规则和程序，无人可以例外。

（3）事发地占道现象严重，说明了什么？给我们什么启示？

生1：事发时许多人围在那里看热闹，造成了交通堵塞，也说明了很多人不遵守社会规则。

生2：社区没有做好相应的工作，应该由社区的工作人员进行有效的管理，来维持现场的治安。

师：你们都很遵守规则，课堂上积极回答问题也是课堂规则，老师希望你们多多遵守这个规则。

生3：针对占道现象严重的问题，可以报警，让警察来处理，给我们的启示是要维护社区的交通安全，遵守社会规则，伸出援助之手。

生4：不能只看热闹不报警，不要给别人造成麻烦，要尊重他人的权利，维护他人的合法权益。

生5：要用合法途径来解决问题。

师：你们说得非常全面，我们不能当冷漠的看客，要做一个有正义感的热心人。在享受自己权利的同时，要尊重他人的权利，维护他人的合法权益，当自己的合法权利受到侵害时，要通过合法的途径来维护自己的权益。

师：你们这么认真地听课和做记录，也是一种遵守规则的好习惯，要坚持下去。

（4）王总为什么要说"我一定要将这件事追究到底"？

生1：这件事是发生在工作期间，如果王总不出面的话，会对他公司的信誉造成影响，会动摇公司的民心。

师：是的，如果公司出面的话，快递员会感受到公司的责任与情怀，感受到公司的温暖，从而更加热爱公司，我相信你以后也会是一个好的老板。

生2：如果公司不出面，没有了正义，善良就会被践踏，邪恶就会肆虐，冷漠伤害的是员工的心。

生3：如果对非正义行为不加制止，会助长非正义行为的扩散，不仅会损害快递小哥的利益，也会损害公民的利益和他人行使权利的机会、危害整个社会，最终也可能损害自己的利益。

师：你讲得太好了，能够以小见大，从个人到社会进行分析，逻辑思维能力很强，此处应该有掌声（笑）。因此，对非正义的行为应该要用积极的态度来应对，而不是消极的态度。我们要从小树立规则意识，养成自觉遵守规则制度的习惯，以实际行动维护正义。

（5）从小树立规则意识，养成自觉遵守规则制度的习惯，以实际行动维护正义。

设计意图：通过播放贴近生活、贴近学生的情景，老师与学生的距离拉近了，学生更乐于接受。通过讨论交流，学生明白了如何做一个有正义的人，达到传递正能量，践行善美之行。

师：打人者会受到什么样的处罚呢？你们希望事情怎么发展？

生1：要求打人者向快递小哥赔礼道歉、赔偿损失（精神损失费和医药费）。

师：你说得很好，精神损失费好像还有待讨论，你还有做律师的潜质。

我们先看视频，（打人者被行政拘留10天，被人肉搜索）现在进入第二个环节："合作探究：悟正义"。

要求：以区为单位，1—3区讨论1—3题。4—6区讨论4—5题。一个人做记录、每个人都必须发言。1区和4区、2区和5区、3区和6区交流你们的观点。时间6分钟。

①你看到快递小哥被打和打人者受到"行政拘留10天的处罚"，有什么感受？

②举例社会上出现过哪些具有正义感的人物？

③为了表示对打人者的不满与愤怒，有人对他进行人肉搜索，你认为这样做对吗？为什么？

④如果你是一个路人，碰到类似快递小哥被打的事情，你认为怎么做才是最好的？说明理由。

⑤请你说说我们国家为了维护正义，出台了哪些措施？

（学生积极探究，不同组进行交流）老师请区代表上台发言。

2区：各位同学好，我们区讨论的结果是，针对第一题，看到快递小哥被打，我们会感到很愤怒和无奈，因为我们帮不上忙。看到打人者被行政拘留10天，我们感到正义得到了伸张，恶有恶报，罪有应得，大快人心。第二问，"最美人物"有任长霞、"最美浙江人"吴菊萍（"感动中国"十大人物之一）。第三问，对打人者进行人肉搜索是不行的，因为是违法行为，侵犯了他人的隐私权，我们应该通过合法途径而不是违法途径维护正义，否则正义被扭曲了。

师：你们是心地善良的人，敢爱敢恨，也是遵纪守法的人。老师希望你们以后也能坚持你们的初心。对2区的回答，其他区是否有补充的？

4区：我感觉行政拘留10天的处罚还不够大，因为他的行为对社会影响非常大，对公众影响也不好，应该加大处罚力度，让他们能够害怕，以后就不再发生这样的事情。对第二问，我补充的是董存瑞炸碉堡（笑），因为他为了国家利益牺牲自己。

师：你认为要重罚，要严刑峻法，我们要以人为本，依法办事。

5区：我们认为人肉搜索这样的事情是很正常的，因为现在有很多这种情况，虽然于情于理是不能这样做的，但是也有一定的好处，就是让违法者知道违法的代价，能起到一定的震慑作用。另外，在网络上这样做是违法行为，国家出台了规定，只要转发5000字以上的信息，就要追究法律责任。第二问还有黄继光、徐洪刚等人。

师：你们很理智，能从不同角度看问题，前提是不能违反道德和法律。

7区：我认为人肉搜索是必要的，用在正义的事情上、正能量的事情上，可以让更多的人知道他的正义之举，更有利于正能量的传播。

师：这个想法是很好的，可是我们传递正能量还可以有很多途径，这就不叫人肉搜索了，而是叫作宣传好人好事。

师：我来到杭州市也发现了"最美交警"，他叫礼为奇，还有"最美妈妈"吴菊萍，还有正义人物岳飞及今天早上给我指路的小姑娘（展示图片我与小姑娘的合影）。

6区：第四问假如我是路人，首先要做的是报警，详细地告诉警察发生的事情，在报警后会尽量拉开打人的人，安抚被打的人。警察来了，可以对打人的行为起到犯罪中止的效果。我们国家出台了各种法律，如宪法、民法、刑法、未成年人保护法，还有妇联、残联等组织，保护广大的弱势群体。

师：你真是个热心的人，想的方法也很多，可是你是未成年人，未成年人也是弱势群体，你要考虑是否会在拉开他们的过程中受伤。因此，遇到这样的情况，在力所能及的范围内，在保护自身安全的情况下，你才能去做正义的行为，我们国家对青少年不提倡见义勇为，而是见义智为或者见义巧为。你说的报警方法就很好，或者求助其他路人也可以。

7区：我如果是那个路人的话，我认为应该先去制止，而不是先拍视频，虽然拍视频可以曝光这样的行为，但是事情已经发生了，造成了快递小哥的实际伤害，因此，首先应该劝阻或者报警。

师：这样做是好样的，拍下视频也好，可以留下这件事的证据，更好地保护自己。

8区：如果非正义的事情发生在他人身上，要及时伸出自己的援助之手，要见义勇为，对受害者给予声援和救助。当然作为未成年人，要有见义勇为的精神，做到见义巧为。当非正义的事情发生在自己的身上，要奋起抗争，要保护自身的安全。

师：说得很好，看书非常认真，要学会用智慧伸张正义。

对第五个问题，老师来说说：杭州市出台的关于正义的措施——

①即日起至5月10日，杭州公安邀请市民对"公共安全、打击犯罪、治安防控"等提意见和建议。"金点子"还有奖励。

②杭州市见义勇为基金会大幅提高对因见义勇为牺牲、伤残的勇士（积极分子）的奖励标准。

③杭州立法挺见义勇为，救人者无须自证清白。

国家为了维护正义，举行正义人物、最美人物的颁奖，此外还有：

①国家制定各种保护人民合法权益的制度法律。

②国家打击各种违法犯罪。

③国家出台各种反腐败措施……

3. 做一个有正义感的人

正义感的表现：正直、善良、勇敢……

作用：社会更稳定和谐。

做有正义感的人的要求：要尊重他人的合法权利；自身受侵犯时，以正当方式奋起抗争；他人受侵犯时，见义勇为、见义巧为；要尽量在不伤害自己的前提下，维护正义。

设计意图：由学生进行小组自主探究，通过"合作探究：悟正义"这一环节的设置，通过学生的合作探究、学生展示、区内竞赛的方式，不仅调动了学生的积极性、主动性，也能够让学生真正地理解做一个有正义感的人的要求，懂得如何传递真善美。

师：我们学习了如何维护正义，现在进入"学以致用"环节，请看——

"学以致用：践正义"（3个情景）。

①在公共汽车上，你发现有小偷正在从一名乘客的手提袋内偷窃钱包。

②你在回家路上看见有个熟悉的同学被几个高年级同学勒索财物并遭到殴打。

③你去楼下朋友家时，发现他家门已被撬开，而自己已经走进去了，你和歹徒同时发现了对方。

师：由于时间关系，我们重点讨论第二、三个情景。

6区：对第二个问题，我们刚刚学习了，要见义"巧"为，可以赶紧回到学校告诉老师，向老师求助。也可以先给那个人钱，记住相貌，再回到学校告诉老师或者报警。

师：真是能够学以致用，活学活用，有悟性。

1区：对第三个问题，我认为不要与歹徒发生直接冲突，可以这样说："哇，你是来给我们家收衣服的吧，谢谢你。"给歹徒一个台阶下，这样既保障了自己的安全，也记住了歹徒的相貌，再报警。（学生笑）

师：好聪明机智的想法，值得表扬。

4区：我认为收衣服这种做法不一定好，万一歹徒身上有刀，可能引发不好的影响，危害自身的安全，为了让歹徒放松警惕，可以说："其实我跟你是同行（学生笑），如果你在这一家，我就去下一家吧！"记下他的特征，赶紧离开现场，并报警。

师：我们班上有太多"智多星"，前途不可限量。

5区：歹徒发现了我们，可能会抓住我们，这个时候，我们应该用一个方法"三十六计，跑为上计"，我们要快速跑，跑到人多的地方求助，打电话报警或者打电话告诉同学不要回家。

师：这个方法也好，不过要有强健的体魄，还要有刘翔的速度。（笑）

2区：针对第三个问题，我会拍拍他的手说："你在忙呀，我先走了。"然后关上门，找邻居，向邻居求助。（学生笑）

师：对，可以跟他说："你是送快递的吗？你放好就可以了。"

过渡：通过这节课的学习，我们知道了如何维护正义和做一个有正义感的人，也通过同学们的回答，感到我们班上很多正义之星，现在布置一个课后作业"我要评选正义星"。

①请同学们用智慧的双眼发现身边的正义行为，并评选出我们班的"正义之星"。

②写下对他（她）的颁奖词。

③在下节课上当面读出来。

设计意图：通过"学以致用：践正义"这一环节，学生真正从思想内化为行动，自觉维护正义、践行正义，实现了趣味相生、善美相行、知行合一的目的。

（三）结束语

人们总是渴望公平正义的阳光普照，但是公正的社会不会自然而然地形成，公平正义，要从美好的愿望转化为现实，离不开每个人的积极参与和不懈努力，需要在生活中积极践行，希望每位同学都能做正义的人，自觉维护正义，让正义之花开遍神州大地！

二、教学反思："自觉维护正义"

这节课是笔者在杭州市第十中学上的一节示范课，力求体现"趣味相生、善美相行"的教学风格，设置清晰的教学板块，创设新颖的教学情境，开展丰富多彩的课堂活动，激发学生学习兴趣，调动学生学习积极性，培养学生的思辨能力，提升学生核心素养，引导学生善美相行，取得了较好的教学效果。

第一，课堂导入有趣味。笔者通过"猜一猜"导入，激发了学生的兴趣。第二，课堂情景有生活味。以《快递员蹭车被甩6耳光，事发地占道现象严重》的时事新闻创设情景，教学资源源于生活，体现新课程的生活化。第三，课堂设计有简约味。将整节课设计为"议正义""悟正义""践正义"3个板块，从知到行，层层递进，使本课教学结构严谨、思路清晰。在课堂演绎中，采取互动式教学，师生和谐互动，课堂简约不简单。第四，课堂引导有善味。对学生进行价值引领，引导他们关爱社会的弱势群体，传递社会的正能量，是课堂"神"之所在。第五，问题设置有巧味。设置具有启发性、参与性、探究性、开放性的问题，活跃学生思维，学生的答案体现多元智慧，预设与生成有机结合，提高学生能力，较好地达成教学目标。课堂是一种遗憾的艺术，我设置的问题过多，导致学生思考的时间较少，讨论不够充分，时间安排不够合理。

教学需要科学精神，更需要宗教情怀，拿着工人干活的薪水，去做菩萨普度众生的事情，我们自觉地超越功利，明明知道教育不是万能，但我们还是尽量做到"仰不愧于天、俯不怍于人"。"最难的事情不是改变社会，而是改变自己。"把自己的课上成自己想要的美好的样子，这便是我们的意义，我愿意用王开岭的一段话来描述我们每天劳作的课堂："你是什么，道德与法治就是什么；你有多大，道德与法治就有多大；你有多美，道德与法治即有多美。"

精神引领、文化浸润、知行合一

• 广东省中山市第一中学　谢晓春（初中道德与法治）

▶ 导读语

我叫谢晓春，是一名中共党员，中山市政治学科带头人。1991年，于湖南师范大学毕业后，我在中山市第一中学任思想品德教师，已有二十八载。我出生于教师家庭，做麦田的守望者是我的教育理想。"育人更育心，润物细无声"是我的教育主张，我相信"每个孩子都是一颗珍珠"，全身心投入，总能把无人问津的"问题班"转化为"先进班集体"，学生高度认可我是他们成长路上的智慧导师。"精神引领、文化润泽、知行合一"的教学风格，让我的课堂成为学生生命成长的幸福乐园。经我指导，学生的研学成果荣获全国青少年微电影展评一等奖。专业上，我精益求精，敢于创新，主持并完成省级专项课题，科研成果获广东省中小学教育创新成果三等奖。我在43岁时攻读教育硕士，10余篇专业论文或发表或获得国家级、省级、市级的一等奖。中山人的博爱精神，引领我无私奉献，热心公益。我不仅每年高质量承担省市各级公开课和专题讲座，发挥起名师的辐射作用，指导青年教师专业成长成绩卓越，而且以实际行动参与"教育进乡村"的支教活动、牺牲休息时间在中山开设家庭教育公益讲座30余场，受益家庭逾万家。我多次荣获中山市优秀共产党员、优秀教师、优秀班主任等殊荣，2018年荣获广东省南粤优秀教师、广东省十佳"优秀德育导师"。

名师成长档案

坚持初心，我看到美丽的风景

一、我想成为一名用爱点亮学生希望的老师

我自小对老师就有一种天然的亲切感与崇拜感，可能是因为我出生于教师家庭。父亲曾是湖南省一座小县城的小学校长，母亲是20世纪50年代的大学生，是一位高级农艺师，她一辈子坚持的事业就是指导农民科学种植柑橘等经济作物，帮助他们发家致富，推动农村农业发展，老百姓亲切地称呼她"刘老师"。父母作为我人生的第一任老师，他们言传身教，把"正直做人、踏实做事、勤奋好学、报效国家"的优良家风深深烙刻在我的血液里。在中学阶段，我观看了一部讲述一位小学女老师陪伴几位淘气孩子成长的电影——《苗苗》。我被电影中的故事感动了，觉得做一个孩子王很美好！不过，最终让我坚定选择读师范院校的原因是我过山车式的高考经历。1984—1987年的3年高中学习中，我除了语文、地理一直学得很好外，其他成绩很不稳定，尤其理科，自己总缺乏自信，不敢和老师多打交道。在高二下学期文理分科后，我无奈地选择了文科班。幸运的是，一位中山大学毕业的老学究——许老师成为我的班主任。他教的科目是历史，在第一次历史测验中，我破天荒地考了全班第一名。在试卷讲评时，许老师对每一种情况的学生都做了一番语重心长的讲话，我当时认为他的鼓励和鞭策句句都是讲给我听的。从此，我开启了数学、英语的追赶之路。到高三上学期结束时，虽然已换了一位新的班主任——蔡老师，但我已成为稳坐班级前五名的学生，进入蔡老师认为最能够为他争光的优秀学生之列。由于紧张，在高考预考时，我的数学考砸了，仅考出54分的成绩（满分110分）。我差点与正式高考资格失之交臂，也失去了蔡老师的信任。最后一个月的冲刺阶段，他没有将我列入冲本科的行列。我的心里很失落，但倔强的性格，让我没有消沉下去。冷静分析了数学失利的原因之后，我将数学几大板块知识、典型例题整合装箱，提升了对知识内在关系的理解以及举一反三的能力。在高考中，数学一举拿下98分的高分。这次挫折激发起我心底最初的心愿——我想成为一名用爱点亮学生希望的老师，像许老师、苗苗老师以及我的父亲那样，平等对待每个学生、不断激励每个学生。在父亲的支持下，当年高考我考出了全县文科第三名的优异成绩，填报的大学志愿是清一色的师范院校。18岁的我，为自己的未来选择了一条教师之路。在湖南师范大学，我遇到了身材不高且圆润，学识渊博，纵贯古今中外的西方哲学史老师——张国珍老师，她以母亲般的关爱和有趣、智慧的灵魂，让我对将要从事的教师职业有了全新的定义。大学毕业后，我怀着一种很质朴的情感走上了三尺讲台。

二、良师引路，我成长为一名脚踏实地，仰望星空的老师

很庆幸，刚参加工作的我遇到的第一位科组长是郭宝安老师。他是一个地地道道的中山市小榄镇人，20世纪60年代毕业于华南师范大学政治教育专业，毕业被分配到湛江地区遂溪县一所乡村中学，从普通老师做到校长。因深爱家乡，年近五十的他仍想方设法调回中山，在他身上，我感受到了他们那一代中山教育人在经历"文革"动荡后，以极大的热情拥抱改革开放、拥抱素质教育。他们身上镌刻的显著特征就是有强烈的使命感、严谨治学、淡泊名利、甘为人梯、关爱青年教师。与这些优秀的老教师为伍，是我人生的幸运，他们引领我、教会我"先做人，再为师"。在我心中，我的老科组长郭宝安老师不仅是一位优秀的老师，而且是一个真正的教育家。作为一位政治老师，无论在课堂教学，还是对科组老师的专业引领，他始终牢牢把握住了这门学科的精髓与灵魂，就是坚持理论联系实际。他的政治课是有精神与内涵的，是真正引领学生走向"知行统一"的。中山市地处珠江三角洲，毗邻港澳，是全国改革开放的前沿地带，在各个领域不断创造新的奇迹，如威力洗衣机、爱多VCD、全国"十大首富村"小榄镇永宁村……中山还是孙中山先生的故乡，伟人故里有着丰厚的爱国主义教育素材。郭宝安老师每一年都带老师、学生深入社会、乡镇开展社会调查，撰写调查报告，当年他和科组老教师指导学生撰写的政治小论文，多次在全国中学生政治小论文评比中荣获一等奖。学以致用，成为我校政治学科最大的亮点。

郭老师教会了我怎样做一位老师，怎样做一位政治老师。受他的深刻影响，我认真钻研教材与教法，认真备好每一节课，坚持阅读《思想政治教学》等专业刊物，虚心向老教师请教，很快练就了扎实的教学基本功和教学技能，并取得全市名列前茅的教学成绩。受他的深刻影响，我没有唯教材、唯知识、唯考试而教，一直在思考与探究如何教出面向学生未来发展的思想品德课。我积极响应国家课程改革的号召，陆续开展了一系列生活化思想品德学习探究活动，引领学生将思想品德学习由课内向课外拓展、延伸。我组建过法律学习兴趣小组，带领学生实地调查中山市看守所，了解青少年违法犯罪情况，组织法律知识漫画比赛，开设模拟法庭等，我带领学生建构起一套"立体式"体验学习方式，将学校教育与家庭教育、社会教育有机整合，很好地促进了学生在思想品德（或道德与法治）学习的知行统一，成为学校教学改革中的一抹亮色。对我的教学改革行为，广州《法制画报》和《中山日报》均有采访报道。受郭老师的深刻影响，我尝试把思考与探究转化为教学论文、科研课题，从此开启了我教师专业化成长的道路。2004年，我主持完成了教育部"十五"教育科研规划课题和广东省教育科研重点课题"信息化条件下思想政治课教育教学改革实验与研究"的子课题研究；我坚持了7年之久的"拓展学习体验空间，让思想品德回归生活的研究"荣获2012年广东省中小学教育创新成果三等奖……多年的实践与研究积累，让我对自己的教学风格有了新的审视，

我把之前从学生、同事那里获得的对自我教学风格的认识，如"课堂富有亲和力、说理性强，教学重点难点清晰，教学效果突出等"凝练成12个字的教学风格："精神引领、文化润泽、知行合一"。我希望我的课堂是学生生命成长的幸福乐园。

三、学习与科研，让教育驰骋在理性的园地

2001年国家颁发《基础教育课程改革纲要（试行）》，2003年颁布《初中思想品德课程标准（实验稿）》。国家基础教育课程改革的大浪潮推动教师们必须彻底改变传统教学中僵化的、落后的模式、方法。为了体现教育的公平性，自2002年起，中山市实行重点中学小升初全员电脑派位政策，后来乡镇的小学也参与派位。我校作为重点中学，不仅失去了生源优势，而且要面临一系列问题与挑战。初一学生因起点差异性很大，入校后，学生在人格发展与品德修养等方面的差异性很大，缺乏明确的人生目标，学习动力不足；耐挫心理能力差，缺乏自信、坚强等优秀品格；以自我为中心，不诚实等问题严重阻碍了部分学生的健康成长。新的形势促使我思考：初中思想品德课程作为对学生进行品德教育的主要阵地，它应该往哪个方向走？如何改？

带着思考，我重新上路。一是加强理论学习，向先贤、找名师借智慧。41岁，我考取在职研究生，成为班级里年纪最大的学生；44岁，我获得教育硕士学位。在攻读硕士的过程中，我实在是太幸运了，遇到另一位恩师，也是大师——湖南大学教育科学研究院唐松林教授：他的乡村教育理想净化了我的教育境界，他的教育哲学观引领我从经验走向对教育教学的哲学思考；他在指导我的学位论文写作时，培养我科学研究的思维与方法。答辩过程中，我得到评委、教授的高度评价："你很像你的导师，思辨能力很强……"3年的研究生学习，我的教师专业化发展之路开启跨越式成长，我的研究重心彻底从研究如何教转向研究如何学，再升华到思考"回归教学原点的哲学追问"。我带领科组老师在原有研究成果的基础上，于2018年9月又完成了广东省"百千万"专项科研项目课题"立体式体验学习研究——以七年级'道德与法治'为例"等。在"立体式体验学习研究"中，我们创新了课堂学习方式，立足课堂情景，体验探究，辅以拓展丰富的课外体验学习活动，鼓励学生亲自参与实践体验，实现学习从课堂体验延伸到家庭和社区的实践体验，破解了品德课传统教学中"知行脱节"这个难题，较好实现了学生品德的内生长。我指导学生参加2016年全国青少年校外生活微电影展评活动，学生制作的微电影《成为最好的彼此》《书与承诺》分别获得全国一等奖、二等奖。我引领学生尝试以一种新的学习手段提炼生活，建构自我，很好地促进了人的和谐发展。我们的课题研究行为，还推动了科组教师的专业发展。学科组老师在省市教学竞赛活动中屡创佳绩，如梅慧民老师"国家好，大家才会好"（八年级上）荣获2017年中山市中小学青年教师技能大赛一等奖第一名；我们在"一师一优课、一课一名师"的晒课活动中，有1个课例荣获教育部优课，2个课例获省级优课。我自己先

后成长为中山市学科带头人和省新一轮"百千万工程"名师培养对象,并荣获2018年南粤优秀教师、广东省十佳最美德育导师等荣誉,我的论文发表在国家级核心期刊《中学政治教学参考》等。经过省"百千万名师工程"这个大熔炉里的洗礼,如今的我进入了教育主张更清晰、教育思想更民主、教学方法更丰富的自由阶段。科研与创新,让我和我的同事收获了自我升华的愉悦与幸福。

不忘初心的坚持是一种精神;不忘初心的坚持让我教出了思想品德(道德与法治)的新天地;不忘初心的坚持,让我一路成长、升华价值、拥抱幸福。

我的学科教育观

给学生一个不一样的课堂
——我的"精神引领、文化浸润、知行合一"教学风格解读

"为学生的生命而教,为学生的未来而教"是我的教育教学主张,"智慧课堂,幸福课堂"是我的教学追求。

教育家陶行知先生说过:"教育就是教人做人,教人做好人,做好国民的意思。""因为道德是做人的根本。根本一坏,纵然使你有一些学问和本领,也无甚用处。"可见,"教书育人"才是我们教师永恒不变的价值。作为一位思想品德老师,我的教育教学主张就是:教学生做一个"大写"的人,做一个有理想、有情怀、有担当和有智慧的人。我的教育主张融入我的教育行为,进而成为我独一无二的教学风格:"精神引领、文化浸润、知行合一"。

一、我的教学风格解读

2012年,我参加了广东省中小学骨干教师省级培训,在华南师范大学有幸聆听到了闫德明教授关于"如何形成自己的教学风格——若干典型案例评析"的讲座,这场讲座开启了我对自己教学风格的反思。2015年,在广东省新一轮"百千万名师培养工程"第二批启动仪式上,闫教授带着楚云等名师分享他们的教学风格时,我被每一位分享者的精彩故事深深感动。这2年多的时间里,我在一次次的省级、市级、校级的公开课中,不断打磨、凝练、升华自己的教学风格,我的课堂总能让学生感到很不一样的东西,散发出独特的人格魅力与智慧芬芳。

(一)精神引领,即帮助学生树立正确的人生观、世界观、价值观

有人说:一堂好课或者一位好老师的"真正贡献不仅是让学生获得一种知识,还要让学生拥有一种精神、一种立场、一种态度、一种不懈的追求。这才是一堂好课的真正价值所在"。道德与法治学科肩负着引领学生品格成长,为学生未来美好生活奠基的使命,更需要在课堂传递正确的价值与精神。

初中是中学生健康人格发展的关键期,学生很需要精神层面的成长,它有利于

实现学生在品德的学习中自觉融进反思与实践，修炼自身的人格修养。我在课堂上通过理性精神、求真精神和爱国主义精神等层面的引领，帮助学生培养了学会独立思考，学会从多角度理性分析问题、解决问题等"道德与法治"学科的核心素养。在学习《道德与法治》七年级下册2.1《青春萌动》内容时，如何正确引导青春期的中学生情感萌动？是个不容易解决的问题。我对教材"探究与分享"的设问环节进行重新建构："假如面对某校有这样的规定：男生女生不得坐在同一张桌子吃饭；不得成对儿出现在校园……"教材设计了3个探讨问题：①你赞同这样的校规吗？为什么？②学校制定这样的校规，表明校长和老师担心什么？他们的担心有没有合理之处？③假如你是该校学生，你会给校长提哪些建议？在此基础上，我增加了第四个问题：④你觉得男女生应怎样相处，才能避免家长老师的担心？解决第一问需要学生运用正反两面的思维思考；第二问探究的目的是培养学生的同理心；第三问鼓励学生参与学校建设；增加的第四问，能很好地引导、帮助学生形成正确的价值观，学会理性解决问题，达到自我教育的目的。

为了培养学生的求真精神、爱国主义精神，我把近代教育家陶行知、伟人孙中山先生和现代科学家黄大年等的感人故事，还有学生身边的人与事，包括老师、家长，以及每天发生的国家大事等，都纳入学生的学习素材。"千教万教，教人求真；千学万学，学做真人。"精神的陶冶，引领学生学会做一个大写的"人"，胸中装有家国情怀的人。一位女生参加我设计的"党的十九大报告学习系列活动"后，在她制作的手抄报上留下一段很激励人的学习感悟："我作为初一级的学生，和祖国一样，都在起点上，都在思索如何成才，只不过，国家想的是如何让人民幸福，而我想的是如何让自己走上幸福之路，每个人的起点不同，但终点却在同一个方向……日新月异的祖国就是我们挥洒青春的舞台，我将严格要求自己，志存高远、好学上进……创造出无悔的青春。"

（二）文化浸润，即涵养学生的人文思想，提高优秀传统文化的认同感

文化浸润，首先表现在创建平等、民主、和谐的师生关系和课堂文化。

从教以来，我恪守"有教无类"的为师之道，尊重、关爱每一个学生。我连续16年担任班主任、年级主任。作为班主任，我接手的班级基本上是别人不想再带下去的普通班里"最普通"的班，每当想到这种班级里的孩子更需要人去关爱、去鼓励时，我每次都毫无怨言地接下学校交给我的任务。我以全身心的投入，把一个个无人问津的"问题班"转化为"先进班集体"，把家长都不愿面对的问题孩子，转变成考取重点高中的学生，学生高度认可我是他们成长路上的精神导师。在2008年，学校100周年校庆庆典上，我与那些带出高考状元的班主任一道荣获"功勋班主任"荣誉。在2018年，学校110周年校庆庆典上，我荣获"功勋教师"荣誉。教育是以爱唤醒爱，我以诚实、善良、公平、正直的人格品质滋润学生心灵

的成长。课堂上，我运用多元智能理论，启迪学生懂得"天生我材必有用""每个人都有独一无二的价值"等道理，他们在课堂上的每一次发言、每一次参与，都能得到及时的肯定，让课堂撒满灿烂阳光。对这份关爱与激励，孩子们是这样述说的："老师能在上课的时候让同学们有奋进紧张感，但课后又让人感到如此亲切、可爱！""被尊重、被鼓励、勇于表达、大胆辩论！这种感觉真好！"在这种平等交流的过程中，学生的思路被激活，课堂常常激荡起绚丽的思维浪花。

文化浸润，还表现在通过教学提高学生对民族文化的认同度，培养民族的自豪感。作为道德与法治学科教师，我积极寻求中华民族传统文化与中学阶段学科核心素养的对应与衔接的实施策略。在学习七年级《道德与法治》下册第三课第二框《青春有格》时，如何领会传统文化中的行为道德准则"行己有耻"与"止于至善"的内涵精髓？我采取的教学策略是运用学生所有的学习工具，形成对这一传统文化从感性到理性的认知升华，从而内化成他的行为品格。我带上了圆形、方形、椭圆形等大小不一、形状不同、材料不同的器皿，让学生体验"抚摸谈触感—盛水谈观感—功能谈价值"等环节，还设计了4个问题：①大家摸一摸这些器皿，再摸摸自己的脑袋，直觉上你有什么不同的感受？②我们把水装满器皿，你是不是会觉得它的容量很大？③这些器皿有什么用处？④假如让你选其中一件器皿，你的选择是？请说出理由。在启发式教学的步步引导下，学生体验到了古人提倡的"行己有耻，君子不器"的人生智慧——做人做事是有境界的！第一，做人不能冷冰冰、冷漠，而要有人性、有良知（有羞恶之心）；第二，做人应有胸怀、有格局，而不是只盛得下那么一点点；第三，人要全面发展，不能单一；第四，学会做一个心系天下的人，关怀苍生而不被诱惑所奴役等。深刻的道理经过通俗易懂的启发式学习，留给学生思考的空间，再经过通俗易懂的剖析，挖掘中国传统文化的精髓，促进学生的人格修养。

文化学习需要强大的文本阅读能力、逻辑思维能力（如归纳能力和演绎能力）等。我对学生进行了学习思维序列化培养：初一，学生初步学会从正反两面认识事物；初二，学生进一步懂得从多角度认识与解决问题；初三，加大对学生逻辑思维能力的思维路径指导。学生在阅读材料时，自觉运用我独创的"找双主""找层次"的分析方法等，让学习思维路径可见可操作，很好地培养了学生发现问题、分析问题、解决问题的能力，促进了学生学科核心素养的发展。学生在毕业之际这样留言："3W思维（即是什么、为什么、怎么做），找双主，换汤不换药，不用背……您的口头禅我们都信手拈来。很感谢老师，您教会我们的永不只是书本上的观点，还有思维的培养。在这之前，我认为政治课是一门不用听课，只要死记硬背的学科，但我知道我错了。感谢老师在我迷茫时能及时给我指点迷津！"

三、知行合一，即引领学生在"立体式体验学习"中实现品德的内化

学生的品格成长绝不是外在"教出来"的，而是内在"生长出来的"。脱离体验的学习，思想品德就成了脱离实际的空洞的说教。为此，我开展了"立体式体验学习方式"研究和实践。教学中，构建起"目标导引下的课堂小组合作"学习方式（如下图），学生通过在群体交往中体验学习，有效促进良好学习习惯和学习品质的培养，实现"三维"教学目标。

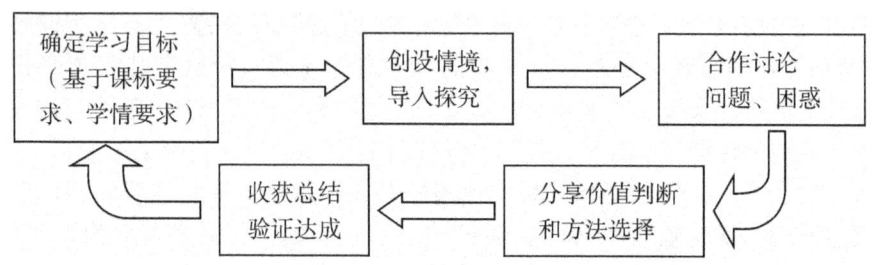

"立体式体验学习方式"必然要包括在线学习方式的开发，即实现线上与线下体验学习的相互补充、相互促进。我通过整合"三微"（微课、微信、微电影等）资源，拓展了学习时间与空间，更符合高科技飞速发展下的学习要求，促进学习的知行合一。2016年12月，我指导学生自编、自导、自演、自拍的微电影获得全国青少年课外微电影评展一等奖1个、二等奖1个。

"立体式体验学习方式"还包括拓展课外体验学习活动，让家庭、学校、社会生活成为学生品格内化的营养素与催化剂。我按照自我认识—与人交往—关注集体、社会、国家的逻辑思维，设计并开展了"未来三年我的成长规划与对策""我以行动报亲恩""多彩的春节文化研究性学习活动""感受法律对我们成长的重要性""中学生网上交友调查"活动、母亲节"我与母亲的一次情感体验"、"喜迎党的十九大""我与社区共成长"社会调查以及"课前三分钟时事演讲"（坚持10年）等课内外拓展性体验学习、研究性学习。通过实地考察、调查研究、动手实践、问题辩论等途径，我较好地实现了"理论联系实际"，迎来了"随风潜入夜，润物细无声"思想品德课程教学的新境界。

▶▶▶ **他人眼中的我** ▶

我把教育当作一件艺术品在精雕细琢，这份执着引领我在思想与专业上已趋向成熟，呈现出"日新月新我常新"的生命力和创造力。我领略到了教育带给我的幸福。

在学生眼中，他们认为我的教育教学很敬业、很专业，是一位有智慧、责任感

强的老师。其中一位评价者的身份很有意思,她是我的第一届学生,现在又成了我的同事。在她眼中,我看到了自己的坚持和成长。

27年前我是谢老师的学生,我脑海里还存着老师第一次踏进我班那一脸青涩的模样。她是我遇到过最好的政治老师。当年的政治教材内容比较枯燥和刻板,但是谢老师课堂上流畅的表达、生动的诠释、亲切的教态为这个课程点亮了另一盏灯。她还会结合自身的经历和社会的见闻讲授相关课程,对我的人生观和价值观有着重要的影响。当年的政治课注重社会实践,我还记得自己是首批跟着谢老师到少管所参观的孩子。那次参观的经历我还记忆犹新。感谢最美的年华遇见了您——谢老师!

——学生评价

现在我担任初一(6)班班主任,与谢老师搭档。在一次旁听孩子们上政治课的时候,发现现在政治课程更注重对学生情商的培养。谢老师的课堂生动、幽默,亲切自然的教态让孩子们都愿意敞开心扉进行生生交流、师生交流。对理想、人生、交往等空泛的概念,谢老师注重用实例进行引导,颇有教育智慧和教育艺术。对学生犯的知识性错误,她能及时纠正,对学生是非判断有所偏差甚至有些较为偏激或片面的观点,她会在课堂上巧妙引导,让学生心悦诚服。她把小组合作学习模式灵活运用到教学上,在她的思品课堂是没有"沉闷"二字的,因为学生每个闪光的思维火花都能得到她大大的表扬。谢老师是一棵常青树,她和她的课很受学生欢迎。

——同行评价

通过这次活动,女儿体谅了父母,增进了彼此的感情……这是一次有意义的亲子活动,谢谢老师!

我的小孩长大了,懂得自己不断地总结经验。老师举办这种活动,真是有意义,又创新。

孩子们是虫是龙,看谢老师的。所以,我对子洛说,谢老师的课,一定要上好。这是人生课。

——家长评价

我在学生心中点亮了一盏温暖的智慧之灯。我为自己点赞!

 我的育人故事

帮他插上一对隐形的翅膀

"每一次都在徘徊孤单中坚强;每一次就算很受伤也不闪泪光。我知道我一直有双隐形的翅膀,带我飞,飞过绝望……"

每次当我听到张韶涵这首《隐形的翅膀》时,一个小男孩的形象就会跃入我

的脑海。这位男孩叫小卓同学，通过电脑派位，从乡镇小学来到我校初中部读书。现在是本校高中部高二级学生，还担任了学生辩论社的负责人。我在2014—2017年担任了他3年思想品德教师。在他的初中3年里，我见证了一个男孩子受到思想品德课堂的启迪，渐渐学会了自我完善、与他人相处，也欣喜地看到了小男孩所处班级同学的成长，他们学会了欣赏、包容他人。当然，我也得到了成长。

初一入学没多久，我就感受到了这位小卓同学与其他同学的不同。他爱读书，但不爱做作业，学习质量不高；他的思维反应快，课堂很爱抢着回答问题，但他的回答有时又蛮偏激，常常引来同学的不认同和起哄。一旦出现这种情况，男孩就会很激动地进行语言攻击，让课堂出现不应有的紧张气氛。为此，我向其他科任老师了解情况，他在其他科的课堂也存在这个问题，老师常常会因为小卓同学与其他同学对峙起来而停止教学，先调节大家的情绪。看来小卓同学这种性格特点不是进入初中才有的。现在进入一个新的集体，作为初一学生，面临一个很重要的成长课题就是要尽快完成初中学习方法的适应和人际关系的适应，而人际关系的适应显得尤为重要，良好的人际关系是有利于提升学习质量的。作为他的教师，我爱惜他的灵气，希望他能够健康成长；作为他的思想品德教师，我决定充分发挥我的学科优势，帮助小男孩和他班级的学生一起共同进步，成长为更美好的少年。因为初中阶段是一个人良好性格养成的关键时期。

任何一个孩子性格的养成一定与其从小的成长环境有着密切的关系。为此，我与小卓同学的妈妈建立起联系。原来他的父母均是中山某乡镇一所小学的老师，小卓就是在父母教书的学校读完小学的。父亲对他的要求相当严格，如没有达到要求，还存在动粗的举动。根据小卓自己的描述，小学的老师对他很好，一直都夸他。这些情况让我们对小卓的性格形成有了一定的了解。父亲的过度严格，让小卓同学不懂得怎么去与人很好地沟通；老师一直夸他，养成了他在同学面前的优越感，不能接受他人的批评与不认可。所以，他来到一个新的环境，问题就暴露出来了。同班同学都还是孩子，而且多是独生子女，对小卓强势不讲道理又无法以实力服人的举动自然缺乏包容性，矛盾也在争执中愈演愈烈，小卓同学渐渐被大家孤立了。

在初中第一次中段考的家长会上，我单独约见了小卓的父母，因为小卓也确实考得很不理想，对比入学成绩退步不少。通过一番真诚的交谈，我们达成一致的观点，作为父母，要学习怎样与孩子多交流、少命令，对小卓要多鼓励、少指责，给孩子提供一个可以放松心灵、好好交流的场所。

我也抓住中段考这一契机，与小卓同学很好地交流了一次。让他意识到，在新的集体中，少一份任性，多一些理智，让自己有一个愉悦学习的心情是多么的重要，尤其在住宿的前提下，良好的人际关系尤其重要。我们的交流还是很好地触动了小卓同学。这种平等、和谐的交流，后来成了我和他的"家常便饭"。以至于他去到高中后，如有机会回到初中部，他就一定要找我聊上几句。我们之间建立起了一种亦师亦友的感情。

　　课堂上，我的教学活动设计紧紧围绕如何正确认识自己、如何欣赏他人、如何学会与他人交往等人格健全的问题，引导小卓与他的同学在学习中建立起正确的价值观，相互间感受到的是正能量的传递。如我坚持了 10 年之久的"课前三分钟时事演讲"活动，轮到小卓同学时，他居然提前邀请另外一位同学一起准备了一个表演，播报"习主席与马英九在新加坡会面"的时事新闻，他们的模仿惟妙惟肖，获得同学们的阵阵掌声。我充分肯定了小卓同学的创意，也鼓励其他同学在学习中要相信自己，不断创新。同样，我也经常表扬班级同学在学习中的无私分享与帮助，在交往中的包容与友爱。同学们在学习中懂得了要先学会做人，才会做事的道理。为了更好地帮助小卓同学学会聆听，让同学们学会欣赏，我每次在课堂小组学习活动环节，都会注意分配好讨论成果分享的同学是每一组的几号同学，那么，4 人小组里，每一位同学都要学会承担，都要积极参与。这样，课堂上每个同学都得到了锻炼和成长。小卓同学也在别人的分享中慢慢做到聆听与补充，提高了与同学的合作能力。到初三毕业时，他与整个班级已经融合得很好了。小卓同学不仅理科成绩一直很突出，他对时政、人文历史也一直保持着极高的热情，他的才华也越来越得到同学们的赞赏。最后，他以优异的成绩考上了本校高中部，积极竞选校学生会辩论社的秘书长并获得成功。

　　如果说，我作为一位思想品德老师，给小卓同学插上了一对隐形的翅膀，那么，他就用思想品德课堂上积聚的精神力量，挥动他的翅膀，展翅飞翔。

　　德国哲学家雅斯贝尔斯在《什么是教育》一书中写道："教育就是一棵树摇动一棵树，一朵云推动一朵云，一个灵魂唤醒另一个灵魂。"品德教育一定是唤醒、是内化、是生成的。

 **教学现场与反思**

一、教学现场实录（见下表）

课题：第五课第二框"在品味情感中成长"教学设计			
学段	初中	教材	《道德与法治》（七年级下册）
授课者	谢晓春	学校	中山市第一中学
一、教学内容分析（简要说明课题、学习内容以及这节课的价值）			

续上表

《在品味情感中成长》属于部编教材七年级下册第五课《品出情感的韵味》第二框的内容，"成长"是本节课的聚焦点，其内涵包括学生认知的成长、道德的成长、情感价值的成长和行动能力的成长

主要学习内容有2部分：①体味美好情感；②传递情感正能量。包括三个学习任务探究：第一，引导学生在日常生活中有意识地发掘生命中的美好体验，体味美好情感，并收获美好情感；第二，帮助学生正确认识负面情感存在的积极作用，学会将负面感受转化为成长的助力；第三，激励学生积极主动地影响身边环境、学会创造美好的情感体验，传递情感的正能量，提升创建美好生活的能力

这节课的价值：情感生活是初中学生青春成长的必修课，善于发现生活的美好，懂得自觉培养美好情感并向他人传递情感正能量，是建设幸福人生的重要基石。这节课帮助初中学生将生活中的情感体验与道德学习、价值学习相联系，引导学生在觉察、认知情感的基础上，将青春的创造力与自身的情感体验、对生活的美好愿望相融合，积极影响身边环境，传递情感正能量

二、教学目标

(1) 情感、态度与价值目标：引导学生在觉察、认知情感的基础上，提升自觉培养美好情感的意识、善于发现生活的美好，并积极影响身边环境，传递情感正能量
(2) 能力目标：能够发现和感悟美好的情感；善于把负面情感转化为成长的助力
(3) 知识目标：认识美好情感在我们成长中的重要作用；认识有些负面情感同样对我们成长有积极作用；明确生活的美好需要表达和传递美好的情感

三、学习者特征分析（简要说明学习者的学习起点以及学生学习风格）

青少年的健康成长需要美好情感的奠基，但当前我国社会正处于转型期，因父母的忙碌、快节奏的生活等原因，造成部分青少年在一定程度上对美好情感的感知与参与是有缺陷的，尤其养成了闭锁、冷漠、自私等负面情感体验，不善于合作、沟通、参与等。教师在教学中必须重视班级学生的个体情感经验的差异性，给予平等与尊重、包容等人文关怀

续上表

四、教学策略选择与设计（说明本课题设计的基本理念、主要采用的教学与活动策略）
（1）本课题设计的基本理念是基于学生"在做中学"的生活化教育理念。这就要求教师要把给予学生可操作性的方法和实践层面的探索作为本框教学的落脚点，通过活动设计，引领学生在实践体验中感悟、认同道德与价值，在认同中回归实践。不仅在体会美好情感、创造美好生活中"成长"，而且成为社会正能量的传播者、实践者 （2）主要采用的教学与活动策略是"目标引领下的小组合作探究式学习"。教师围绕教学目标，设计符合学情的情境探究活动与问题，通过小组合作学习分享，引领学生学会自我观察，学会理性思维，在活动中实现知识、能力和情感态度价值观等学习目标，促进学生人文素养的提升

五、教学重点及难点（指出重难点以及确定重难点的依据）
教学重点：体会美好情感产生的方式；学会传递美好情感，建构美好生活 教学难点：善于把负面情绪转化为成长的助力 确定重难点的依据： (1) 青春期学生丰富的情感发展决定学校必须帮助学生在日常生活中有意识地发掘生命中的美好体验，体会美好情感，并收获美好情感 (2) 社会主义核心价值观需要青少年发挥主观能动性去建构美好生活 (3) 符合课程标准的相应部分要求，如情感态度价值观中"感受生命的可贵，养成自尊自信、乐观向上、意志坚强的人生态度"，我与国家社会中的"关注社会发展变化……养成亲社会的行为"等 (4) 有利于培养学生学科核心素养中的理性精神和公共参与等素养

六、教学过程		
教师活动	学生活动	设计意图
【导入新课】 图片展示，捕捉亲情、友情、师生情之间的美好感情	学生观看图片，投入情感体验	通过这些美好的感情引发学生共鸣，为新课学习准备情感基础

续上表

教师活动	学生活动	设计意图
【讲授新课】 第五课第二框《在品味情感中成长》 学习目标： （1）知道美好情感的意义，知道获得美好情感的方式 （2）学会将负面的感受转化为成长的助力 （3）懂得传递情感的正能量 活动一：美好情感大搜集 　　请结合自己的生活体验，说说我与人（亲人、老师、同学……），或与书、与活动等之间一次美好的情感体验。为什么觉得美好？是通过什么途径获得的？ 故事分享：教师讲述"我与学生的美好情感"的故事 自主探究与分享：P47 问题：你如何看待东东和亮亮的情感体验？	明确本节课的学习目标 根据问题，开展小组合作讨论 活动要求：讨论时间3分钟；先组内分享，再选派代表发言 （学生的发言分别从阅读、与人交往包括与父母、同学、舍友、参加有意义的社团活动、社会活动等方面介绍体验到的美好情感） 学生自主归纳： 1. 体会美好情感的意义 2. 获得美好情感的途径 通过人际交往、与外部环境互动等，获得美好情感 学生回答： 东东通过阅读获得了美好的情感；亮亮通过参加有意义的活动获得了亲情之间的感动	让学习活动在目标导引下展开，打造高效课堂 聚焦学习主旨，便于引导学生从丰富的情感中寻找答案，为品味美好情感提供丰富的生活基础和认知准备 分享老师故事，进一步引导学生在日常生活中有意识地发掘生命中所蕴含的美好的人、事及精神追求 本活动承上启下，一方面，承接对"哪些情感是美好的"问题的思考；另一方面，进一步探索"通过什么方式来获得美好的情感体验"

续上表

教师活动	学生活动	设计意图
活动二：辩一辩 　　有人认为："负面情感会使人情绪低落，不利于身心健康，甚至影响我们的学习和生活，对我们而言，是百害而无一利。" 　　你认同这种看法吗？为什么？（请举例说明）	学生回答：我们可能会因为某些负面情感如焦虑感、挫败感、羞愧感有不舒服、不愉快的感受，但是它可以丰富我们的人生阅历，激励我们前行 （学生结合个人亲身体会、历史典故等）	本活动目的在于引导学生学会理性看待生活中存在的负面情感。我们要学会承受负面感受，尤其要善于将负面情感转变为成长的助力，收获美好的情感体验，促进我们不断成长
活动三：传递情感正能量 　　视频素材《云南省山区司机为夜间骑行小学生照路，"红领巾"鞠躬致谢戳泪点》 　　网友评论： 　　@哝哝瞅瞅：小孩子的行为让司机在今后愿意帮助更多的人！如果没有他的这一举动，司机的心态会如大多数人一样，为他们俩点赞。 　　@居然是吾：你用灯光照亮了我回家的路，我用鞠躬回报您。唯有施布善良，善良得到回应，才能迸发出来更多善良！ 　　@禾叔杂货铺：这光不只是照亮了夜路，还照亮了孩子的心！ 　　@习吉：因为不小心误会了孩子而感到内疚的好心司机，对别人的善举表达感谢的孩子，两个善良的人。 讨论一：在小学生和司机、网友传递出怎样的情感正能量？	根据素材与问题，开展小组合作讨论 活动要求：讨论时间4分钟；组长负责记录讨论，选派代表在班级分享发言 生1回答：小学生的鞠躬行为是一种感恩行为	通过社会平凡人物之间美好情感传递的视频素材，让学生体会我们可以给世界传递正能量。这个讨论活动进一步升华了学生对正义感、信任感、责任感等美好情感的认识，也引导学生学会正确看待和用智慧处理人际交往中"想帮人，又怕被人讹诈"的社会事件，尤其要学会主动创造美好情境去关心他人，传播社会正能量

续上表

教师活动	学生活动	设计意图
讨论二：结合他们的事迹与网友的评论，谈谈我们如何向他们学习，传递出情感正能量？ 归纳结论： (1) 要有主动影响环境的意识和意愿 (2) 掌握关心的方法与技能：P49 课外拓展空间：P50 　　在课外，为你认为重要的人（如父母、老师或朋友）创造一次难忘的经历，交流彼此的情感体验。尝试以不同的方式，向你身边的人传递美好的情感。	生2回答：司机的行为能鼓励社会更多的人，加强人与人之间的信任感 生3回答：网友的议论在传播社会正能量，有利于营造更和谐的人际关系，提升幸福感 生4回答：我们可以用具体行动向父母、老师、同学，乃至宿舍阿姨等，表达我们的感恩、关心等正能量	本活动旨在让学生在学习本框知识的基础上，为自己身边重要的人创造一次难忘的经历，并交流彼此的情感体验，在此过程中，能亲身体验自己身边的美好情感，传递情感正能量

七、板书设计（本节课的主板书以及设计理念）

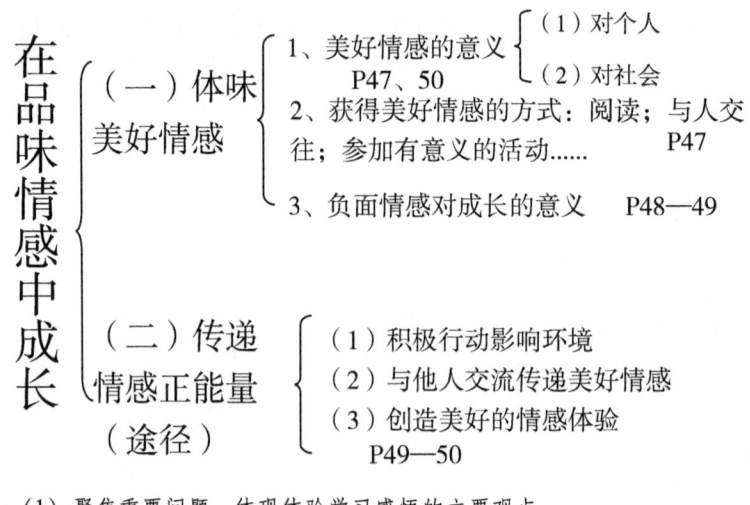

设计理念：(1) 聚焦重要问题，体现体验学习感悟的主要观点

　　　　　(2) 强调理性思考，培养理性精神

　　　　　(3) 最后把传播正能量落实到具体行动中

二、教学反思

"成长"是本节课的聚焦点，其内涵包括学生认知的成长、道德的成长、情感价值的成长和行动能力的成长。

本节课对帮助学生成长有两点做得很成功。一是美好情感的意义以及获得美好情感的方式。因小组讨论充分，学生能充分挖掘来自家庭生活、校园生活等自己接触的环境中的美好情感体验，初步懂得了观察、感恩等行为能提升我们获得美好与幸福的能力。二是在最后探讨"传递美好情感的三种途径"时，通过关于《云南省山区司机为夜间骑行小学生照路，"红领巾"鞠躬致谢戳泪点》的视频话题探讨，学生小组合作，自主归纳，找到了途径。

但是关于教学难点的学习推进还不够，学生在充分认识负面情感也存在积极作用，并学会将负面感受转化为成长的助力这点上，应该还没有深刻的体验。原因就在于体验学习活动设计不够，仅用了辩一辨的方式。这里不仅要辩，而且在辩论前应该让学生整理负面情感，如自己经历过负面情感的感受，学生有了思辨性做铺垫，才能真正体会到负面情感的两面性，从而学会把负面情绪转化为成长的助力。

这节课整体学习效果还是很不错的，有效地引导学生在觉察、认知情感的基础上，激发青春的创造力，学会关注自身的情感体验，懂得积极影响身边环境，传递情感正能量的责任感。

结束语

回首自己的专业成长道路，我经历了从"认真教"到"喜欢教"到"享受教"3个阶段。我庆幸，因为我不忘初心的坚持，因为在每个关键路口总有一位智者为我指路，让我领略了教育麦田里最美丽的风景。我要对我的学生和学生家长、对培养我的老师、对学校和同事们，深情地说声"感谢"！当然，我更要感恩这个伟大的时代，我将继续与新时代同行，做学生成长路上的智慧导师。

激趣实现绿色元教育，情怀助推杏坛常善舞

● 潮州市潮安区教育局教研室　颜镇丰（初中政治）

▶ 导读语 ▶

我是1996年7月从华南师范大学政法系本科毕业的，曾在潮州市华侨中学担任14年的中学政治老师，现任潮州市潮安区教育局教研室政治教研员。通过自己的不懈努力，我收获了累累硕果。2006年评上中学政治高级教师，2005年、2015年两度获潮州市"优秀教师"光荣称号，2007年起年年担任潮州市政治中心组成员，2008年起担任广东省中学政治教育学会理事，2009年被定为潮州市骨干教师，2013年被潮州市潮安区评为"第五届区优秀中青年科技人才"，2017年被潮州市潮安区评为"第六届区中青年拔尖人才"，2014年被局推荐参加"国培计划（2014）"（教研员班）的学习，并被评为"优秀学员"，2015年评选为广东省新一轮"百千万人才培养工程"初中名

教师培养对象，2016年被评选为潮州市"中小学十百千人才培养工程"的名教师。近5年来，我有3篇论文获省论文评比一等奖，5篇论文发表在正规刊物上，主持了3个省级小课题，又参与了3个省课题的研究。

▶▶ 名师成长档案 ▶

一、确立追求方向，不懈努力

广东人历来"重经商，轻政治"，政治科老师也因此相对缺乏学科敏感性和课堂教学激情。也可能因为如此，作为学生时，在升入高三后不久，我发现，遇到一位能够教好政治课的老师的愿望落空了。中学学习政治这门学科的时候，我都不知道怎么学才能把知识运用到答题上来，政治科的成绩多年以来老是不好。从那个时

候开始，我萌发了要争取当一名优秀政治教师的想法，有了自己的梦想与追求，想"填补空白"，立志将来一定研究出一套简单的方法让学生喜欢上政治课，轻松考出好成绩。因此，在求学过程中，我有着明确的目标，并朝着这个目标努力奋斗。高考填报志愿的时候，我毫不犹豫地选择了师范，也顺利地考入了华南师范大学政法系政治教育专业。1992—1996年的大学4年，我在学习上严格要求自己。凭着成为一名优秀教师的明确目标和对知识的强烈追求，我刻苦钻研，勤奋好学，态度端正，做到了理论联系实际，注意各方面知识的扩展，努力提高了自身的素质。在生活上，我养成了良好的生活习惯，生活充实而有条理。有严谨的生活态度和良好的生活作风，诚实守信，乐于助人，积极参加各项实践活动，不断地丰富自己的生活阅历。毕业后，我选择回到家乡的华侨中学，当一名中学政治教师，实现当初的梦想，服务于我们这个边远的教育比较落后的粤东地级市，而且我们的学校是在山区县，各方面的条件更加落后一点。

二、站稳讲台，渐显个性

从教之初（1996—2001年），我求同存异，兼收并蓄，以我为主，潜心研究。我积极地听同科组老师们的课，主动邀请同事来听自己的课，并积极探索新的教学方法。经过自己多方面努力，久而久之，我对课堂渐渐有了自己的见解，对教育有了自己的情怀。用教研员杨老师的话来说，就是能比较深刻地理解教材，把课上得轻松活泼，有自己的个性，有教学的激情和教育的情怀。那时，我的课堂是轻松、愉快的兴趣课堂。课堂中大量引用潮汕地区的民间故事、民间歌谣，潮汕历史文化名人的事迹等，还适当用潮州话进行重难点的串讲，让学生在轻松愉快的氛围中学习相对抽象的政治知识。我在课堂上设计了一个又一个不同的教学过程，变换了一个又一个花样。当时，我的学生们在课堂上学得兴高采烈，情绪高涨，学习兴趣浓，考试成绩好。我的课堂很快引起学校领导的注意，我也逐渐地在学科教学中崭露头角。每个学期考试，我所教班级的成绩都是年级最好的，学校的教学质量调查综合评价我也总是最优秀的。1997年，我就被任命为年级级长，1998年和1999年，我连续2年年度考核为优秀，1999年被评为潮安县（现潮安区）优秀教育工作者。

三、勇于实践，成绩突出

2001年，我开启了新的航程，开始了长达9年的高三政治教学。教学中，我勇于实践且成绩突出。经过精心的施教和不懈的努力，我所任的政治科在历年高考中都取得了好成绩。如在2001—2010年连续的高三教学中，我带领的学校的政治科有5年列市四所重点中学第一名，3年列第二名。

"工欲善其事，必先利其器"，我深知，要完成教书育人这一神圣而光荣的历史使命，不仅要有良好的思想素质，还要有丰富的学识和经验。因此，我不满足于已取得的成绩，不固守已有的经验，也不陶醉于自己的学识水平，而是不断进取，不断学习，不断实践，刻苦钻研教育教学理论及学科专业知识，钻研教材和教学大纲，领会教材的编排意图及各知识板块之间的内在联系，并不断追踪教育、教学、教研的最后成果，以期达到"要给学生一滴水，自己应装满一桶水"的境界，使自己能够从高处着眼，自如地驾驭教材，为提高教学效果打下基础。

在教学实践中，我重视抓好日常教学的各个环节，从小处着手，抓实抓细，把潮汕人"精耕细作"的特点比较好地发挥在高考备考上，也把潮汕学生勤奋好学、朴实听话的特点挖掘得比较充分。我着重抓好以下几个方面。

（一）夯实"双基"

"双基"是提高学生能力的前提和基础。"爱拼才会赢"是许多潮汕人的座右铭，希望通过读书，为人生成长奠定好的基础，是潮汕家庭比较明显的共识。基于学生的好学，我大胆采用"问题式"教学法，把每一框题的基础知识细化为若干个小问题，通过精设问题来引起学生的思考，从而发挥学生的主体作用，使之能深入全面地理解知识，把握知识间的内在联系以及各知识版块的重难点，为提高能力打下坚实的基础。

（二）培养兴趣

我国古代教育家孔子说："知之者，不如好之者，好之者，不如乐之者。"由此可见，兴趣对提高学生学习成绩，培养学生能力具有至关重要的作用。我以一个政治教师的社会洞察力和视角，从纷繁复杂的社会现象中捕捉与课文知识点相联系的热点材料，并以那些材料为背景来阐析课文的基本观点，做到理论联系实际，学以致用，提高学生分析和解决问题的能力，也提高他们学习政治课的兴趣。在课堂教学中，我经常设置一些问题，使学生产生急了解的心理冲动，来引起他们寻找知识的兴趣。

（三）科学备考

在连续的毕业班教学中，我形成了一套较有特色的备考方法。我特别重视学生"双基"的落实，注重"两个结合"（①问、答、评结合；②讲、练、思结合）；落实"四个五分钟"（①课前五分钟做好预习、复习；②每节课开头五分钟复习提问；③课后五分钟回忆所授内容；④五分钟预习明天功课）；提出"读书三化"（①小知识准确化；②大知识系统化；③知识网络化）和解题"五步法"（①提取有效信息、寻找切入点；②回归教材，搜索切入点；③套用类型题解法，拟解题提纲；④要"点化"作答；⑤系统审视答案、增补完善）。经过精心的施教和不懈的努力，我所任政治科在历年高考中都取得了好成绩。

四、角色转换，促素养再提升

2010年8月，经过教育局的层层选拔，我被任命为区教研室政治（思品）教研员。几年来，我区的思想品德和思想政治学科确实有了明显的发展，教师的教学技能提升了，教研氛围浓厚了，中考和高考的成绩提高了，各个学校的学生对该校的政治老师的评价更好了。有人说："教研员是指导老师的老师。"既然是老师的老师，就必须要有过人之处。还有一句话："打铁还须自身硬。"这些都涉及教研员的自身素养。我重视全面提升自身的专业化水准，完成角色转换，提升素养。

（一）树立良好的职业道德素质

"学高为师，身正为范。"我时刻以教师职业道德标准严格要求自己，加强师德修养，做师德典范。教研员在新课程的实施中必须承担着学科的德育任务，帮助教师善于发现学科知识的道德价值，把德育贯穿整个教学过程中，使情感、态度、价值观得到真正落实。超越浅泛、追求卓越，与教师共同投入课程改革的艰苦实践，以心灵拥抱心灵，以激情点燃激情，用先进的教育理论指导教学，善于发现教师在教学行为中产生的美，善于发现教师在课堂教学中的亮点，用自己的人格魅力和学养魅力给教师注入持续拓展课程改革的源源动力。

（二）培养较强的学科专业素养

我担任教研员是从学徒开始的，起初可能不懂怎么研究，就知道多听课，多学习，这是一个积淀的过程，慢慢地，我知道怎么把自己的教学经历、教学风格、教学主张在调研中穿插、传递给我们的老师，对提升他们的教学效果起到了积极的帮助作用。可是，如果教研员不能引领教师，也就没有发挥教研员的功能。引领需要研究，要研究就需要有成果的展示。我认为最突出的表现是发表论文和课题研究，虽然这是苦差事，但是它能提升自己的思想，也是教研员生存的资本。我还坚持写听课的感受与反思，日积月累，积淀自我。有了点"资本"，才能在教师群体中树立威信。没有理论功底的教研员是教师眼中的摆设。

教研员必须牢固掌握本学科的基础知识和基本理论，这样指导教师实施新课改才能够科学、得体和适当，还要粗谙本学科的发展史，而且要了解本学科与其他学科的关系。因此，我努力改变自己的知识结构，除了专业知识外，还涉猎科学、艺术等领域。也就是说，在横向应具备广博的知识面，在纵向应具备精深的专业知识，具有这种广博与精深相结合的知识结构，才能保证自己"库存"的充足，才能从教师的教学活动中获得实践的论证，完善对新课程的理解、证明和修正，才能摆脱昔日教而不思、教而不研的低水平重复。否则，这会在一定程度上影响或制约教学行为对新课程的实施。

我的学科教育观

在广东，不同区域的教师、同一地区的不同教师，都有着各自的教学风格，但相对来说，都带有广东教育人的特点，例如比较务实，注重励志教育，比较追求课堂的趣味性。当然，在较为优秀的老师中，有的教师喜欢旁敲侧击，不断启发；有的教师喜欢开门见山，拨云见日；有的教师在课堂上一言九鼎，如同知识的化身让学生默然叹服；有的教师和风细雨，如同朋友般与孩子们融为一体；有的老师的课堂朴实无华，能将复杂的问题简单化；有的老师的课堂设计巧妙，引导学生对简单的问题进行深入的思考。那么，作为省名师培养对象的我，作为土生土长的潮州人，潮汕文化在我的成长中烙下了深深的烙印。那么，我的教学风格是什么？什么样的教学风格才适合我？回顾我从教十多年走过的路，从初出茅庐的稚嫩与青涩，经过了在教学中的探索与努力，到现在的一种平和成熟，我依稀记得朋友或同事对我的评价片段，"某某的孩子很喜欢你的课，甚至在家里学着你的语气与模样在表演""某某同学很欣赏你的课，在很多篇日记中写到你的课堂，写你讲的话"……我沉下心来思考，如果这种影响算是风格的话，那么，在我的教学中展现着的是一种"绿色、激趣、无痕"的课堂教学风格。这个教学风格中，蕴含着我对学科教育的主张，体现了我的学科教育观，也比较明显地带有粤派教育的共性。

一、我的学科教育主张

根据教育部《关于2016年中小学教学用书有关事项的通知》，从2016年起，将义务教育初中起始年级《思想品德》教材名称统一更改为《道德与法治》。到2018年，初中三个年级的教材统一使用统编的《道德与法治》。不管是《思想品德》还是《道德与法治》，本质上是对生活实践知识、实用知识的学习，能够有效地指导中学生的学习、生活以及处理其他事情。本学科教育要超越知识传递性的学习，通过改变简单告知对与错的方式，改变成人单方面的说教，努力创设双向平等交流与开放的对话条件，让学生在交流、对话、共享、思辨中获得有效而可操作的知识，这是本学科教学的内在要求。理想的思想品德（道德与法治）课堂是有深度的，是以理服人、以志激人、以情动人的；课堂活动是实际的、千变万化的，是质朴的、创新的、激昂的。以初中学生生活经验为依据，以青春生命与他人、集体、社会、国家以及全球关系中的自我发展为线索，以培养社会主义合格公民为中心，遵循生活逻辑，整合道德、心理、法律及国情方面的知识，形成一个系统的培养框架，这是本学科的教材特色。

习近平总书记说："教师自身的世界观、价值倾向和道德品行会影响青年学生，自身的行为、举止也会影响青年学生，甚至自身不经意的一句话，一个动作，处理的一件小事都会给学生一生留下印象、产生影响。"对教师来说，让课堂焕发生命活力，是教育的神圣使命。课堂是师生共度的一段生命历程，一堂堂课串起学生光辉灿烂的青春年华，一堂堂课串起我美好而平凡的职场生涯。我所教的学科从"思想品德"变革为"道德与法治"，正朝着发展学生的学科核心素养的方向迈进。基于核心素养的现代课程体系要求我们必须将学生视为完整的生命个体，关注个体成长所需的必备素质和核心能力，坚持立德树人。因而，道德与法治教师要在教学过程中聚焦本学科核心素养，注重学生核心素养的培养，构建道德与法治课堂教学的新生态。基于此，我认为，道德与法治教师坚持"绿色、风趣、无痕"的教育观，更加符合时代的要求。

（一）绿色课堂中让学生接受政治科

绿色象征一种很自然的状态。我们往往用它来形容一个人，就是天真自然，心无旁念，任生命纵横往来。绿色在政治课堂上表现为坚持"以人为本"的教学新理念，以互相尊重为基础，以理解宽容学生为前提，以欣赏鼓励学生为动力，把课堂还给学生。潮汕的初中生与外界接触少，见识相对较少，在这样的文化气息下成长的我，也懂得理解宽容学生的欠缺，欣赏、鼓励学生难得的积极表现。教师在课堂上也本着实事求是的态度，尊重学生的学习实际。在课堂教学中，政治教师关注的应是学生的动态生成，而不能单纯为迎合"观众"而作秀，要注重学生真情实感的体验，而没有师生间的矫糅造作。一个绿色的政治课堂，一个富有生命力的政治课堂，一个尊重学生、尊重人格的政治课堂，才是现代课堂的真正内涵，才能让学生更好理解、接受政治知识，接受政治课。

（二）风趣教学让学生爱上政治课

风趣的课堂教学是要让课堂充满温情、幽默、有趣的语言，这可以使知识变得浅显易懂，更能激发学生的深度思考，培养良好的品德及学习探究习惯。风趣的政治课堂教学能教会学生用简便的方法去理解知识、运用知识、解答问题，从而比较容易考出好成绩。通过风趣的教学达到激趣，是一种智慧，它具有与生俱来强大的感染力和影响力，总是能营造一种轻松自由的氛围。激趣是政治课堂中不可或缺的"调味剂"，它让学生紧绷的神经得到舒缓，使课堂充满欢声笑语。潮汕地区重商轻政，不太关心政治，因而对政治课不太感兴趣。但我在讲解知识时，就是通过举潮汕地区的名人故事，如饶宗颐、李嘉诚、韩愈，讲刚刚发生的时事及发生在学生身边的事情，用风趣的表达方式帮助学生理解知识，有效地激发学生们的听课兴趣，引导学生重新认识政治课，提高学习兴趣，甚至爱上政治课，期待政治老师的到来。

（三）无痕浸染中让学生素养得提升

无痕也是一种很自然的状态。作为政治教师，我们要看到初中学生已有一定的道德生活经验和认知水平，如果我们的教学缺乏鲜活事例的支撑，用枯燥抽象的道理，以及简单的说服教育，对他们会缺乏吸引力，也难以起到引领作用。教学中，我们政治教师如果能够基于学生已有的经验，以学生生活中真实的困惑、矛盾、冲突为突破口，从"道理"的教授转向"道路"的探寻，通过对话的方式吸引并激发学生课堂参与、课堂互动的热情。通过深入交流，主动表达，互相倾听，彼此分享、自我反思、相互质疑等，这样的对话才是真实的，能够触动学生的内心世界。在学生敞开自己的基础上，教师可以更好地引领学生的价值方向，达到潜移默化的效果，实现教育无痕化。爱面子，不爱表达，是潮汕初中生比较明显的特征，这更要求教师的德育教育要尽量在潜移默化中进行。我坚信政治课堂上知识的传授和学科素养的培养能开启学生的智慧之门；我更相信，当教师用智慧引导学生学会学习、学会感悟、学会尊重、崇尚平等、追求自由时，学生才能形成更优秀的品行，树立起正确的世界观、人生观和价值观，并以此影响他们的一生。为此，我认为，政治教师应追求这样一种教育境界：努力让自己的教学在孩子的心灵中留下德育印痕，但不是靠简单的知识传授和方法、技能培养，而是在潜移默化中，在每个孩子灵魂深处播种下德育的种子，使知识转化为智慧。

二、我的教学风格解读——追求绿色、激趣、无痕的课堂

（一）我的绿色课堂

绿色成为课堂教学的底色，我想这应该是教育的应然。如何让课堂焕发生命力呢？潮汕的学生，多数比较腼腆，课堂中不爱表达，提问时，他们也不敢发挥。基于此，我努力突破以知识为唯一线索的教学方式，打造多维性、立体式的生命时空。尊重学生的平等人格与独特个性，我和学生们的关系是轻松、融洽而又和谐的。"良好的师生关系＝良好的成绩"，这句话虽然有点夸张，但是我想，一个让学生讨厌的老师，即便是取得良好成绩，过程也一定非常痛苦。如何构建绿色课堂呢？我的做法有以下几种。

1. 多元化评价，让学生体验参与的快乐

特别简单，就是把"正确""值得表扬""错误，坐下"的单一评价变为"就是这样""精彩极了""佩服你""你想想还可以再完善吗"等极富激情和个性的评价方式。这种评价让学生们情绪高昂、精神抖擞。当然，教师一定要拿捏评价的技巧，并不是所有场合、任何情形的评价都是适宜的。对一贯生活在赞美和鲜花里的优等生，如果还一味地毫不吝惜地把赞美当众表达出来，不仅对这些优等生起不了激励作用，还会对那些已经付出了努力，却没有多大进步的学生造成伤害。此时的表扬犹如灼热的蒸气，不仅对被表扬者无益，还会伤及无辜，打击另外一些学生的自信心，严重时还会引起他们的嫉妒、仇视心理。另外，我时刻提醒自己：评价一定要很真诚。真诚的情感是打动一切的源泉。我的评价无论是高明还是质朴，只要真挚诚恳，都能让学生获得一种幸福感和成就感。我想我之所以能和学生保持良好的关系，凭的就是爱和信任这种伟大而神奇的力量。我不用担心他们不学政治，因为他们说："不给你学就对不起你。"

2. 不抛弃，不放弃

十几年来，从我手里走出了几千个学生。时常让我记起的，不只有那些成绩优

秀、品质美好的孩子，还有那些曾经"学困"的孩子。每每知道那些曾经的"学困"孩子，做起小生意，成为老板，我都有所触动。幸亏当时我没有放弃他，能够努力去拉着他走上一小段。虽然我所能做的，就是给孩子们更多一些微笑，把宽容的心的边界放得更大一些，但是哪怕我不放弃的只是一个孩子人生的一小小段，这对他们也许就是一生的财富了。

（二）我的激趣课堂

莎士比亚说："简洁是智慧的灵魂。"我喜欢追索事物的核心本质，因为很多复杂的行为背后都是极其简单的原因，我更喜欢用风趣的教学语言，让学生在幽默、睿智而有趣的课堂氛围中学到知识。这样的课堂教学，也符合潮汕人的性格特点，这个特点是期望得到实用、有启发、有内涵的东西。我认为政治科的课堂教学要删繁就简，凸显朴实的品格，彰显简约之美，促进学生的和谐发展。我喜欢教育家魏书生的"老师一堂课最多讲10分钟"的观点，教师在教学环节设计应具有明确的目的性，要梳理教材中最核心的内容，教学过程要突出学习的主干。

1. 激趣有深度

我希望我的教学追求能影响学生，他们也能明白"简约其实不简单"的道理。与此同时，在抓住本质的过程中，我也努力以一种风趣、委婉的方式进行，不至于太直接和赤裸裸。在课堂上，我经常从教材的内容和特点出发，通过有趣的问题、生动的小故事等导入新课，唤醒学生乐学的内在动力。力争以诙谐的语言，抑扬顿挫的语气，甚至故意以一种怪调来说明问题、阐明道理。我总是把一些问题与他们身边常见的事物结合起来，形成反差，达到目的。我让学生在宽松快乐的环境中，学到知识，掌握技能，有所感悟和思考，受到情感熏陶。

2. 激趣有技巧

从教十几年，在激发学生学习兴趣上，我稍有经验。比如制作课件，我采用大量图片、音频、视频等现代多媒体素材进行教学。我在讲述"磨炼坚强意志"一节内容时，在新课导入时就播放了一组国庆天安门广场大阅兵的图片。当学生看到战士们整齐的步伐、庄严的军威时，无不叫好。接下来我又播放了战士们阅兵训练的一段视频：战士们冒着40多度的高温，穿着特制的背心训练，其中一个战士脚上磨了好几个血泡，有的已经出血并和袜子粘在了一起，这时羡慕就变成了敬慕。用这样生动、鲜活、真实的例子进行教学，学生爱看、爱听，容易接受。

（三）我的无痕课堂

我们的政治课呼唤"无痕教育"，即让学生在一定情境的感染下，在艺术氛围的熏陶下，在榜样力量的感召下，在外在事物的触动下，在自身生活的体验中，在与同伴交流中，不知不觉地受到潜移默化的教育效果。"无痕教育"仿佛是"春雨润物细无声"，它通常伴随着我和学生的活动自然而然地生发，水到渠成地推进。

以前，我经常采用"读书—分析—提问—讨论—总结"的课堂教学模式，虽然力图新鲜有趣，但还是显得生硬、刻板、毫无生气。就其效果而言，学生虽然表面上知道了某些道德规范和行为要求，实际上，既不入心，也不入脑。后来，我一直本着"无痕教育"的思想来备课，制作课件，用学生生活中的经历，身边发生的事情，潮汕地区的名人典故，用最大的力量，绞尽脑汁，甚至用一天的时间思考一节课应该如何"无痕"地推进，最终总结出一套行之有效的方法，让孩子学得轻松、自然，在不知不觉中达成德育目标。

1. 在实践活动中进行"无痕教育"

学生通过自主参与丰富多彩的实践活动激发浓厚的学习兴趣，在做中思考，在做中体验，形成正确的思想观念和良好的道德品质。体验教学就像一股春风，吹皱了一潭死水。比如在"树立正确的消费观"课堂教学中，我设计了"用了多少钱"这一活动环节，让学生通过计算，知道自己从出生到现在，大概用了父母多少钱。学生通过计算过去13年父母在子女生活、学习、休闲、投资等方面的费用，得出最低、最高、平均花费。很可惜，具体数额我已经忘记了，我只记得孩子们都惊呆了。然后我再用多媒体展现贫穷地区的人均收入与若干贫困学生的故事案例，让孩子们在数字的悬殊对比中，把自己的感想写下并读出来，当一个个学生说出发自内心的感人心声时，许多学生早已泪流满面。在这一活动中，我始终没有进行明确的道德灌输，而孝心、爱心和勤俭的思想早已悄然渗透学生的心灵，我想，我和孩子们一起成长，一起得到心灵的净化，滋润我和学生的心田，这应该是德育追求的理想境界。

2. 在角色扮演中内化"无痕教育"

角色扮演，我从教那年就已经在尝试使用。但当时只是一味追求热闹、好玩，并没有考虑到角色扮演的真正内涵。当我真正悟到"无痕教育"后，我才明白角色扮演真正的作用更应该是让学生在亲力亲为中获得感受，最终达到把美好的思想、正确的行为规范内化。比如上"自尊是人人都需要的"这一课时，我穿插了这样的一个活动：让学生堵住耳朵，蒙上眼睛，绑上其中一条腿——体验残疾人的难处！通过体验，他们发现，原来有了声音、有了色彩、有了灵活的四肢，世界才变得动听和亮丽；才发现，自己是多么幸运和幸福。而残疾人，他们生活着，是那么不容易，需要多大的勇气、毅力去克服一切的不方便，而面对周围人不善意的举动时，会是多么伤心。通过这样的体验，我的学生还会不尊重残疾人吗？这样的活动，让学生懂得了什么是自强不息，什么是责任。这种感受，看得见、摸得着，让孩子们刻骨铭心，终生难忘。

▶ 他人眼中的我

我时常告诫自己：假如是我的小孩，我这个家长希望老师怎么做；假如我是学生，我希望老师怎么说。我知道，掌握知识不是目的，知识必须转化为智慧，才能显示出它的价值。知识的最高境界是道德，知识即道德。知识和能力固然是孩子们所需要的，但他们更渴望的是理解、沟通、交流，需要一种老师从心底流淌出的温情关怀。教育不仅仅是知识的传递，也应该是智慧的碰撞、情感的交融。不仅需要教师的召唤，更需要学生的回应。课堂也不应该是一座精心修筑的围城，而应拆除墙壁，让学生见证生活的美丽，呼吸鲜活的气息，感受吹拂而来的夹带着花朵幽香的微风。我在这样的理念之下开展工作，学生、家长、同事给予了我很好的评价。

一、学生眼中的我

"在颜老师的眼里，没有优秀生和后进生的区别，也从来不会去区分好学生与坏孩子，他认为每一个学生都是很聪明的，学习成绩只是一个侧面，他不会对一个学生轻易地下好或不好的结论。"

"我从来没有听到我们的颜老师大声训斥我们，他总是和蔼地跟每一个同学说话，连最调皮的同学都很听颜老师的话。"

"颜镇丰老师的口头禅，就是303班的座右铭。LOVE，丰哥；快乐高三痛苦一生，痛苦高三快乐一生；做事要像某某某，雷厉风行。这里写的跟我想的一样，英雄所见略同，要有不放弃的精神，不到黄河心不甘。"

二、家长眼中的我

颜老师谈吐得体自然，总是面带微笑，每次家长会都会以小故事的形式启发他们怎样教育孩子，生动有趣，又发人深省，教育方法很多。

——家长 刘先生

我家小孩经常讲颜老师如何进行教学。他认为颜老师是调控课堂气氛的高手，活泼、有趣，他的课堂体现着他丰富的教学经验，体现着他的亲和力，使不愿意听课的学生也不由自主地集中精力听课，为他优秀的讲解所吸引。一节课下来，孩子们学到的知识好多啊。

——家长 李女士

三、同事眼中的我

"课堂上的颜老师总是那么神采飞扬，滔滔不绝，显示出对政治学科领域一览无余的洞察。课堂上，他给学生自主学习的时空，畅所欲言；而后再引导点拨，显示出儒雅、民主、宽容的教学风采。因此，学生们都喜欢上颜老师的课，他所执教的班级成绩也总是名列前茅，这与他平时的勤奋求索是分不开的。"

"爱学生，是一种发自灵魂的芬芳，一种深入骨髓的甜蜜！为实现教育公正，颜老师平等地对待每一位学生，充分尊重、信任、赏识每一位学生。他喜欢用'四面镜子'看待学生：用'显微镜'看'学困生'的优点；用'放大镜'看'优生'的缺点；用'透视镜'看教育教学的本质问题；用'望远镜'来看学生一生的发展。工作中，他极力实践着'赏识教育'。他的眼里始终没有'后进生'，每个学生都有自身的长处，每个学生的潜力都是无穷的。"

四、区学科教师眼中的我

"我期望教研员颜老师来指导我的课堂教学。他的点评总是那么精准，他的点拨总是很有高度，他给我的'处方药'能够'药到病除'。不只我有这样的感觉，在我们区的政治学科微信群中，总有人把他去该校推门听课后的评课观点发出来共享。"

"我们认为听教研员颜老师的评课是痛并快乐着的，因为他在每节课中总能够准确找到你的每一个小瑕疵，又能够给一个恰到好处的好建议。我们按照他给的建议进行教学改进，教学的效果都会提高。我们也学习模仿他的教学风格，让我们的课堂更加有趣，学科素养和德育素养的培养能够在课堂中潜移默化地实现。"

▶ 我的育人故事 ▶

潮汕的学生，比较腼腆，见识面比较窄，更加需要老师多鼓励、多激励，多调动学生的求知欲。因此，我尊重学生的个性、尊重学生对社会问题的见解，尊重他们的人格；坚持以人为本，努力营造一个轻松和谐、团结向上的课堂氛围，使学生在这个氛围中得到陶冶，得到教育，从而形成健康的人格，形成正确的世界观、人生观和价值观。

教学中，我更关注每个学生的成长及在课堂中的反应。记得有一年，我做一项研究，随机抽取了8名学生，然后根据8名学生的学习能力、表达能力等个性化的特长，为他们经常性设置一些量身定做的问题，让他们在课堂上能够比较好地发挥自身才能。课后我也会开些小灶，给不同学习能力的学生分配不同的课后任务，让他们能够发挥自己的长处，找到学习政治科的乐趣，增强学习的自信。结果，一年之后，这八个学生学习政治的兴趣确实提升了，我很开心。之后，我每年都会参照这个做法，培养学生学习政治科的兴趣。我重视个别谈话、与学生交朋友，了解学生的学习、生活、思想、行为等情况，以利于个别教育，因材施教。我不会吝惜鼓励学生，教导学生怎么做到自信、自强，努力学习，勇攀高峰，形成自信、自强、向上的精神面貌。我还十分重视培优转差工作。对优秀生，我要求他们戒骄戒躁，克服骄傲自满的心理，鼓励他们奋力拼搏，再创佳绩。对后进生，我深入了解造成其后进的前因后果，通过座谈、家访等方式，分析其个性心理特点，进行耐心、细致的教育；既诚恳地指出他们的不足，又充分地肯定他们所取得的进步，并让优秀学生帮助他们，鼓励他们克服自卑心理，追求上进，取得了良好的教育效果。我还做到爱生如子。经常自掏腰包为学生购买四季常备的药。对个别特殊学生，更是无微不至。记得有一年，班里有一个心理有问题的学生，我在帮她排解无效后，帮她联系汕头的专家，真心希望她能走出心理阴影；还有一个颈椎病特别严重的学生，我尽最大的能力为她提供各方面的帮助。而本人也深受肩周炎和颈椎病的折磨,医生一再建议要住院治疗,但我一拖再拖,直到无法忍受才请了几天假去住院;出院后怕耽误学生,又马上投入到紧张的备考之中。

后来担任教研员,我深入课堂调研。所到的学校,我深入课堂,推门听课,然后面对面评课,用我的教育观去指导教师的教学,对我区政治教师进行有意识、有规划的培养,以推动我区学科教学水平的提升。我还特别注意发现苗子,集中精力跟踪培养。例如,有一次去我区的一所中学听一位年轻教师的课,他上的是七年级《道德与法治》中《交友的智慧》这一课,教学过程展示出他很有教学潜质,特别是思维能力很好,但是教学的基本功不好,包括教学语言运用不合理,像在演讲。我边听课边罗列他在教学中展示的长处与每一点不足,课后进行手把手的指导,并为他规划每一个提升的细节,也要求他定期与我交流成长的情况。我还多次专门去听他其他的课。仅仅经过一年的培养,他参加全区的青年教师教学观摩比赛,就获得一等奖,同年参加市的观摩比赛,获得二等奖。

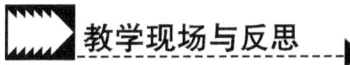 **教学现场与反思**

课题:"自我保护"(一课时)

七年级学生由于生理、心理都不够成熟,往往对不法侵害的认识不足,在日常行为中,缺乏对自我保护重要性的认识,缺乏自我保护的方法和技巧,常常出现生命和安全方面的问题。遇到侵害时,有的胆小怕事,不知所措;有的则冲动行事,不计后果。因此,课堂教学要让学生参与到活动中来。通过参与活动,让他们体会树立自我保护意识的重要性,学会在日常生活中自我保护的方法和技能,知道未成年人获得法律帮助的方式和途径,能够运用法律保护自己。这样的课堂,能够更好地激发学生的兴趣,符合他们年龄特点。学生之前学习了"特殊保护"和"处处保护",为本节课"自我保护"的学习打下法律基础。

基于本课编写的意图是增强学生的自我保护意识,提高自我保护的能力。本节课在"提出问题—分析问题—解决问题"中侧重培养学生"解决问题"的能力,这是本节课的落脚点。本节课教学的重点定位在:掌握日常生活中自我保护的方法和技巧,获得法律帮助的方法和途径。教学难点定位在:真正实现增强自我保护意识和能力。通过本节课的学习,希望有效地引导学生认识社会上存在的各种各样的危险和不安全因素,认识自我保护的重要意义,克服依赖和过于独立的心态,掌握自我保护的本领,运用法律维护自己的合法权益。

一、教学现场

(一)创设情景,导入新课(4分钟)

教师:现实生活中总是有很多困难和危险,有时需要我们未成年人单独去面对。比如说，同学们有过单独在家的经历吗？（生答）假如这时有贼进入你家，你会怎么办呢？（稍停顿，给学生思考的时间）下面让我们一起来看美国大片《小鬼当家》中的主人公莫费在这种情况下是怎么做的？（放映《小鬼当家》2分钟）

放映结束后，教师总结：通过影片，我们可以看出，莫费和犯罪分子斗智斗勇，保护了自己。可见，未成年人的健康成长，不仅需要家庭、学校、社会等方面的保护，更需要未成年人自身的自我保护、增强自我保护意识，提高自我保护能力。我们青少年怎样自我保护呢？我们今天就来共同探讨这一话题。

评析：创设情景要有趣味性、科学性。导入新课所占时间不能太长，一般不超过3～5分钟，避免拖沓。

（二）分组探究，小组合作之一（4分钟）

教师：大家先来欣赏学案上的两幅漫画：在日常生活中，未成年人极易受到一些伤害，现在，中学生小童就遇到了问题，大家仔细观察漫画，看他遇到了什么问题，应该怎么办呢？

教师：大家思考后在小组内互相交流一下。（教师通过巡视参与交流，了解学生的观点）

组内交流后，一组同学展示：

学生：小童在家里、学校里分别被家长和老师体罚。

教师：老师和家长的做法对不对？小童应当怎么办？

学生：不对，违反了《未成年人保护法》，应向父母和老师说明自己的合法权益不容侵犯，可以同父母和老师协商和解。

教师：在上面的两幅漫画中，小童遇到的麻烦通过和平协商解决了。但现在他又遇到了一个足以致命的大麻烦，真应了一句俗话"福无双至，祸不单行"啊。请大家看着学案二。

（三）分组探究，小组合作之二（12分钟）《惊魂出租屋》

（3名学生拿着课间教师给的剧本上场，学生掌声欢迎）

第一幕《身陷出租屋》

网吧老板和小童先上场。

小童：（声音要洪亮）我，七年级学生小童，今年15岁了。（下面自言自语状）哎！最近运气不好，考试老得个位数，被老师罚站、继父臭揍。今天去网吧消遣消遣（做走进网吧状）老板！上网！（作掏钱状）只有1元钱了，就上一小时吧。（做上网打键盘状）

老板：（稍停）到时间了，走人！

小童：再让我玩会吧！

老板：没钱就走人，少废话！

一中年人上场：小兄弟，没钱了是吧？帮我搬件东西，我给你30元。

....

（学生表演生动，观众学生掌声热烈）

教师：刀架到了小童的脖子上，现在小童可能会怎样做呢？他的做法又会导致怎样的结果呢？请大家在组内讨论交流，总结组内同学的看法后以组为单位选出代表回答（教师巡视了解学生交流情况）。

学生：直接告诉歹徒，你别杀我，我让我爸爸给你钱，你放过我吧！

....

教师：大家想到的都是小童应该如何做，大家想了很多办法，简单总结就是智斗。那么大家想一想，一个未成年人面对一个持刀歹徒，还有可能会有什么反应？

学生：吓坏了，自乱阵脚，没有办法，只知道苦苦哀求，最终被歹徒所害。

学生：与歹徒勇敢地搏斗。

教师：最有可能的结果？（生答被害）力量太悬殊，无能力抗衡。通过比较这些方法，大家认为小童在这种情况下，最好的办法就是什么？

....

教师：《惊魂出租屋》这是一个真实的故事，小童到底怎样了呢？大家肯定非常关心，对吧？那我们就来接着欣赏我们同学精彩的表演。

第二幕《虎口余生》

小童苦苦哀求：叔叔，我还小，饶了我吧，求求您了。

中年人恶狠狠：不行！

小童急中生智说道："叔叔，不如我帮你一起干吧，反正继父也不疼我，我不回家了，我认你当干爹，将来你老了，我也好照顾你。"

中年人（做沉思考虑一会儿状）：你小子还挺乖巧的，好吧，我认你这个干儿子！

一段时间后，中年人逐渐信任了小童。一天：

中年人：去！给我买盒烟！

小童出了出租屋，找到一个公用电话亭（做拨110状，声音急促）：110吗？我被歹徒劫持了！

小童扣上电话，警察很快赶来抓住了歹徒。

教师：小童用他的机智逃脱了厄运，这是故事真正的精彩结局。这几位同学的表演也非常生动、精彩，但是表演中有一个细节，不知大家注意到没有？警察怎么就那么迅速地赶到出租屋抓住了歹徒呢？（稍停顿）是不是我们以后遇到类似的紧急情况，就这样？（老师做拨打110状）通了（声音急促）喂！110吗？我被抢劫了！啪！把电话挂上了，没多久，110神兵天降！

学生：110吗？我们这儿有歹徒劫持了人质，地址是潮安区实验学校南教学楼

二楼最东头的七年级三班教室。(有学生为他详细的地址名鼓掌)

教师：除了打110要注意，打其他紧急呼救电话也要注意。大家知道的紧急电话还有哪些？

学生集体回答：120、119、122。

教师：这些紧急电话分别是干什么用的？(生答)

教师：好了，现在我们从《小鬼当家》中的莫费和中学生小童身上了解到了这么多自我保护的手段，非常机智、精彩。那么我们同学能不能也谈谈自己或身边的人的例子？大家看着学案。

(三) 分组探究，小组合作之三 (7分钟)

"生活连线"

教师：哪个同学谈一谈自己在生活中遇到危险或困难并实施自我保护的例子？也可谈自己身边的人经历的类似事情。

学生：去年暑假中午在家午休，家里电线老化引起火灾，用湿毛巾捂住嘴跑出去，拨打了119，并找邻居帮忙。

下面我们接着中学生小童的话题谈，小童用自己的机智逃脱了魔掌，可是小童回家后又遇到了新的麻烦。真是麻烦不断，关键是这次自己解决不了了，希望我们同学献计献策帮帮他，什么麻烦呢？请看学案第四题：

(四) 分组探究，小组合作之四 (9分钟)

"献计献策"

教师：请大家看书，课本72—74页，边看边在小组内研讨交流自己想出的办法。

看书，小组内交流5分钟后，3组展示。

教师：先用最简单、最快捷的办法来解决问题。

学生：去居委会反映求助或者上他继父的单位向他单位领导反映。

教师：如果继父对居委会和单位领导的话听不进去，又怎么办？

学生：用法律维权。

教师：那你知道能提供法律服务和帮助的机构有哪些吗？

学生：律师事务所、公证处、法律服务所等。

教师：具体怎么用法律维权呢？

学生：去人民法院提起诉讼。

教师：说得很好。诉讼，又叫打官司，要到人民法院去，它是维护我们合法权益最正规、最权威、最有效的一种途径，是保护我们权益的最后屏障。诉讼通常分为刑事诉讼、民事诉讼、行政诉讼。小童的诉讼属于民事诉讼。大家课下可上网查查有关这几类诉讼的知识。

教师：小童本身家庭困难，而且作为未成年人，他也没有收入来源。而我们知道打官司要钱，那他该怎么办呢？（生齐答）法律援助。如何申请法律援助，大家可看课本74页的相关链接了解。

（五）分组探究，小组合作之五（5分钟）

"走进生活，学以致用"

教师：二、三大题我们已经解决，这样实际上我们只剩下两个大题：一和四。第一大题两问，分三部分到组中；第一大题一问由一、二组负责，二问三、四组负责。第四大题由五、六组负责。给大家2分钟时间在小组内交流一下。

一、二组展示：略。

三、四组展示：略。

五、六组展示：略。

总结：通过这些实例练习，大家自我保护的技能明显提高。

教师总结：这节课看来大家确实收获不少，社会是复杂的，现实生活中难免会遇到困难甚至危险，希望大家在生活中自觉培养自我保护的意识，掌握自我保护的技能，学会运用维护自己合法权益的最有力武器——法律！在法律的保护伞下，健康、安全、幸福地生活。

二、教学反思

本节课改变简单、表浅、枯燥的"思想品德（道德与法治）"课程教学方式，努力搭建教和学的脚手架，在形态上不以对知识进行系统理论阐释为主，而是尽量与初中生生活贴近。让课堂展现"绿色"本源，让素养在"无痕"中形成，让"激趣"不间断，让学生在互动、探究、体验、反思与分享中展开思维和情感过程，涵养品格，形成正确的价值认同。本节课的逻辑思路：创设情境经验引入—直面矛盾和困惑—进行道德判断和价值选择—体验道德成长—相关行为和行为能力及方法的指导。先设置情境导入，旨在进行学生经验的引入，与较为典型的学生生活经验相联系；在此基础上，正文聚焦主题，正面陈述观点、原则；进一步展开讨论或对话，揭示矛盾、深入分析，思想交锋、聚焦，继续正面陈述更为普遍的价值通则；最后进行相关行为和行动能力方法的指导。

本节课基本完成了本课预先设计的教学目标。教学过程中也比较充分地展现了我的"绿色、风趣、无痕"的学科教育观。本课的教学目标是：学生能够体会自我保护的重要性，树立自我保护意识，掌握一些日常生活中自我保护的方法和技巧，提高自我保护的能力，分析、思考自己在日常行为中存在的问题，并尝试解决问题的方法。这些目标在学生通过搜集、分析现实生活的材料中得到了很好的实现，整个教学过程体现了"以生为本"的理念，是"绿色"的课堂。我侧重引导、点拨学生，带给学生笑声，激发他们不断探究下去的兴趣和热情，是"激趣"的课堂。在恰当地运用多媒体进行教学的同时，采用小组合作探究的方式，侧重学生的自我感知、自我体会，调动了学生的学习积极性，使有些不爱发言的学生也举起了手，并说出了他们独特的想法。整个过程学生们分工合作，积极配合，课堂上有一个好的表现，这也是"无痕"的教育。

　　本节课能够聚焦学科"核心素养"的培养，重视引导学生体验探究。从"思想品德"到"道德与法治"，教材都越来越能紧密结合学生生活，更多地采用调查研究、参观访问、角色扮演、讨论辨析等方法，这一改变，也更好地体现了对"实践创新"的核心素养的培养。因而这节课的教学更加注重围绕学生的"学"展开活动，各环节的安排都尽可能以全体学生的参与为基础。课堂上学生们能经过充分的自学理解，提出问题，在课堂中通过交流讨论、小组合作探究，经历着知识的发现、验证，同时在活动过程中，学生们与周围的人、事、物发生着实际的接触，从而产生真实的感受和情绪体验，积累了经验和智慧，获得了对自我、对世界、对生命、对生活的感悟。以热点话题为契机，创设出行情景，学生在情境中，初步提取相关信息，利用已有的生活经验和认知，进行判断选择。这样的体验探究，由学生自我梳理、自我总结，将孩子们在课堂上的点滴智慧汇集成今后实际生活中的能力。本节课在体验活动的设计上能注意适度，在设计体验学习活动时，根据学生的年龄特点，选择性地设计多种形式的学习活动。既有角色表演、情境再现等让学生动起来的活动，又有引导学生积极思考的讲授、讨论、交流等让学生静下来的活动。本节课在教学设计上很有效，能站在学生的角度设计教学环节，做到"以生为本"。同时，本节课的设计还很有梯度。为了达成不同层次的目标，设计了多种形式的学习活动，先易后难，前一个活动是后一个活动的基础，后一个活动是前一个活动的提高和升华。这是我的"绿色、风趣、无痕"教育观的集中展示。当然，本节课也存在着诸多不足，如因在时间安排上有些力不从心，给学生讨论的时间不够充分，有些问题挖掘不深，结论下得过早等，这是我在以后的教学中应该注意的问题。

　　我有我的教育追求，我有我的教育梦想，我也一直在追梦。这样的追求与梦想，推动我不断努力、积累、总结、反思、凝练，逐渐生成我的教育主张，形成我的教学风格，铸成我的教育情怀。不管是普通政治老师，还是基层教研员，我都一直在努力，我的追梦之车，不但没有减速，而且在不断加速，希望用我的经验帮助更多老师尽快进步，为教育的发展添点砖、加点瓦。

山区执教数十载，丹心一片孺子牛

● 韶关市乐昌市关春中学　杨梅馨（初中政治）

▶ **导读语**

"西京古道"等粤北山区独特的历史文化，滋养了我的成长，浸润着我的从教生涯和教学风格。

我是杨梅馨，中学政治高级教师。在粤北山区农村学校从教 27 年。我关注农村学生（尤其是留守儿童）的健康成长教育和初中政治学科课堂的教学研究。主持并完成了多项省市县级科研实验课题、编著了留守儿童成长教育手册，多篇论文获省市级奖励，并在省部级刊物发表。我还是乐昌市教书育人先进教师、乐昌市第四批学科带头人、韶关市优秀德育工作者、韶关市优秀教师、广东省新一轮"百千万工程"第二批初中名教师培养对象。

"返璞归真，愉悦教学"是我的教育观和教学主张。"求真"课堂，教学要联系生活，回归生活，学以致用；教学过程，要尊重学生个体差异，使认知层次有别的学生可以既长知识，又长能力。寓教于乐的"愉悦"教学，在教与学的过程中获得愉快的学习体验，学生的知识、能力和情感得到和谐发展，实现教学相长。

"宽严相济，情理相谐"是我的教学风格。宽宏不失严谨、严格不拒宽畅。"宽"中有"严"，"严"不拒"宽"；宽厚、宽畅方能"愉悦"，严肃、严格、严谨方可"求真"。在"愉悦"中"求真"，在"求真"中生"愉悦"。

正是：

"风格"觅一生，休问苦不苦？

漫山桃李开，喜迎春风舞。

▶▶ 名师成长档案 ▶

粤北文化滋养，教学专业成长

一、粤北文化滋养

（一）西京古道文化浸润

西京古道，又称南粤古驿道，多数路段处于粤北山区。西京古道始建于西汉建元六年（公元前135）。古道从我的家乡穿过（乳源大桥至乐昌梅花段），是一条古代的"京珠高速公路"。它是岭南连接中原的历史文化纽带，宛如一条蜿蜒游走的巨龙，隐没在南岭连绵起伏的重峦叠嶂之中。西京古道文化的重要载体有"古村、古亭、古桥、古庙""古诗、古乐、古茶、古书院（如观澜书院、楼下书院）""桅杆石、抱鼓石"等。"古道悠悠两千年，长亭芳草碧连天。残碑断碣记前史，石板青青载渊源。"（引自韶关电视台）

西京古道上的民风民俗、古时建筑和众多的历史名人事迹，滋养和浸润着一代又一代的岭南人。我出生成长在西京古道上的梅花圩，往南与乳源瑶族自治县相接，往北与湖南宜章县相邻，有一条与西京古道交相辉映的武江河。"一个地方、四种方言"、生活与生产方式湖广与汉瑶兼而有之。家乡到处可见的"古亭、古桥、古庙、古书院"和"古诗、古乐、古茶、古文化"等，耳濡目染，厚德于怀，使我从小至今就深受西京古道文化的影响和润泽。

"生于斯、长于斯、歌哭于斯。"传承西京古道上的中华民族优秀文化，培育岭南莘莘学子，成了我"宽严治教""厚德树人"的一生约定。

（二）革命历史文化熏陶

1927年，朱德部队在我的家乡乐昌市梅花镇大坪村杨家寨召开了宜章年关暴动预备会议，在坪石皈塘做了战斗动员。1928年发动了宜章年关暴动（史称湘南起义），打响了土地革命时期最响亮的一枪。1931年邓小平、李明瑞、张云逸率领的红七军经过梅花岭时发生的"梅花岭血战"，留传了许多精彩感人的革命英雄事迹。

在年少读书时期，我常常听长辈和老师讲述红军在我们家乡发生的革命故事，并被这些传奇般的故事深深吸引。在周末，我常常与同学去红七军烈士陵园、红七军"血战梅花岭"临时指挥部（梅花石围村西边的一座土地庙）游玩。还几次爬上当时发生战斗的山顶，遥望当年的战场和红军的行军路线，心潮涌动，热血澎湃。

朱德、邓小平等革命领袖的超群胆识、智勇谋略，以及数不胜数的"李谦师长"不怕牺牲、英勇善战和追求革命真理的红军英雄故事，深深地感染了我、激励着我。在内心深处,对革命领袖和英雄人物的敬仰和神往,使我深切地感悟了"做人求真、教做真人"的道理,并酝酿了我立志从教、感恩报国的热血情怀。

(三) 韶关教育精神涵养

"厚德笃行,立己树人"的韶关教育精神,是我们粤北山区广大教育工作者普遍的价值认同和理想追求,是我们在山区学校一线教师们的师德品格、职业操守和专业成长的精神营养。

"厚德",以厚重的道德力量,去承担社会责任;"笃行",是指坚定信念,忠贞不渝地履行自己的职责。"厚德笃行",即为师者,必须有优秀的品格和德行,并始终坚定信念,忠于人民教育事业,传人以德,授人以智,在新世纪新时期真正做到为人之师,为世之表。"立己"方可"树人","正人化人",真可谓"学高为师,身正为范"。

身为粤北山区农村学校中的一名普通老师,我深切地感受和认同韶关教育精神。

韶关教育精神与粤北山区的古道文化、红色文化,涵养我的教育情怀,夯实我的职业道德操守,激励我的职业生涯和学科专业成长。

粤北优秀的文化与教育精神,宛如春风化雨般,滋养了我的平凡人生,并融入了我教育教学工作中的点点滴滴,嵌入了我"归真愉悦"的教育主张与"宽严相济"的教学风格之中。

二、家庭文化影响

在我的童年时期,由于父亲长年很少在家,我成了中国社会早期的"农村留守儿童"(所以我特别热心致力于留守儿童的成长教育及研究)。父亲"无事不惹事、有事不怕事"的性格特点、果断且有办法的办事风格,给我印象极其深刻。我母亲一生都是吃苦耐劳、勤俭朴实、说话轻柔、做事坚韧、做人忍让。她继承了外公(他曾经是教书先生)的儒雅、谦恭。父母对我的影响是刻骨铭心的。

"砸锅卖铁也要送你读书",父亲常常对小时候的我说。这使我从小就知道农村孩子能够读书是一件不容易的事,要懂得珍惜。有机会读书学习,就一定要刻苦勤奋,不要蹉跎岁月。我幼儿和少年时期,好静,喜欢读儿童"连环画"(如《三打白骨精》《游击队》《隋唐演义》等)、编写故事等,我至今保持常阅读、常写作的习惯。我经常一个人坐在家门口听广播(当时的人民公社在我家门口屋檐下安装了喇叭)。广播常常播放中国民乐和新闻、民族音乐,如古筝、笛子、京剧、黄梅戏等。我最爱的段子有黄梅戏《女驸马》、越剧《戏凤》等。因而,在粤北偏远的农村地区,我竟然从小就在无意间受到了中国传统文化的熏陶、浸润。母亲经常在我放学回家后,就鼓励我做家务活、下地干农活,并毫不吝啬夸奖和表扬我。这使我从小就养成了吃苦耐劳、虚心好学和自觉劳动的习惯。

父母亲对我的谆谆教诲，使我学会了自律、自信、自强，培育了我乐观进取的人生态度，坚定了我的人生意志和抱负，指导我选择了人民教师这一平凡而又非凡的职业。感恩和铭记父母双亲对我的教导。

三、教学专业成长

历经艰辛和养成良好习惯，使人终身受益。

"吃得苦中苦，方为人上人"的吃苦精神在近30年的从教历程中不断鞭策着我，使我不曾停下步伐，专业技能持续成长发展。我从"豆腐块"的教学反思到"草根研究"式的课题研究、专业成长规划等，不知经历了多少纠结和付出了多少艰辛与努力。

随着教龄渐长，受惠于邓国民校长、廖清华老师等前辈的鼓励和指导，我开始尝试对课堂教学特点进行思考，认真地思考和记录自己的课堂教学行为，坚持经常把课堂教学中的所悟所想写下来，有时对照学科教学杂志上的做法，或聆听他人观点与建议，及时调整和改进。涓涓细流汇积成河。慢慢地，我政治学科的课堂教学开始有了自己较成熟的想法和观点，教学风格特点也日渐明显，教学研究水平有了较大提高，得到同事的认可和学生的喜欢，使我对自己更有信心，对个人的专业发展与研究更有兴趣了。当我的论文《浅议政治课堂教学事例应用》在《乐昌教研通讯》上发表、《谈教师的艰苦奋斗》一文由领导在教师大会上宣读时，我愈发坚定了从教之路，对自己的教育教学工作越加专注了。

之后很长一段时期，我默默前行。我坚持周末去县城图书馆（韶关、宜章等地）、在邮局订阅政治学科期刊等，查阅并摘录我所要的教育教学和教研资源信息。功夫不负有心人。日积月累，不断思考和沉淀，虽然规划有所欠缺，但是我的教育教学研究水平在不断进步，课堂教学感悟和教学研究有新的收获。

"术业有专攻""行行出状元"。随着专注于政治学科课堂教学实践与思考，我"自发式"的专业成长也在不断进步。我边学边问、边查边思，成就感和自信心与日俱增。从第一节自称为"轮廓教学法"初探，到"红烛工程"全镇示范课，再到后来的校际、片区教研的公开课，县市级实验课题研究等等。我结合农村学生的生源情况，努力探索构建符合学科特点的教学模式。我最初的草根式的学科课题研究是政治学科课堂"心智教学模式"。从那时开始，我的教育和教科研水平不断进步，专业成长持续发展，教学教研成果连年有斩获。

在课题研究方面有："初中政治课堂活性教学模式的策略研究"（1998—2002）、初中政治课堂"质疑思维能力培养"（2008—2011）、市级德育课题"农村留守学生问题与对策的研究"（2011—2013）、"培养初中生学习兴趣的策略研究"（2013—2015）、韶关市重点德育实验课题"农村留守儿童生活自理能力培养策略研究"（2016—2018）、省级专项课题"'道德与法治'课堂教学有效设问的策略研究"（2016—2018）等。

在论文著述方面有：《思想政治课事例的应用和设问》《谈山区学校中学生心理健康教育》《课堂教学思维模式的思考》《活性教学模式在政治课堂教学中的基本程式的演示》《政治课堂教学评价方法》《浅谈思想品德课堂教学效果的优化》《在思想品德课堂教学中训练学生质疑思维能力的研究》《有效互动，动态生成——浅谈思想品德课堂教学中的互动与生成》《戒三申五令，倡民主教风》《爱与梦——农村留守学生的心声》《谈如何在学校德育中开展中华民族文化教育》《谈思想品德课堂教学中的本、源、实》《浅谈农村留守儿童生活自理能力的培养策略》等。其中，部分论文发表在部省级刊物，有的获省级或市级论文荣誉证书。

在我的专业成长中，除了自我"草根式"的勤勉修炼，还得益于许多前辈、同行的无私点拨和鼓励。成为省名师培养对象后，我得到了许多名家导师的倾心指导和名师班同学的帮助，我在学科专业研究、教育视野、教学改革行动力和校本课程开发等方面都有了快速成长。如今，我的专业成长正在路上。

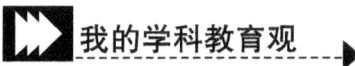

归真愉悦新教学，宽严相济我风格

在学科教育观和课堂教学风格的形成方面，在省"百千万"名师培训活动中所见识到的名家大师的人格风范、职业态度、学识修养和思维睿智，以及系列鞭辟入理的专题讲座，使我深受启发，受益匪浅。

一、我的教育主张：返璞归真，愉悦教学

"返璞归真，愉悦教学"，就是课堂内外的教育教学行为，要尊重教学实际，尊重学情，实事求是，教人求真，并寓教于乐。

打开鸡蛋有两种方式：一是从外部打开，鸡蛋成了食物；二是从内部打开，鸡蛋因此获得新的生命。"归真"的课堂教学，恰如由内及外地打开鸡蛋，让学生获得智慧生成的内驱动力——课堂联系生活、生活进入课堂。诚然，返璞归真的课堂教学，更加强调教育教学要求真务实，教学知识与生活密切相连，让学生终身受益，学科教学知识要与时俱进，并尊重遵循学生的认知成长规律。

习近平总书记在2018年全国教育大会上指出，培养什么人，是教育的首要问题。学校教育，要服务于国家和社会发展的需要。"归真教学"，就是培养有德有能、有知识、有实践能力（或生存、生活技能）并可以服务社会、服务他人的有用之人。让课堂教学返璞归真，首先是指课堂教学应联系生活，回归生活，既长知识能力，又长智商情商，使学生在课堂学有所成，且学以致用。陶行知先生说："教师的职务是：千教万教，教人求真；学生的职务是：千学万学，学做真人。"返璞归真的教育，是对我国几十年来传统应试的反思，是真正的素质教育的基本诉

求和价值所在。"归真"的教育，提倡朴实的课堂教学：包括朴实的课堂语言、朴实的活动或情节设计、朴实的教学互动，让课堂引人入胜，充满智慧的启迪的同时，让学生动脑动手，在实际操作或活动参与中，体验生成——生成的不仅仅是知识，还包括心智成长和生活能力。诚然，"归真"的课堂和"返璞"的教学，使课堂教学和书本知识"接地气"，把生活引入课堂，把知识融入生活，因而使"归真的课堂"不失精彩、不失内涵、不缺哲理思辨！

返璞归真的课堂教学，意味着教学内容和方式，要对科学知识和客观真理的尊重，要尊重地区教育状况的差异，要尊重学生个体认知能力上的差异等等。学生是有差异的，求真的课堂，需要我们"因材施教、有教无类"，课堂教学中尽量地兼顾到不同层次学生的实际情况和成长特点，从而，实现真正意义上的"归真课堂和愉悦教学"。

应试教育的课堂教学多数过于功利，因而课堂难得真正的"愉悦"。

道德与法治学科的知识点相对抽象，说理较多，易显枯燥。而愉悦的课堂教学，主张的是教学相长、智慧共生过程中的愉悦，师生在学科课堂中可以获得教与学的愉快体验，尤其学生感受到学习过程的乐趣，身心得到发展。学生在和谐的师生关系的氛围下，在愉悦的课堂学习中，形成智慧生成的同时，由认知内化到行为外化，促成知、情、意、行的同步发展与提升。

简言之，愉悦的课堂教学，就是要教得开心，学得快乐。愉悦的课堂教学，不是肤浅、俗气的愉悦，是知识上有收获、心灵上有触动、情感上有发自内心的愉悦。

当然，要实现"愉悦教学、归真课堂"，仍需要课堂上合理的情境创设，需要借助现代化教育技术和"互联网＋"平台。

二、我的教学风格：宽严相济、情理相谐

我骨子里与生俱来地受到粤北山区文化的影响，"古道"厚重的历史文化和韶关教育精神，深深地嵌入了我的教育理念和课堂教学风格之中。省"百千万"名师培训活动中，专家教授对教学风格与案例的专题讲座和解读，导师们对我的倾心指导，使我对凝练自己的教学风格渐渐地有了较清晰的思路。我通过系统地整理自己的教学案例，反复思忖自己的课堂教学，尤其是把一些课堂教学中的精彩片段进行了精细梳理和理性分析。现在我相信了："一个教师坚持写3年反思就能成为名师。"通过阅读教育教学方面的书籍、期刊，浏览相关网页等，我提升和丰富自己的学科教学思想，更好地凝练教学风格；在研修活动中，通过向专家导师请教，与名师班的同学和身边的老师交流，我感悟到：与大师、名师在一起，你会变得更有智慧，人生会更加精彩！通过持续的努力，我渐渐地对自己的教学风格有了越来越清晰的定位和描述："宽严相济，情理相谐"。

宽：即宽厚、宽宏、宽畅之意。"道德与法治"学科知识及教材特点，其知识

内涵是丰富的，不唯书、不唯师，就要以生为本，宽厚育人，现在，还要宽宏治学，宽畅治教。政治学科本身就是思想育人，"愉悦"教学，由内生成，是思想育人的不二选择。"宽厚、宽畅"，方能包容学生个体的多维观点与想法，给学生信心和鼓励。适时地给予学生积极与正确的梳理与引导，才能更好地实现政治学科课堂有效的师生互动、生生互动、生本互协和教学相长。

严：即严慈、严格、严谨之意。政治学科知识重在法律、国情、价值观和心理健康等方面的教育，是对未成年孩子进行人生成长与构建的基础性教育，当然学科知识本身是极其严肃、严谨的。譬如法律文本、条款不可以随便曲解或更改，价值观不可以胡乱解读，人生观必须正面教导等。政治学科课堂中（无论过去的"思想品德"，还是现行版的"道德与法治"），为师者都应有师者尊严，待生严慈如父；教态须严格而不拘束；教学思维逻辑和观点的阐述要严谨。

课堂教学互动张弛有度，宽严相济。张弛有度，才会使课堂教学愉悦而有序。宽严相济，是对政治课堂教学内容和知识讲授的必要的有效掌控，于"宽畅、严谨"之中实现对政治课堂教学的"放而不纵"，实现课堂"动静有序、紧张活泼"的教学效果。政治学科课堂教学应"宽"中有"严"，"严"不拒"宽"；在"愉悦"中"求真"，在"求真"中感受"愉悦"。宽厚、宽畅方能"愉悦"，严肃、严格、严谨之中方可"求真"。这是对我的"宽严相济"教学风格的基本解读。

政治学科特别强调对学生的思想教育、品德与行为的养成教育，以及对学生综合素质与能力的培养，彰显学科独特性、思想性与时代性。我在从事政治学科教学中，践行"教人求真""愉悦教学"的想法和理念，并在课堂教学互动中和学生的反馈中得到启发：政治学科教学中，一味地"宽"和一味地"严"，对学生总是不好的。严肃、严谨是政治学科应有的。但是我们面前的孩子是未成年人，在教学育人过程中，要民主对话、宽严相济，即宽厚其过，又宽畅其言，学生才可能对政治学科"愿学、乐学"。

"宽严"与"情理"之间的相互关系是相济且相谐。这既是源于政治学科的育人特点，也是我长期以来教学思想与主张一以贯之的教法。

情：即情境、情趣、情义之意。法缘于生活中的情理，故"道德与法治"课堂教学应以情境导入和生活事例启发为主，注重在课堂教学中寓"三观"教育，使学生"感悟生活、疑而不惑"，师者"传道、授业"。

理：即理喻、理智、理想之意。实施政治学科教学，用通俗的生活事例、格言警句，解读"思品"或"道德与法治"课堂知识，以理性智慧的思维实现知识的有效牵引，并在恰当之处激励学生的情感升华，帮助学生树立正确的人生理想。

课堂教学亲和民主，严格而不拒宽畅。民主亲和的教学情怀和政治学科特点，要求我在政治学科课堂教学过程中要平等地对学生，在《道德与法治》教材知识的维度里，在老师的引导下，学生自主思考、在小组探究中畅所欲言，个性得到适度张扬，使学生实现"愤"而有发、"悱"而得启。

寓情于理，课堂上有生活。陶行知先生说：教育只有通过生活才能产生作用并成为真正的教育。初中政治课堂只有联系生活，让生活成为教学的"源代码"，才能使政治课堂成为"有源之活水"。做到"引入生活见闻，化抽象为具体"。

寓理于情，生活中有课堂。任教以来，青丝变白发。几十年与三尺讲台不离不弃。所教学生能为我所"亲"，笃信我"道"。这其中既有理也有情，也是生活。情理相谐的课堂教学，注重情景设计和教学过程中的诘难与思辨。

他人眼中的我

在一次片区性的"你心目中的老师"调研活动中，陈洪、罗志春、丘丽霞、贺亚萍等老师是这样评价我的：

杨梅馨老师上课的教态宽严结合，注重在"宽畅、愉悦"的氛围中启发、引导学生。善举身边事例、哲人的警句、文化的箴言，不时穿插于课堂讲述中，课堂教学深入浅出，主导与主体相协调，双边教学活动开展适当。杨老师善于捕捉课堂上学生认知细节，教学问题和知识处理灵活、精巧。讲课情感饱满，对学生很有感染力。

李辛明老师是乐昌市教育局教研员。他在乐昌市第二中学任教时，我是他的"开门弟子"。李老师给了我很多历练的机会，给了我很多很好的建议。李老师说：

杨梅馨老师的教学理论功底日渐深厚，教学思维缜密，知识严谨，教态宽厚、宽和，语言质朴而深刻，智慧而幽默；教学方法多种多样且匠心独具；在教学手段上，他能够将传统方法与现代教育信息技术融为一体。在教学教研方面有独到见解，独树一帜。

黄常忠老师是梅花中学政治学科教研组长。我们一起从事教育教学工作长达十几年。他说：

杨老师的课堂教学愉悦，生动活泼，能积极有效地开展教学双边活动，充分尊重信任学生，把学习的主动权交给学生。教学中善于根据教学内容及教学对象的变化，采用科学有效的教学方法，开展教学活动。真正把教师的教与学生的学，有机结合起来。教学效果非常好！

王必昌老师工作有魄力、教学有行动力，在我们片区学校的学科老师队伍中小有名气。他对其他学校的老师说：

杨梅馨老师的教学，最大特点是为人亲切，以学生为中心，以生为本。他的课堂语言平易近人，时刻体现与学生之间的平等交往，令人如沐春风，深受学生信任。在课堂他能充分发挥学生的主观能动性，锻炼学生的独立思考能力，给学生在课堂上较充分的表现和展示机会。

余金梅、谢志文等同学是我曾经教过的学生。他们这样评价我：

杨梅馨老师是一位平凡又不平凡的乡镇教师。帅气、温和，篮球场上活力四射、积极乐观。有着慈父一般的情怀，以真挚的爱心滋润学生。他所带的班级学风浓厚，班风纯正！杨老师的课堂经常加入有趣的小故事小哲学，使学生们受益！

杨老师讲课通俗易懂，让我和大多数同学对枯燥乏味的政治课产生了兴趣，他上课时总会恰当地讲时政，引经据典，让课堂充满想象和哲理。他喜欢书法、画画。在篮球场上英姿潇洒！他严肃而不失幽默，认真还带着和蔼，多才而又谦逊。

江洲、江春兰、张圆等同学是我现在的学生。他们说：

杨老师的课可以让我学到许多书本上没有的知识，他上课态度宽厚又严肃，有时又慈祥亲切，讲课时很投入，有激情，让我们的注意力都集中在他的思路上。杨老师帮助我们改正作业和练习中的错误。杨老师会把科学的学习方法（如"关键词"理解法）告诉我们，让我们记住关键词，通过关键词来推导，活学活记。这是一种"理解＋运用"的思维方法，对提升我们的思考能力极有帮助。

杨老师通过课堂设问、提问等方式，了解我们对教学知识的理解和掌握情况，并适当进行引导、分析。

"你在桥上看风景，看风景的人在楼上看你。明月装饰了你的窗子，你装饰了别人的梦……"这是现代诗人卞之琳的诗句。

是的，我们都是在别人的眼中、在别人的评价里，我们都在不断地成长、进步。成为他人的"风景"，也成就了我们自己。感谢我的老师、同事，还有我的学生和朋友们给予我的美好评价。无论过去、现在还是将来，不忘初心，在坚守中不断进步，相信"未来的风景会越来越美好"。

我的育人故事

无悔深山耕耘，陌上桃李花开

一、宽严治教，穷人孩子早"当家"

粤北山区的农村生活水平有了较大提高。但仍然有一些孩子，因家境困难，导致其在校学习时造成生活压力较大和心理负担较重，甚至差点中途辍学。江美女同学就是其一。

江美女同学家住梅花镇三和管理区坳头村。新学期报名后，她进入了我这个班。"你与她俩是同一个村的？"我给新生编座位时，见她与另外两个女生挨得紧，像是"闺蜜"，我打趣地问道。她脸一红，害羞地怔怔地点了点头。正式开学后的几周时间里，我观察到江美女同学人长得有些瘦削，学习成绩算不上优秀，眼神中微微透着同龄孩子少有的忧郁。一天下午，我把她叫到教室外，问道："你好像有心事?""…………"她侧着头,望着我,好像不知该从何说起。"明天周末,我带几位科任老师去家访,你父母在家吗?"我轻声问道。她"嗯"一声后,摇摇头后,又点点头。见此情况,我心里委实不安。

为了进一步摸清和掌握江美女同学的情况,次日清晨,我便与另外两位老师,徒步行走山路,到了三和管理区坳头村。此次家访颇有收获。在家访过程中,我们知晓了江美女同学的情况:父母年老体弱,她曾经因家庭拮据而一度辍学。她的父亲打算劝她辍学,跟随村里的成年人去广州打工!基于此情况,我联系到了该村村主任,并当着村主任的面,严肃地告诉江美女同学的父母"劝孩子辍学是违法行为",并向他们仔细说明了义务教育法关于受教育的权利和义务等法律知识。随后我耐心地与其父母交流了江美女同学在校的情况,谈及她未来的成长打算。通过消除了其父母的错误想法,打消了她的顾虑,坚定了她留校专心读书的意志。

我宽厚、宽畅的教育教学方式,给了江美女同学学习上的自主、精神上的自立,为她进一步释放家庭窘境所带来的心理压力创设条件。为了巩固家访成果,一方面,我关心她在校情况,解决生活困难,面对面亲切交谈,帮助她正确认识自己的家庭情况与处境,鼓励她振作起来,立志学习,完成义务教育,学好文化,有一技之长后,才能更好地孝敬父母,搞好家庭生活;另一方面,我以严格的态度对她的学习方法进行开导,用宽厚的情怀对待她学业中的不足,在课堂上给她展示的机会,树立其学习信心;在课外辅导时,用身边一些同学的励志故事,激励她、鼓励她。通过持续几次家访和在校时的鼓励,江美女同学的心情好转了,精神面貌好多了,人也显得比以前更懂事了。

俗话说得好:"穷人孩子早当家。"为了使江美女同学坚强起来,有更多的锻炼机会磨砺意志,培养性格,增长能力,并促成其坚定地把书读好,完成义务教育。我决定给她加担子,尝试让她"当家"——当班长。"你愿意当班长吗?"我宽和地问道。"我行吗?"她似有疑虑。"行!我相信你。"我看着她,带着赏识与鼓励地说道。随后,我在班里召开班干部会议,组建"常务班长"与"轮值班长"相结合的班级管理模式。提名推荐江美女同学担任"常务班长",并在全班民主投票表决通过。江美女同学担任"常务班长"后,我放手让她管理班集体。我们把这个班集体当作一个同学们共同共有共享的"家",而这个"家"除了班主任是我之外,还有个等同于家长的"常务班长"——江美女同学。江美女同学做事更主动、更勤快。她带领班委以及她的"闺蜜"一起商议和安排、组织日常班务工作,包括班里的兴趣小组、学习互助、卫生轮值、文体活动等。

在之后的时间里,"当家"的江美女同学,家境困难给她造成的阴影不见了。她在同学当中变得越来越自信,在校学习与生活,显得自律、充实、开心与快乐。尤其是她在学习上变得更加勤奋和主动了(常常与其他同学一起拿着作业或练习来请教数学、英语等学科老师),在思想上成长迅速,责任意识得到增强,综合素质和与人相处的能力等方面明显提升。一个学期下来，江美女同学的学习思维、学习成绩和班级组织能力、实验操作能力等方面，都有了显著的进步。在同年级的10个平行班的同学对比中，江美女同学的思想品德、学习成绩、体能测试和操行均稳居年级前列。

到初三毕业，她与班里的杨土有、谢土养等同学已成为学校里公认的优秀学生榜样。在期末综合评价中，江美女同学成为学校为数不多的品学兼优、性格坚强、做事主动、同学关系融洽的"四好学生"，她也成为我校"防流控辍、学困转优"的典范之一。初三毕业会考后，江美女同学以优秀的成绩考上了乐昌市第一中学（重点高中）。在初中时期的生活历练、自信心理，使她的高中学习变顺利，越读越有信心。高中3年后，江美女同学如其所愿考上了广东省重点大学。如今，她在一家IT机构工作，为社会做贡献。江美女同学是我当班主任时所教的众多优秀学生之一。她成了粤北深山沟里飞出的一只正在展翅翱翔的"金凤凰"！

二、情理育人，留守孩子多关爱

多年来，随着父母进城务工，粤北山区的农村学校出现了许多留守儿童。这些孩子在生活自理、心理障碍、人际交往和学习自觉等方面出现了诸多问题，给老师和班主任带来了不少教育教学困惑。为此，我在2008年开始着手思考和研究留守儿童的成长教育问题，并先后开展了多项相关的实验课题研究工作。在课题研究和活动开展过程中，我寓情说理，情理育人，通过对留守儿童的关怀教育、心理咨询和生活指导等，使这些留守儿童渐渐地融入正常的班集体生活，学习上、心理上和人生观教育等方面得到了健康发展。范晶晶同学是我留守儿童实验课题中所培育的众多学生中的一员。

范晶晶同学，家住乐昌市梅花镇大富管理区茶子山背村。多年来，因为父母长年在广州工作，她与奶奶一起生活。我担任她的政治学科老师。记得在新年春节后开学的第一个星期，在课堂上，范晶晶同学神色不安、注意力不集中。下课后，我轻声对她说："你身体不舒服？"她看着我，摇了摇头。为了进一步了解情况，在上午大课间后，我叫她到教师办公室。"你今天上课注意力不集中，对吗？"我问。"老师，其实……"她欲言又止。为了打消她的顾虑，我鼓励她："说吧，是不是你生活上有什么困难，需要老师帮忙吗？"从她的眼神中，我感受到她受到了鼓舞。"杨老师，我上完课后再告诉你，好吗？""行。"我看着她，微笑地点了点头。

午饭后，范晶晶与饶九梅等几个女生，跑到我办公室。递给我一张写满了字的单行本纸张，说道："杨老师，你看完后，不许告诉其他人。""好的，守诺。"我答道。原来，在过春节时，范晶晶同学与妈妈吵架了。起因是妈妈想看她的成绩单，而她的成绩单恰好又弄丢了。于是，妈妈责备她做事粗心，而她深感委屈，并抱怨妈妈只会关心学习，不关心她的内心的亲情需求、心理安抚。后来，母女俩又没能及时沟通。开学了，妈妈回广州上班，她回学校上课。而母女吵架后在她内心形成的心结没打开，所以导致她上课精神不集中。当天下午活动课期间，我约范晶晶同学在心理咨询室（当时也是学校教研室）谈话，并求证了事实经过。我对范晶晶同学进行了心理疏导，告诉她父母长年在外打工的艰辛，建议她要体谅父母的良苦用心，学会主动向父母汇报在校的学习、生活和内心想法，学会主动问候、关心父母等。随后，我问她是否愿意与妈妈通电话。她说"好。"拨通电话后，我留下她一人在心理咨询室，让她与其妈妈放心地通话、交谈。这次通话后，范晶晶同学貌似换了一个人，走路轻松了许多，课堂学习时显得专注了。

范晶晶同学身体素质出众，但心理不稳定，有时显得对自己信心不够。在一次校运会期间，我发现她脸上神色一阵红一阵白。"你准备要参加这个项目的比赛？"我递给她一支矿泉水，关怀地亲切问道。"嗯。"她低声答道。"你感到紧张？先喝口水。""……嗯，是。"待她喝了一口水后，我目光注视她，笑着对她说："没事，比赛后我亲自给你颁奖。"她眼神瞬间亮起来，抿了抿嘴，高声说道："我会的，谢谢杨老师！"这次校运会中，范晶晶同学拿到了多个项目的一等奖、二等奖，为班集体争得了荣誉，为自己增添了信心和前进的动力。

此后，结合范晶晶同学在校的其他表现，例如她不够自信、学习偏科、不爱提问等情况，我把她列入留守儿童课题实验对象，并进行重点关注和有策略地进行引导、家访、谈话，持续地给予她关怀、关爱与鼓励。在随后的学习生活中，范晶晶同学更主动积极地参加学校班集体组织的文体竞赛活动，性格变得开朗，成绩不断进步，她成了我校留守儿童中为数不多的"模范之星"。

类似范晶晶同学这样的留守儿童教育故事，在我的从教工作和留守儿童实验课题中确有不少，比如邓秋婷、杨晓燕、谢志文、余金梅、钟神养等同学。虽然情况各有不同，教育策略有别，但有一个共同点，那就是：给留守孩子一片蓝天、多一份关爱。

教学现场与反思

一、教学现场

教学题目：八年级思想品德"知识助我成长"（人教版）

教学目标：

懂得教育对自己、对社会的重要性；了解受教育权、义务教育的含义；增强自己履行受教育义务的行动自觉性；珍惜自己受教育的机会，增强履行受教育义务的意识和决心；认识到受教育既是道德责任，也是法律义务。

教学重点：受教育权、义务教育的基本含义。

教学难点：知识、教育的重要性。

方法策略：

采取教学双边互动、小组讨论、事例启发等。主要策略是，用视频导入，体现

"愉悦教学"，使学生感性认知知识与教育的关系。在"宽厚宽畅"的教学氛围中，由学生演讲发言，调动其课堂积极性。通过角色讨论，开展有效的课堂教学互动，让课堂知识联系生活，"归真"教学，挖掘课堂深度，使教育权等相关知识与身边生活相联系，帮助学生更好理解"受教育权"等知识，达到学生自觉实现、内在生成。实现"道而弗牵、强而不抑、开而弗达"的教育效果。

（一）视频导入

观看"马云演讲"的视频。感性认知"创业—知识—教育"。

设计意图：通过观看与教学内容看似无关、实则相连的轻松诙谐的视频，存疑启发，营造"愉悦、宽畅"的课堂学习氛围同时，助力学生以"乐学、愿学"的心态进入课堂、融入课堂，为后续的教学环节的展开做铺垫，并顺其自然地投影展示本框教学知识的主要知识点。

（二）课堂教学

1. 教育为人的幸福生活奠基

（1）学生演讲主题：知识改变命运。（3分钟）

设计意图："求真"课堂，让课堂教学联系生活，回归生活。同时，在"宽畅其言、宽厚其旨"之中，调动并发挥学生学习的主动性、积极性，并在其中获得自信，增强批判性的思辨能力。

（2）知识与教育有什么关系？

（3）什么是教育？

教育是培养人的社会活动。一切使人获得思想、知识和技能的活动，都是教育。

（4）两头驴的故事——人不教，不成器。

（5）齐声朗读教材 P60。

2. 我们享受教育权利

（1）师问生答环节。

设计意图：围绕"受教育权"这一重要知识点，展开相关探讨与问答。在老师引导发问、学生思考回答，或生生问答之间，实现"情理相谐"，以情说理，以理育人，实现知识与育人二合一的教育目标。

问1：什么是受教育权？

生：公民从国家接受文化教育的机会，以及获得受教育的物质帮助的权利。

问2：什么是义务教育？

生：义务教育是依照法律规定，适龄儿童和少年必须接受的，国家、社会、学校和家庭必须予以保证的国民教育（两个必须）。

（2）理解认知义务教育的几个主要特征（师问，生抢答）。

①强制性：父母或其他监护人必须让适龄的子女或被监护人接受规定年限的义务教育。

②公益性：国家为农村义务教育阶段家庭经济困难的学生实施"两免一补"，免学杂费、免书本费，补助寄宿生。

③统一性：《义务教育法》第5条：凡年满6周岁的儿童，不分性别、民族、种族，应当入学接受规定年限的义务教育。

（3）合作探究。

设计意图：把课堂还给学生，在预设讨论议题的框架内联系身边的生活事例，使课堂知识与生活相关联，引导学生学习知识，思考生活，体现了"返璞归真"，并在愉悦的学习中，体验生活，形成学习的主动性、自觉性。

P61，小丽材料。小丽父亲说："孩子上不上学，是我家的私事，别人管不着！"

问1：对小丽父亲的观点，你怎么看？

问2：从小丽本人、班主任、律师等角度，用教育权、义务教育等知识点，让小丽父亲改变想法，让小丽回校读书。

方式与程序：先在各学习小组内生生互动，交流分享讨论成果，然后师生互动。

角色一：小丽本人——我想读书、我要长知识。

角色二：小丽的班主任——不要错过了青春期，这可是孩子长知识的黄金时期。

角色三：小丽所在学校的校长——父母无权剥夺小孩受教育的权利，父母有义务保障适龄孩子入学。

角色四：律师——教育权，是有法律依据的。小丽有权追究其父的侵权责任（维权方式）。

（4）达成共识。

①孩子上学，不是个人私事。对民族、国家来说，教育成就未来。

②接受教育不仅是公民的权利，同时也是公民的一项法定义务，必须履行。

③小丽只上到八年级，没有完成九年义务教育，其父让其退学帮忙是不履行义务教育的违法行为。

（5）知识拓展。

设计意图："宽严相济"，本框涉及义务教育法规。法规法条解读必须"严格、严谨"。教学中除了宽畅、宽厚，还必须"归真"，落实知识点。

问：国家为什么实施义务教育？

生：实施义务教育，有利于提高劳动者素质，有助于科技进步，促进经济发展，提升综合国力。实施义务教育，由我国的基本国情所决定。

（6）归纳小结。

由学习小组的学生代表归纳本节所学知识和体验。

知识内容主要有：知识助我成长，教育为人的幸福生活奠基，我们享受教育权利。体验可以是我们要珍惜受教育的权利，努力学习，为人生、为社会谋取更多的幸福等。

（三）情感升华与巩固提高

1. 课堂寄语

请珍惜自己的受教育权利，认真履行受教育义务，做一名有责任、有担当的合格公民。（用教室墙面上的一句名言结束本堂课）

2. 随堂练习

（1）判断正误

①受教育既是公民的权利，也是公民的义务　　　　　　　　　　　　（　　）

②受教育是公民个人的私事，他人无权干涉　　　　　　　　　　　　（　　）

（2）多项选择

义务教育区别于其他教育的显著特征是　　　　　　　　　　　　　　（　　）

A. 强制性　　　B. 统一性　　　C. 公益性　　　D. 终身性

二、教学反思

（一）教学诊断与知识生成情况评估

本节的重难点知识，在"民主亲和"的学生小组讨论和"宽严相济"的教学双边互动中，得到有策略的反复敲打，实现了重难点知识的突破，得到了较好的落实（建议课前应设计教学导案）。在教学过程中，真实地呈现了"情理相谐"的施教风格：受教育权，是公民从国家接受文化教育的机会，以及获得受教育的物质帮助的权利；义务教育是依照法律规定，适龄儿童和少年必须接受的，国家、社会、学校和家庭必须予以保证的国民教育（做到两个必须）等等。在拓展教学中，学生能够依据生活事例，判断义务教育的几个主要特征（学生抢答），明白国家实施义务教育的意义，较好地把握本节知识与教材内容知识体系的关系和定位等。

政治学科的课堂教学中，培养学生的理解探究、质疑思辨的能力是对学科核心素养的重要回应。本节课通过对"知识助我成长"的教学，在学生演讲、角色置换等活动中，学生培养了分析问题、归纳问题、运用举例论证和质疑思辨的能力，学生明白了教育和受教育权的含义，理解教育的作用和义务教育的含义与特征；懂得了受教育不仅关系到个人的前途命运，更关系到国家的未来，从而较好地增强了学生的责任意识和义务意识，并为其树立关注社会、关注国家的责任意识和终身学习观做了重要铺垫。

（二）教学过程与效果评估

本课教学以视频导入，在"愉悦"氛围中引发学生的学习兴趣。通过"宽畅其言"的学生主题演讲,学生体验了教育对自身成长和社会进步的作用,辩证思考教育的意义。在探究和讨论案例的环节中,把课堂还给学生,体现"返璞归真,愉悦教学"教育主张。以"严谨的思维"处置和安排重点知识,从不同的角度、反复地敲打知识重点,帮助学生理解掌握"教育意义""受教育权"。通过知识拓展,引导和启发学生认识受教育是公民的权利,同时也是公民的义务。通过课堂小结与分享,对本节知识进行梳理,学生分享自己在教育权利义务等方面的情感体验,有助于达成学生共识,传导正能量。

在"宽畅、愉悦"的角色置换的小组讨论活动中,学生培养了发散性思维,从不同的角度思考"教育权""教育的作用""义务教育"的含义,在研讨中生成了"教育责任感""家庭保护与监护人责任"等认知。这也实现了"强而弗抑、开而弗达"的教学效果,实现"返璞归真"的教育目的:教学相长,让课堂回归学生主体,学生的知识和能力都有不同程度的长进,老师对"小组讨论"环节的引导方面的细节处理技术越发有体会,师生或生生之间思想有碰撞。